私たちのなかの自然

ユング派心理療法から見た心の人類史

猪股 剛
編著

兼城賢志
宮澤淳滋
成瀬正憲
村田知久
西山葉子
長堀加奈子
河西直歩
鹿野友章
植田 静
W・ギーゲリッヒ

左右社

私たちのなかの自然

はじめに

新しい自然との関わりを探して

猪股　剛

都市で生きていく方法を見つけたい。それが本書の始まりである。

「そんなに難しく考えることはない、町に出て、働いて、家族を持って、毎日の生活を営めば、どこにいても生きていける。たいした差はないよ」という意見もあるだろう。確かにその通りだと思う。しっかりと生活を営んでいれば、何処に暮らすかに大きな差はない。しかし、都市において心理療法を生業としていると、都市での生活が容易なものではないという実感にたどり着いてしまうのも、体験的な事実である。

それにはさまざまな理由が挙げられるだろう。たとえば、都市の人口の多さから通勤ラッシュや人混みに悩まされる人もいれば、近所づきあいが少なく、人との交流がないことに悩まされる人もいる。それは確かに都市生活のマイナス面であろう。しかし、こうしたものは全く逆に感じられることもある。つまり、都市の交通網の発展が快適に感じられて、プライバシーが守られている都市的な対人距離が好まれる場合もある。そうすると、それは都市生活のプラス面だと考えられる。結局は、考え方次第という結論に落ち着くのかもしれない。しかし、もし、そのような好みや立場による賛否を別にして、都市で生活することの本質的な問題があるとするなら、それは何だろうか。

都市に生きていくことを考えると、いま言ったように、自分の好みに従って工夫すれば、おおよその問題は解決できるように思う。しかし、心理臨床の場で私たちに届いてくる訴えは、生きていくことの少し先にある。いやむしろ、生きていくことの本質に問いが向けられている。たとえば臨床の面接で「死にたい」「消えたい」と訴えられる方はあとを絶たないが、その訴えを聞いていると、生き延びることが目的ではないらしいと感じられてくる。彼らは、なんらかの悩みや苦しみを抱えて、それを解決したいと望みながらも、それが解決できないならば、もはや生きてはいけないと思っている。生存よりも、悩みや苦しみの解決の方が重要なのである。言い換えれば、生命よりも、心の方が重大事なのである。悩みを抱えて私たちのところを訪ねてくる人々は、誰もがみな、心を棄てずに、心を大切にしたいと訴えている。そうすると、都市生活での大きな問いは、心や魂が失われることに対して向けられた疑問なのかもしれない。

逆に、もし生き延びていくことだけを考えると、都市の生活には多くの守りがあり、快適さも備えられている。急に病気になったとしても、身体をケアして生命を守ってくれる病院は徒歩圏内に何件もある。住宅は気密断熱がしっかりしていて一年を通じて室内の温度を一定に保ってくれる。防犯のための施錠は何重にも施され、警備会社と契約が結ばれ、防犯カメラも設置されている。泥棒はもちろんのこと、虫一匹入ってこない快適な住居をあつらえることができる。食糧は近くのスーパーで簡単に手に入り、衣服も好みのショップに行けば最新のものが見つけられる。コロナ禍を経て、いまではあらゆるところでウェブ環境が整ったため、どんなものでも簡単にインターネット上に探し出して、そこで注文をして、しかもすぐに自宅まで届けてもらえる。何でも簡単に手に入る。ときに、簡単には手に入らない稀少価値の高いものを求めることがあるかもしれないが、それでも大抵のものは、必要な金額の支払いができれば、手に入れることができる。このちょっとした稀少価値のおかげで豊かになったような気持ちにさえなれる。快適に生きていくことを第一に考えて、過去数百年に人間が生みだしてきたさまざまなテクノロジーが、都市ではほぼすべて利用可能である。それは私たちの生存を支え、日々の生活を滞りなく継続させてくれる。人間の創り出した都市生活は、快適に生きていく工夫に満ちている。だが、心はなぜか都市生活で疲弊するらしい。そうした訴えを日々耳にして、どうすれば心を疎かにせずに、この都市で生きていけるのかを私たちは考えるようになった。これが、私たちに投げかけられた本質的な問いなのである。

たとえば、都市で生きているクライアントの一人が、「みんな、表面上は静かで、一見すると楽しげで、大きな問題はないように生活しているけど、なんというか、内側がざわざわしているんですよ。でも何も言わないのね、だから、わからないんですよ。わからないまま、楽しげに、静かにしている。時々そのざわざわを感じて、私、怖くなるんです」と言われていた。彼女は、このざわざわを感じながら、それを怖いと思いながらも、それでも、それと共にあろうとしていた。内側のざわざわに耳を澄ませようとしていた。それがおそらく、心と共にあることなのだ。しかし同時に、ざわざわの正体がわかるのは怖いことでもある。ざわざわを無視した方が過ごしやすく、多くの人がそうやって表面上は楽しく過ごしている。だが、そのざわざわを大切にする方がよいと彼女は感じている。しかし、どうやって大切にしたらよいのか、それが私に問いかけられている。

このざわざわとつきあい、心と共にありながら、その怖さに押しつぶされずにいるには、どうしたらよいのか。目に見えず触れることもできないものを大切にするには、どうしたらよいのか。少し時代を遡り、少し都市から離れれば、おそらく多くの人がこの目に見えないものの前で、手を合わせて祈ったのだと思う。しかし、都市に生きる私たちは、どうやって祈ったらよいのかわからず、見えない大切なものとの関わり方が、もはやよくわからない。

実際私たちは、途方に暮れている。私たち心理臨床家は、クライアントから何らかの答えを教えて欲しいと求められることが多いが、残念なことに、答えは私たちにもわからない。明確に伝えられる助言はなく、指針を示すこともできない。無為無策といっても良いのかもしれない。それでは心理療法など役に立たないではないか、とお叱りの声が届きそうだが、役に立つかどうかと尋ねられれば、実は役には立たないかもしれない。医師ならば、診断を行い、その病気の治療を目指して何らかの策を立て、何らかの治療法を提案し、答えと呼べるようなものを提示してくれるだろう。そうして医療は都市に完備され、人の役に立つ。しかし、心理療法家には、それができない。いわゆる役に立つようなものは何も持っていない。しかし、敢えて言うならば、答えのない問題に対して、答えを知らないままに取り組むことができるのが、心理療法家の特質である。私たちは答えを知らないことを知っている、とも言えるかもしれない。答えがわからないままでいると、もちろん不安や恐れや迷いにとらわれることがある。何しろ、わからないのは数学や社会の問題ではなく、今日という日を生きていく方法であり、自分の抱えている悩みの解決策であるのだから、その答えがわからないのは死活問題である。それでも、心理臨床家は、答えを知っている振りをせず、どうしたらよいかわからないまま、何とかクライアントと共にいる。それは都市では認められていない暗部に関わることなのかもしれない。つまり、そうやって「ざわざわ」と共にあり続ける。それがおそらく心理療法の唯一の方法論だと思う。

そんな状況と似通った経験が、本書の元になったフィールドワークの中にはたびたび現れている。都市で生きるヒントを狩猟・採集・農耕の生活に求めて、都市から離れて多くの人たちの話を聞き、私たちはその生活の一端に触れさせてもらった。だが、もちろん出かけていった先に答えが落ちているわけもなく、基本的には、同じように途方に暮れながら、自然に近い生活を感じて、それについて考えてみることを繰り返してきた。結局は答えがわからないままにさまよっているだけかもしれないが、さまよいながらも前に進む経験があったようにも思う。つまり、不安や恐れや迷いの中に入り込んだときに、思い出すことのできる情景が本書の中にはいくつか存在していると思う。それぞれの執筆者がその情景を記しているが、私もここにその一つを紹介しよう。それは、山伏修行体験の際に行われた夜間徒走での出来事である。

夜、私たちは、一人の先達に連れられて、白装束を着て歩き始めた。夜の闇は深いが、空から星の光が射し込んでいた。あたりは静かで、ほのかな光の中を歩いて行くのは、私にとって心地良く、修行とはいっても夜に歩くのは楽しいものだと感じていた。森の中を歩いていても、空は開けていて、近くには田んぼもあるようで、カエルの声や木々のざわめきが聞こえて心地良い。そうして歩いていると、急に空の星が揺れ始めた。あれ、なんで星が動いたのだろう。流れ星かしら、と思う。いや、それにしても不思議なゆらめきで、しかもいくつもの星々が、あちらこちらで動き始めた。疲れていて目がおかしくなったのかなとも思う。でも、めまいがするわけでもない。そこで、しっかりと目をこらして見てみる。すると、ようやく気がついた。そう、動き始めたと思った星々は、すべて蛍だったのだ。近くの田んぼから飛び立った蛍たちが辺りを飛び廻っているらしい。暗闇の中を歩いているせいで、距離感がわからなくなり、空の星と、目の前の蛍とが見分けられなくなったらしい。不思議なものだ。しかし、星と蛍の光が同じように見えたことで、なぜか心が踊っている。そういえば、蛍は死者たちの魂の光だという言い伝えを聞いたことがある。そのことを思い出して、妙に納得してしまう。遠くの星々と、近くの蛍たちが、同じ種類のものに感じられて、ほのかに光るものたちが、いずれもとても懐かしく大切なものに感じられる。この光が亡くなった人たちの魂なら、遠くで近くで、それはいつも寄り添い導いてくれているのかもしれない。一人で勝手に感動しながら、先達の歩をたどって、私は歩き続けていく。しばらくすると、木々で空が隠れ、光の差し込むことのない森の中に入り込んだ。いままでは暗いながらも、木々の隙間から必ず光が差し込んでいた。しかし、その光がすべて消えて、本当の暗闇に入った。それはいままでに経験したことのない闇だった。大抵の暗闇では、目が慣れてくれば少しずつものが見えてくる。しかし、その森の奥深くの闇の中では、いつまで経っても何も見えてこない。私はそのとき、十人ほどの修行体験者の最後尾を歩いていたのだが、目の前の人の背中を見失わずに歩くことに集中しなくてはならなかった。なぜなら、私の目に映るのは、一メートルほど先を歩く人の背中だけで、その背中でさえもぼうっと闇の中に浮かんでいるだけで、いまにも見失いそうだったからだ。白くぼやけた背中だけが頼りで、それさえも幻のようで、闇の中に溶けて消えていってしまいそうだった。そのとき、私は恐る恐る、うしろを振り返る。すると、最後尾にいる私の背後には、本当に何も存在しなかった。暗闇がのっぺりと空間を閉ざしている。闇そのものがあった。急いで前に向き直った。そして、そのときはじめて、なぜ自分たちが白装束を着ているのか、その意味が実感された。目の前の人の着ているものが白いからこそ、闇の中で微かな光を拾い集め、わずかながら光を放ってくれている。この微かな光を見失ったら、闇の中に転がり落ちることになる。私はただその微かな光を頼りに、闇に浮かび上がる白い背中を頼り進む。この微かな光と共に行こう。そう思って、ただ歩を前に進めていった。

答えがわからず、それでも進もうとするとき、私はよくこの闇に浮かぶ白い光を思い出す。これを頼りに進んでみようと思う。ほかに方法が見当たらない。それがいつか星や蛍の光になることを願いながら。

本書でこれから語られるものは、いま私が記した夜間徒走のように、その多くが執筆者たちの個人的な体験に根ざしている。それは、個人的な体験でしかなく、一般性からはほど遠いものかもしれない。だが、そこから始めるしかない。そういう問いに、私たちは取り組もうとしている。深層心理学は、個人的な体験をいつも必ず基盤に据える。方法論的に主体性と独我論から始めるのが、その特徴である。一般的には、他者を知り、社会を知り、多様性を知ることが強調されるのが現代だが、深層心理学はそうした世の中とは逆に進んでいるのかもしれない。本書の論考たちも、世の趨勢からはずれたものになっているかもしれない。しかし、他者を重んじる思想を横目に見ながら、私というものの中に他者を見いだすことが、本当の他者の発見であると考えたのが心理学である。自分の外側に見つけ出した他者にも、共感したり、反発したり、共に寄り添ったりすることができるが、同時に、外側に存在する他者とはいつでも別れて、関係を断つことができる。しかし、もし、自分の中に、自分ではない他者を本当に発見したならば、その他者は決していなくなることはない。それは、いつも自分にとって未知の部分や不可解な部分を含みながら、自分自身とは決定的に違うにもかかわらず、常に共にいる者となる。方法論的な主体性からはじめて、そこにこのような他者が発見されるならば、もしかするとその他者が心と共にある方法を教えてくれるかもしれない。もしかすると、その他者が、ざわめきを含んだ心そのものなのかもしれない。そんなことを思い描きながら、本書は執筆されてきた。

答えは何処にもないかもしれない。しかし、闇に白く浮かび上がる光のように、本書が読者と共にある光になれるならば、これにまさる歓びはない。

第一章　いのちの価値と心理療法

兼城賢志

一　静かな部屋から自然の中へ

私は心理士として心理療法の仕事をしている。心理療法とは何か。それを人に説明することは難しい。心理療法は、人と人が対話することで変化することを目指している。その基本形は、静かな部屋で一対一で対話するというものだ。心理士は一回五十分ほど悩み苦しむ人の話を聴く。長年通って来るクライアントも少なくない。だから心理士はひとりの人の語りを何十時間、何百時間と聴くことになる。私も東京でその仕事をしている。

悩み苦しむ人の話をずっと聴いていると、現代の日本に生きるということがどういうことなのか、と考え込むこともある。けれど私はただの心理学者に過ぎない。だから「現代の日本に生きるとはどういうことか」なんて、大層な事を考えても仕方がないと思っていた。私にはひとりの人間について考えることしかできない。そう思っていた。ところが、ある夜の飲み会だった。「日本人の精神性を考えるなら、稲作を知らなければいけない」。そういう言葉が飛び交った。そこから農耕と狩猟採集をめぐる一年間のフィールドワークが始まった。心理療法の静かな部屋を出て、私たちは自然の中へと飛び込んでいった。普段は部屋に籠って仕事をする心理学者にとって、それは新鮮な体験だった。

二　稲作と心理療法

酵母とコロナウイルス

私たちの研究は、農家の人の田植えから稲の収穫までを手伝わせてもらうことから始まった。フィールドワークは四、五人の心理士のグループで実施され、調査後には話し合いが行われた。最初のフィールドワークが実施されたのは、新型コロナウイルスの緊急事態宣言が解除された二〇二〇年六月だった。私たちはマスクをつけて手指消毒液を持ち歩き、万全の感染症対策をして農家に向かった。こんな時期に伺ってもよいのだろうかと誰もが不安を感じていた。

榛名山の麓にある農家に到着した。車から降りると古い日本家屋が建っている。広々とした土間に入ると、農家の岩田さんが笑顔で出迎えてくれた。驚いたことに、私たちが感染症流行下の東京から来ていることを岩田さんはまったく気にしていない様子だった。それどころか、ウイルスへの不安もほとんどないように見えた。

その日は前日の大雨で田んぼの水位が上がっていた。そのため、水を抜かないと田植えができない。水が抜けるのを待つ間に、岩田さんと近県から来ていた林さんが、小麦粉も酵母菌もすべて手作りのパンを焼いてくれた。お二人は持参した酵母菌を見せてくれた。タッパーの中のどろりとした塊が酵母菌だと言う。自分で酵母菌を起こしてパンを焼くと、家ごとに味が変わると岩田さんが教えてくれた。酵母菌は自然界のいたるところに存在していて家にも住み着いているから、家ごとに焼きあがるパンの味が変わっていくのではないか、という話だった。ふと見上げると、古い日本家屋特有の高い天井に、立派な梁が巡らされて仄暗い影を作っていた。その薄闇に目に見えない酵母菌たちが、今もひっそりと息づいているように感じられた。

林さんが持参した酵母菌は、イタリアで酵母菌を再生させて人々に分けていくプロジェクトがあり、それをもらい受けたものだった。お二人とも、毎日どろりとしたその塊を見ると、酵母菌の調子がわかるのだと楽しそうに教えてくれた。元気がないときには、米ぬか等を適当に足してやると、酵母菌が再び活性化するという。そこには目に見えない微生物の世界がある。そしてお二人はそれを敏感に感じ取り、酵母菌の世界を継続させ、そこから美味しいパンを生み出していた。

焼きあがったパンを食べ比べさせてもらうと、岩田さんの酵母菌と林さんの酵母菌の味はまったく違うのだった。目には見えないけれど、いたるところに暮らしている酵母菌が、人間の手によって穀物の中に住み着き、発酵し、それぞれに味わいの違うパンができ上がる。同じく目に見えないコロナウイルスに翻弄されている東京から、私たちはやってきたばかりだった。だからお二人の話がまるで別世界のことのように聴こえた。何千年も人間は目に見えないものと暮らし、その力を使わせてもらってきた。岩田さんや林さんがウイルスを気にしていないのは、単にその地域で感染者が少ないということだけが理由ではないように思えた。目に見えない生き物たちが息づいている自然そのものとの付き合い方が、都会から来た私たちとはどこかで根本的に違うのだ。

そんなことを考えていると、田んぼの水がほどよく引いてきたとの知らせがあって、私たちは田んぼへと向かった。

田植えと「みんな」

田んぼには水が満ちていた。水面には雲と青空が映っている。田んぼに素足で入ると、ぬるぬるとした泥の感触に一瞬たじろいだ。足裏の感触だけを頼りにずぶずぶと足を入れていくと、硬いところに足が触れて安定して立てるようになる。泥に足を取られないようにゆっくりと歩く。それから苗を植えていくのだが、苗を等間隔で植え付けるために、四、五人で横一列になって植える。足腰の筋肉を使う大変な作業だ。しかし、青空の下でみんなで作業が同時に進んでい

くことには、なんとも言えない心地よさがあった。全員が一列に並んで苗を植えたことを確認したら、みんなで歩みを進めて、また同時に植え始める。作業はその繰り返しだった。しばらくして田んぼ全体を眺めると、みんなで植えてきた早苗がきれいに並んでいた。

中高生の子どもたちと心理療法を行っていると、必ずと言っていいほど「みんなと同じ」であることに苦しんでいる生徒に出会う。思春期を生きている子どもは「自分とは何か」ということを真剣に考えるという課題に直面している。発達心理学で言う「アイデンティティ形成」の段階だ。「自分」を形作る時期に自分と似ている仲間の存在は大きな助けになる。同時に仲間とは違う自分らしさとは何なのか悩み、「自分」を確立する必要がある。だから、思春期の子どもたちは、他の人と服装や髪型が同じかどうかを気にしながらも、他の人とは違う自分らしいファッションを探して苦悩する。その過程で深く悩んで身動きが取れなくなった青少年が時折心理療法の部屋を訪れる。

登校時に腹痛が続き、学校に行けなくなったという理由で来談した生徒と会って、話を聴いてみる。すると、彼は学校に行きたいという。何のために学校に行きたいのか尋ねると、できるだけ偏差値が高い大学に入りたいと言う。「大学に入って何をしたいの？」と尋ねると、彼は困ってしまう。そして何を勉強するかは何でもいいから、とにかく偏差値が高い大学に入りたいと答える。「その大学を卒業して何をしたいの？」と尋ねると、彼は黙ってしまう。しばらくして、「いい会社に入る……」と自信なさそうにつぶやく。本当にそんなことがしたいのだろうか、という自問自答の表情がうかがえる。周囲と比較して偏差値ばかりを気にしているうちに、本当に自分が何をして生きていきたいのかがわからなくなっている。思春期には、学校に行くか行かないかといった現実的問題よりも、自分が何者なのかを思い切り悩めるかどうかが、後の人生を左右する。

私自身も思春期には大いに悩んだ。「みんなと同じ」を強要する学校という集団に反発心ばかり感じていた。しかし、驚いたことに田植えでは「みんなと同じ」であることが、とても心地よかった。この違いは何だろうと思った。学校では「みんなよりも私は勉強ができるか」とか「みんなと同じように振る舞えているか」とか、常に「みんな」という集団に対して「私」を振り返る必要がある。集団と個の緊張関係の中で個人が作られるのだ。一方で、稲作の中心にあるのは「田んぼ」であり、季節である。田植えはみんなで同じように作業することで、効率よく収穫を得るための作業だ。そこでは「田んぼ」を中心にして集団が形成される。集団と個が対峙する関係は生じない。この田んぼを中心とした一体感がどこか懐かしく、心地よく感じられるのかもしれない。

日本人は他国の人よりも「みんなと同じ」であることを重視する精神性を持っていると言われるが、このことの土台には稲作文化があるのかもしれない。農学者の佐藤洋一郎によると、つい最近まで田んぼは農民の心を映すものだった。人々はより美しい田んぼを作ることに心を砕いた。「畦が曲がっているのは心が曲がっているからだ」という冗談もあったという。その後農業技術の発展に伴って、一反の田んぼから収穫できる米の量は飛躍的に増加した。さらに欧米から小麦食の文化が流入してきたことに伴って、米の消費量が減少し、日本政府は減反政策で米の生産量を調整することとなった。田んぼを減らすことになったときの農家の反発は強く、「自然に影響が出る」「景観が損なわれる」といった声があがったという。

これまで日本では田んぼを中心に生活が営まれ、そこには一つの世界観が形成されていた。だからこそ、減反政策によって人々が稲作という仕事を奪われそうになったときの動揺は大きかったのだろう。これまで最高の価値を持っていたはずの米が、資本主義の原理の中で価値が低いものへと変質してしまったのだ。産業形態の変化に伴って、自然を中心において人々が暮らすというあり方は変化せざるを得なかった。しかし農耕生活を離れた私たちの心には、「みんなと同じ」であることを重視する精神性が残った。中心に置かれるべき「田んぼ」は失われてしまったのに。

現代の都会に生きている人々の心の中心にあるものは何だろうと思う。「株価」「高学歴」「高収入」「フォロワー数」「いいねの数」。そういった「出来高」や数字が私たちの心を捉えているようにも思える。

農業とお金

群馬で生涯を過ごした俳人、村上鬼城に次の句がある。

生きかはり死にかはりして打つ田かな　鬼城

最初にこの句を目にしたとき、恐ろしい句だと思った。何世代も生まれ変わっても、農民として田を耕して過酷な肉体労働と貧しい暮らしの中で生きていかなければならない。田んぼに生き方を縛られた農民の厳しい人生が詠まれている句だと思った。農家の人にインタビューを行う前も、私たちは自然と共に生きる農業という仕事は、自然との戦いなのだろうと考えていた。たとえば、その年の天候によって収穫量が変動することを考えても、大変なことだと思える。都市に生きる会社員は政治や経済の影響は受けるものの、基本的に毎月同じように給与が振り込まれる。一方で、農業は天候に左右される。だから、悪天候で収穫が減るときは、天気を恨むこともあるのではないか。私たちはそう予想していた。しかし、私たちが「天気を恨むことはありませんか？」と尋ねたとき、農家の竹渕さんは何のことを聞かれているのかわからない、といった顔をした。そんな発想さえなかったのだ。そして竹渕さんは、自分の暮らす地域の老人は昔から収穫量が悪くても、「お天道様のことだから、仕方がないね」と言って、また翌年の農作業に精を出すだけなのだと教えてくれた。

会社員は給与が上がらないときに、「人事評価」という形でその理由を聞かされる。そこには人間が人間を評価し、給与を決定するというシステムがある。中年期の人と心理療法をしていると、会社内で評価してもらえず、地位や給与が上がらないことに苦しんでいる人にしばしば出会う。その苦しみに耳を傾けていると、給与が上がったり下がったりすることで、いつしか自分の価値さえも変動しているかのように感じられるのだろうと思える。給与が上がらないと、まるで自分の存在を否定されたように感じて苦しむ。給与が高い人を見ると、なぜあの人があんなに評価されているのかと嫉妬をおぼえる。

農業では人間は価値を生み出す側であったが、資本主義社会では人間は労働力として価値づけされる側になっている。いつしか人間に付与されることになった労働力という「価値」が、都会で生きる多くの人に心理的に影響を与えているように思う。心理療法の仕事をしていると「自己評価」が低くて苦しんでいる人に多く出会うが、そもそも私たちは、いつから自分の存在や人生に「価値」が付随しているという考え方に囚われるようになったのだろう。

歴史の中で稲作を効率的に行うことができるようになり、人間は米を貯蔵するようになった。そして貯蔵した米を貨幣として使うことで、物を交換するようになり、経済が始まっている。いつのまにか人間にとって米が持っていた「価値」の部分だけが切り離されて、貨幣が誕生し、現代社会ではあらゆるものが、この「価値」というもので評価されるようになっている。これは稲作文化が展開した結果でもある。本来は、食べ物としての植物や動物のいのちが持っていた価値が切り離され、「価値」という概念に変化したことで「価値」は土地や労働力などあらゆる物に付随するようになった。自分の存在に価値があるかどうかという現代人の苦悩は、この「価値」という概念に囚われてしまった結果なのだろう。そして、現代を生きる私たちは「価値」との付き合い方に気をつけないと、自分の価値に苦悩するようになってしまう。

「価値」とお金

今回のフィールドワークを通して、多くの農家の人たちに出会ったが、そこではほとんどお金のやり取りがなかったことが印象的だった。食事をするときも、みんなで食べ物を持ち寄った。その地域では、今でも物を贈りあうことが重視されているように見えた。都市生活は根本的にお金のやりとりによって成立している。農家の人の中には、このことを敏感に感じて、お金や都市生活から距離を置いているように見える人もいた。あらためてお金とは不思議なものだと思った。作物と比べたらお金なんてまったく実体がない。それにもかかわらず、お金は人間にとって強力に作用する魔力を持っている。

心理療法の中でも、心理士がクライアントから直接お金を受け取ることが、重要な行為であると考えられている。日本では心理療法は健康保険で補償されない。そのため、一時間近く専門家の時間を拘束することになる心理療法は、どうしても高額になる。その料金を心理士はクライアントの手から、直接受け取るようにする。その理由は、料金のやりとりが心理療法を守る働きがあるためだ。心理療法の過程でよく起きる現象として、「転移」というものがある。これはクライアントの心の中にある重要な人物のイメージが、心理士との関係性の中で再現されるという現象である。この現象が起きると、クライアントは心理士に対して愛情や怒り、憎しみや恐怖など、あらゆる生々しい感情を体験する。転移は心理療法を妨害することもあるけれど、うまく取り扱うことで治療が進展することもある。治療関係の中で生々しく激しい感情が湧き起こってきたときに、お金を支払うという行為はクライアントと心理士を正気に戻してくれる働きを持っている。

私がかつて心理療法を行っていた男性は、「生きていても意味がない」と言って、自殺しようとすることを繰り返していた。彼は主治医に心理療法を受けた方がいいと言われて、私に紹介されてきた。彼は事あるごとに「話を聴いてもらうだけなんて、心理療法は意味がない」と不満や苛立ちを述べた。私はどうしていいかわからず、不満や苛立ちを受け止めて話を聴くしかなかった。彼はそうやって不満を述べるのだが、毎週高額の料金を支払って帰り、また翌週にやってきた。お金のやりとりがあることによって、きっと彼が心理療法に何らかの価値を感じているのだろうと私は思い直し、彼の訴えに耳を傾けることができた。心理療法を始めて一年ほど経過したあるとき、私はついに「生きることに希望があるからこそ、あなたはここに来ているんだと私は思っています」と彼に伝えた。すると、彼は心底怒って、心理療法に来なくなった。心理療法は失敗したように思えた。けれど、それ以降、彼が自殺しようとすることはなかった。

彼との心理療法で、不満をぶつけられることは私にも大きな負担だったが、それでもお金のやりとりがあることで、暗黙のうちに心理療法に価値があることを確認できた。このとき、心理療法という舞台を成立させる上で、お金によって関係性が保護されていることが重要だった。お金は通常の人間関係に付きまとう感情を切り離す効果を持っており、そのことで逆説的に心理療法の中で生々しい感情が表現されることを促している。日常生活と心理療法を切り離すことも、それによって非日常的な感情の表現を促すこともお金の魔力なのだ。

私たちはこのことを知っているから、自然で人間的な関わりを求めるときに、直接お金を渡すことに慎重になる。私は調査のために何度もお話を聞かせてもらった農家の人たちに、感謝を伝えたいと思った。けれど、農家の人に直接お金を渡すことは躊躇われた。そこで、少しでもお礼になればと思って、農家の人が販売していた作物を購入することにした。農薬を一切使わずに育てられた作物はどれも本当に美味しいものだった。美味しい作物をいただいたとき、ふと私はまったく自分にはお礼する手段がないのだ、と気がついた。作物を購入しても何のお礼にもならない。農家の人たちが生み出す作物と比べて、私が持っているお金には何の「価値」もないように思えたのだ。私はお金に換算することができない何かで、お礼をしたいと思った。けれど、私の手で生み出せるものは何もないように思えた。仕方なく、私は俳句を書いて送ることにした。生きるために必要なだけの作物を収穫し、それを人に分け与え、豊かに生きている農家の人たちのたくましい姿を思いながら。

日光に月光に立つ案山子かな

いのちと「価値」

数ヶ月して、私たちは再び田んぼを訪れた。驚くほど稲は成長しており、青々とした力強い葉を伸ばしていた。その日は田草取りをすることになっていた。私たちが訪れた農家では、農薬や機械を一切使用せずに稲を育てていた。田植えも収穫も人間の手で行う。よく見ると稲のまわりには他の植物が生い茂っていた。この草を取らないと、稲よりも背丈が高くなり、日光を遮られてしまった稲の成長が悪くなる。そのため、稲以外の雑草を取らなければならない。それが田草取りである。

田んぼに足を踏み入れると、田植えのときとは風景がまったく異なっていた。あめんぼや蜘蛛がうごめき、あちこちに蛙が跳んでいた。そこには田んぼを中心として、虫たちの小さな宇宙が作られていた。泥は田植えのときよりも粘度を増して、どろっとしており、さまざまないのちがひしめいていることが足の裏でも感じられるようだった。

私たちは稲のまわりの雑草を取りはじめた。雑草たちもかしこいもので、稲にそっくりの形をしている。最初は稲と雑草を見分けることに苦労し、稲を傷つけるのではないかとおそるおそる草を取っていたが、徐々に一目で区別がつくようになっていった。

逃げていく蜘蛛や蛙を見ながら、ひたすら雑草を抜いていくと、ふと申し訳ない気持ちになっている自分に気がついた。もちろん私は稲作をしているのだから、雑草を抜かなければいけない。しかし雑草と言われる植物たちは、ただ生きようとしているだけだ。稲と雑草の生い茂った田んぼを中心として、虫たちの小さな宇宙が形成されている。私たちはそこに手を入れて、その宇宙を破壊し、稲の成長を守り、来るべき収穫を守らなければならない。

いのちを守るためには、別のいのちを犠牲にしなければならない。そんな当たり前のことに、私は気づいたのだった。そして、その気づきは私のひ弱な感傷でしかないと思った。このことは、自然と共に生きる農家の人にとっては、当たり前の事実なのだろう。そう思い直して、私は黙々と雑草を抜いた。

それからさらに数ヶ月が経ち、十月がやってきた。収穫の時期だ。人間の手で守られてきた稲は、たわわに実っていた。軍手をはめて稲の根元を摑み、そこを鎌で切る。ザクザクと音がする。ここまで大切に育ててきた稲を根元から切ってしまう。この体験も私に少なからず衝撃をもたらした。都会に暮らしていると、植物や動物を育てることはするものの、大切に育てたものを自ら殺して食べる経験は少ない。都会

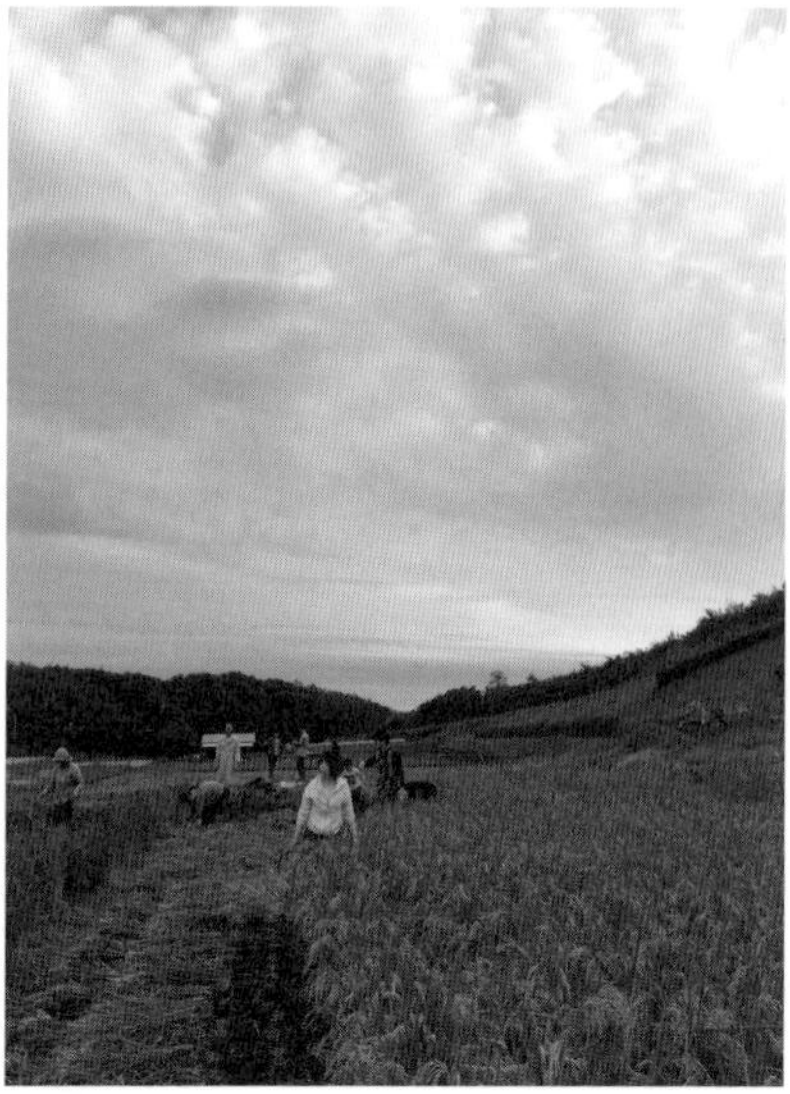

の私たちは、観葉植物やペットとして生きているものと出会う。そしてスーパーに並んでいる野菜や肉を、観葉植物やペットと同じ「いのち」として見ることは難しくなっている。

それでも農家に通うたびに、私の食べ物との向き合い方は少しずつ変化した。米ができるまでに、あらゆるいのちが関わっていることが想像できるようになった。もし農耕生活をずっと続けていたら、いのちとの向き合い方が根本的に変っていくのかもしれないと思った。

宗教学者のエリアーデは、農耕文化が人間の精神性に強く影響していると考えた。彼によるとヨーロッパでは収穫後の儀式で、「ネズミのために」といって畑に収穫した穀物の一部を返したり、死者のために収穫した藁の一部を捧げたりする風習があったという。そこには収穫した物を地下世界、あるいは死者の世界に返すという意味がある。地下世界や死者の世界という、人間の手が届かない向こう側から稲や麦が育ってきて、それを人間が収穫する。そしてその一部を向こう側に返す。翌年も豊作になるように、向こう側の世界に対して祈りを捧げる。エリアーデは農耕にまつわる風習を分析して、少量の穀物を大地に返すことで、翌年に植物が復活するという循環の思想が、復活と救済をめぐる宗教性の根幹に関わっていると論じた。ここでは「生と死」あるいは「有と無」の交流が起きており、その循環が二つの世界を豊かにしている。

私は農耕のフィールドワークが終わるとき、なんだか悲しい気持ちになっていた。収穫が終わり、収穫を祝う餅つきが終わり、いろんな人たちともお別れだと思って、感傷的になっていたのだ。岩田さんにそのことをお伝えすると、岩田さんはこう言った。

「また季節はめぐる。また始まるよ」

この言葉には循環の思想が生きていた。農耕を通して人間は生き物のいのちを奪い、いのちが還っていく無の世界を身近に感じるようになる。このとき、人と生き物が対峙し、直接いのちのやりとりが生じる。そこには「価値」という概念が介在する余地はないように思われる。そして季節がめぐり、無の世界から再びいのちがもたらされることで、人々は「有と無」の循環に信頼を置くようになる。この「有と無」の循環の思想が、現代においても農耕文化の精神性の基盤にあるようだった。

村上鬼城の句「生きかはり死にかはりして打つ田かな」に対して、私は恐ろしさを感じると述べた。けれど、今一度この句を眺めていると、生者も死者も一緒くたにしながら、いのちを循環させ、つないでいく「田んぼ」への信頼が感じられるようにも思う。

三　狩猟と価値

「価値」の源流へ

フィールドワークの次の段階として、私たちは山に入り、狩猟採集文化について考えることにした。なぜ稲作のフィールドワークから、狩猟採集へと考えを進めることになったのか。これは自然な流れだった。稲作の調査から、私たちは「いのち」をいただく生活が心理学的に重要な意味を持っていることに気がついた。稲作ではいのちを育てて収穫する。私たちは、さらに歴史をさかのぼり、直接いのちを自然から摑み出してくる狩猟採集文化を考える必要があったのだ。

私たちは山形のマタギが住む村を訪問することになった。案内をしてくれるのは、山伏の成瀬さんだった。一日目は成瀬さんに案内してもらい、山で茸の採集を行った。二日目に私たちはマタギの村を訪れて、話を聴くことになった。その村では動物を撃つ人たちは、マタギではなく「鉄砲撃ち」と呼ばれていた。春になると鉄砲撃ちの人は熊を撃つ。私たちが村を訪れたのは秋の終わりだったので、熊ではなく鴨撃ちに同行する計画だった。しかし最近では、猟が解禁される時期に鴨がいなくなってしまうことも多いという話だった。鴨がいない場合は、鶏を絞めて解体し食べる計画だった。

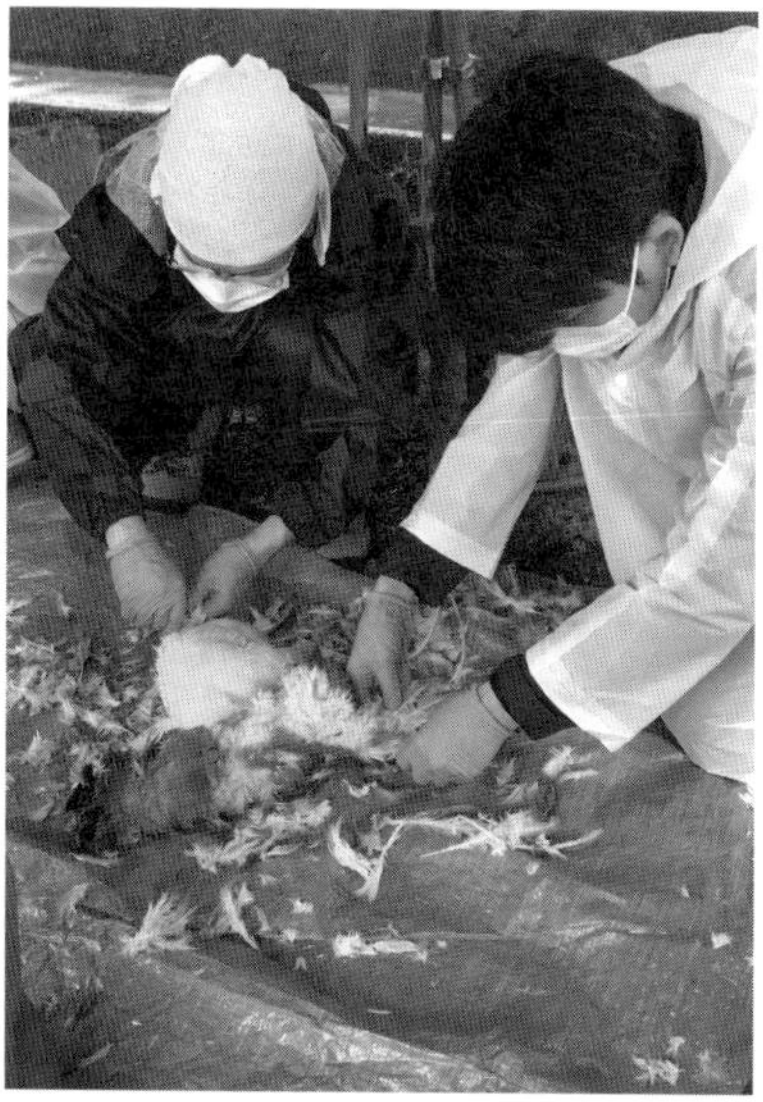

出発前に鶏を自らの手で殺すことができるかどうか、参加者全員に確認があった。私は自分にはできないと思った。私は子どもの頃から鳥が好きでペットとして飼っていた。鳥が殺される現場に居合わせるのも難しいのではないかと思った。

その日、猟場に鴨はいなかった。志願していた参加者は、計画通りに自分の手で鶏を絞めることになった。私はやはりその場に居合せることだけで精一杯だった。自分が情けなかった。四羽の鶏が連れてこられ、四人の人間が鶏を殺めた。連れられてきた鶏たちは何かが起きることを感じているかのように不安そうに鳴いた。鶏の羽と脚を抑えて固定し、首を切る。すぐに逆さまにして血を出す。首を切られるときに鳴き声をあげる鶏もいた。逆さまにされて、しばらく脚をばたつかせて、数十秒で鶏は動かなくなった。

私たちの目の前には四羽の鶏が横たわっていた。私たちはみんな静かだった。目をつむって手をあわせた。体が硬直する前に急いで羽をむしる必要があった。鶏はまだ温かかった。羽をむしると鳥類に特有の穀物のような芳ばしい香りが立った。私たちは鶏の羽をむしり、腹をひらいた。温かい内臓を取り出し、肉を切り分けていった。雌鶏の腹の中には卵があった。

　私はこれまでの人生で食べてきた鶏の数を思った。私たちは幾千幾万もの鶏たちのいのちを奪い、生きている。いったいどういう風に恩返しができるのかと思った。殺される前の鶏たちの眼には「生きたい」という根源的意志しかなかった。私たちがそのためにできることはなかった。私たちはいのちを奪い食べることしかできない。食べなければ生きていけないのだ。

　私はいのちの重みに打ちひしがれた。私はこれまでの人生で食べてきた動物たちのいのちよりも、自分に生きる価値があると言えるのだろうかと思った。けれど、そんなことを口に出すことはできなかった。私はとにかく気持ちの動揺をおさめて、できるだけ丁寧に鶏を解体しようと思った。

　その日は雨が降っていた。遠くに見える山々は紅葉の盛りで美しく色づいていた。動物を殺して生きるしかない悲しみの中で、その風景の美しさが異様に映った。私たちはみんな黙って鶏を解体しながら、それぞれがいのちを食べることの意味を考えていた。

　みんなで鶏をいただいた後に、私たちは鉄砲撃ちの方々にインタビューを行った。ある人は鶏を殺すのは今でもつらいこと、特に自分で育てた鶏の場合はつらいと語った。何十年と同じような暮らしをしていても、何も感じずにいのちを奪うことはないのだ。

　鉄砲撃ちの方々からは熊撃ちの話も聴いた。熊撃ちは七、八人のチームを組んで行われる。望遠鏡で熊を見つけると、仲間に指示を出して熊を追いつめていく。山頂近くまで熊が逃げてきたところで胸を撃ち抜いて殺す。そして、その場で解体して肉を分けて村に持って帰る。望遠鏡のレンズの中で、春先に冬眠から目覚めた熊がどんな行動をするのかを鉄砲撃ちの工藤さんが語ってくれた。工藤さんは熊が雪の上をすべって遊んだり、メスの匂いを嗅ぎつけてバンザイをして喜ぶ様子を実演してくれた。その様子はとても生き生きとしていて、目の前で春の訪れを喜ぶ熊を見ているかのようだった。工藤さんは七十歳を過ぎた頃から、熊を撃つときに「こいつも俺と同じように生きているんだよな」と思うようになったと漏らした。何十年も熊を撃ち熊を食べてきた。その積み重ねの中で、次第に熊と自分との境界線が薄くなっていったようだった。

山は何もないところからいのちを生み出し、人間はそれを取って生きる。狩猟採集では農耕のように人間が自然に手を入れることはない。人間は無から生まれてきたいのちを奪う。そしていのちを奪い続け、それでも毎年いのちを生み出し続ける山に対して、人間は次第に何か特殊な感情を持つようだった。それを言葉にするのは難しい。それは「自然への感謝」という言葉では片付けられない、奥が深く複雑なものだった。山では「生きたい」という意志を持つ生き物同士が、お互いに命を奪ったり育んだりしながら、生きている。山に暮らす人々はそのことへの慈しみのような感情を抱いているようだった。そこには「いのちの価値」を疑うような心の動きはないように見えた。もちろん殺害や死が身近にあることは間違いない。しかし同時に、精神的に複雑で豊かなものが人々の暮らしに息づいていた。

東京に帰ってきても、私は鶏のことを忘れることができなかった。ニュースでは鳥インフルエンザの発生で、数万羽の鶏が「殺処分」されたと連日報道されていた。都会では屠畜は隠されていて、私たちの目に見えない。しかし私はそのニュースの向こう側に、あの殺される前の鶏たちの声を聴いた。小説家のクッツェーは、現代において人間が動物に対して行っている数々の行為は、ナチスがユダヤ人に対して行ったことと同等であると、過激な表現で指摘している。クッツェーの言う通りかもしれない。私は人間として生きることが恐ろしくなった。けれど私は生きるしかなかった。

誰の役にも立たないとわかっていたけれど、私は鶏たちを思って句を詠んだ。食べたり食べられたりしながら、生きるしかない生き物の哀しみを歌うのは、人間だけかもしれない。そう思った。

逝く秋やこここここと鶏の声

動物と贈与

人間はずっと動物を殺して食べてきた。それなのに、動物を殺して食べることが心理学的にどういう意味を持つのか、私はそれまで考えたこともなかった。鉄砲撃ちの工藤さんが熊について語る姿は特に印象的で、工藤さんを通して熊の姿が見えてくるようだった。そのことを考えているうちに、私はアイヌにおける熊祭に思い至った。

アイヌにはイオマンテと呼ばれる儀礼がある。動物を殺してその魂であるカムイを神々の世界に送り返す儀式である。熊を殺すことが多いため、「熊送り」「熊祭」などと呼ばれることもある。その概要はこうである。

熊猟をするときに母熊と共に子熊がいた場合、母熊は殺して食べるが、子熊は集落に連れて帰って育てる。まるで人間の子のように子熊を大切に育てた後に、盛大な祭りを行い、熊を殺して肉を食べる。アイヌの世界観では、動物は毛皮を被った神々であり、人間の世界に肉をもたらしてくれる存在だった。だから、肉を食べた後に魂が無事に神の世界に帰るように儀式を行う。そして神の世界に帰った魂が、人間世界で歓待されたことを他の神々にも語り、また肉や毛皮と共に神々が人間世界を訪れてくれる。

これがアイヌの持っていた世界観である。農耕においても死者の世界に穀物の一部を返し、そのことで再び死者の世界から実りがもたらされることが、宗教性の始まりと関係していると述べたが、アイヌのイオマンテにおいては、より明確に有から無へ、無から有への交流が起きていることがわかる。この世界観では、贈り物をすることで神と人間の二つの世界に循環が生まれ、双方に豊かさがもたらされる。思想家の中沢新一は、自然から恵みがもたらされることは、自然の純粋贈与であり、贈与が起きるときに「贈与の霊」が動き出すと論じている。贈り物がなされると、物と物の交換という市場の原理とは、まったく違う特別な感情が生じてくる。そのことを中沢は「贈与の霊」と呼ぶ。たとえば、クリスマスや誕生日などの特別な日には、私たちは今でも贈り物をする。それは物々交換ではなく、贈与によって特別な感情が動くからであり、そうして「贈与の霊」が動き出すことによって人々の生は満たされる。

私が鉄砲撃ちの人たちから話を聴いたときに、精神的な豊かさを感じたのは、今でも動植物との間で「贈与の霊」が流動していると感じたからかもしれない。鉄砲撃ちの人たちはアイヌのように特殊な儀礼を執り行っていたわけではない。けれど、長年熊を撃ち続けたことで、熊との間に贈与の関係が生まれ、特別な精神的つながりが生じていたのではないかと思う。彼らは自分も含めて、あらゆるいのちの価値を強く感じているように見えた。そこでは未だいのちと価値がお金によって切り離されていない。そのために、動物の世界と人間の世界に無から有へ、有から無へという交流が直接的に生じている。そのことが「いのちの価値」の実感を人々にもたらしているようだった。

四　都会と「価値」

無と虚無

都会で心理療法の仕事をしていると、「自己評価が低い」「自己肯定感が低い」といった問題を抱えていると言われる人々に多く出会う。自己評価の問題の深層には、「自分に価値はない」「生きる価値はない」といった考えが横たわっている。現代人の抱えている「生の無意味さ」の苦悩であり、虚無感の問題である。心理療法が展開してくると、自己評価の問題の深層に横たわっていた虚無感が、顕在化してくることが稀ではない。心理学者として現代人のこの虚無感をどう取り扱うか。このことは私にとって重要なテーマだった。

狩猟農耕文化においては、無との接触面から価値がもたらされる経験が重要な意味を持っていた。ここで言う無と現代人の抱える虚無感はどのように違うのだろうか。この疑問を抱いたときに、私に思い出されたのは、成瀬さんが冬の生活のつらさを語っていたことだった。成瀬さんが暮らす山形では、冬は毎日ひたすら雪かきをする。春になれば消えるとわかっている雪をかき続けないといけない。このことを「無意味」と感じる、というのが成瀬さんの話だった。山村で冬を生き抜くことに、都会人の虚無感の問題を考えるヒントが何か得られるかもしれない。そう思って私は再び山形へと向かった。

虚無と籠り

山形は秋に訪れたときとは別世界だった。空港を出ると一面が真っ白になっていた。初日、私たちは雪山の世界を知るために羽黒山に登った。翌朝に雪かきをした。どこを見ても雪に覆われていた。雪をかいても、数時間でまた雪がすべてを覆い尽くしてしまう。植物も雪に埋もれていて、動物の姿も見えない。そこには雪に覆われた無音の世界が広がっていた。その何もない真っ白の世界は、虚無が具現化されたようだった。

かつて山に生きる人々は、冬になると家に籠って藁仕事をした。そこで私たちも藁仕事を体験させてもらうことにした。私たちは藁をよって紐を作り、さらにそれを綯って注連《しめ》飾《かざ》りを作った。雪が降りしきる静けさの中で、家に籠り黙々と仕事をする。これまでのフィールドワークと大きく違うのは、自然の中で調査をするのではなく、自然から隔てられた家の中で、黙々と作業するという点だった。冬になり、雪によって閉ざされた自然界に立ち入ることができなくなったとき、自然の中から価値を引き出すのではなく、人間は初めて自分の手で何かを作り生み出すのだ。降る雪の静けさは、不思議と私たちを藁仕事に集中させた。人間が自分の手で何かを作ること、つまりアート（芸術・技術・人工物）の始まりが、冬のもたらす虚無にあるのかもしれないと思えた。

冬籠りの藁仕事は、別の視点を私に与えてくれた。私は心理学者として、都会に暮らす人々の虚無感をどうにかしないといけないと思っていた。けれど虚無感にどっぷりと浸ることは、私たちに新しい生産性の可能性をひらくかもしれないとも思われたのだ。考えてみると、都会にはアーティストが多い。もしかすると、都会という場所が本質的に備えているのは、「冬の静けさ」なのではないか。そう思って、あらためて東京の町並みを眺めてみると、一面がコンクリートに覆われており、大地は見えない。野生動物はほとんどいない。植物はどれも人工的に植えられて整然と並んでいる。あまりに人口が多いために、人々はお互いに関心を向けることを止めて、無干渉に暮らしている。歌謡曲で「東京砂漠」と歌われたように、都会は一見賑やかでありながら、独特の静けさや冷ややかさを持っている。象徴的に言えば、都会は「砂漠」や「冬」であり、虚無をはらんでいる空間なのだ。

都会は最新の情報や文化が流入してくるために一見派手で騒がしく、虚無が見えづらくなっている。しかし、二〇二〇年、緊急事態宣言が発令されて、東京は静まり返った。人々は家に籠った。この時期にパン作りが流行して、一時的に小麦粉が入手困難になることがあったが、この現象も藁仕事との類似性を感じさせる。家に籠もらざるを得なくなったときに、私たちは自分の手で何かを生み出そうとするのだ。平常時の都会は、虚無をはらんでいながら同時に、虚無をかき消すように大量の情報が溢れている。そこで暮らしてきた私たちにとって、緊急事態宣言で家に籠ることを強制されたのは、過酷だったのかもしれない。心理相談室には苦しむ人々の申し込みが殺到した。若者の自殺者は急増した。都会特有の虚無や静けさをうまく利用して、自分の活動に没頭できるのなら、都会は居心地のよい創作の場となるのかもしれない。しかし、どのように虚無に対処したらよいのかわからない人にとって、「ステイホーム」という半強制的な籠りは危険だった。都会の喧騒が静まり返ったとき、突然、心の中に底知れない虚無感が顔をのぞかせたのだ。

歴史を振り返ると、日本人の精神性において「籠り」は重要な意味を持っていた。民俗学者の柳田國男が「籠るということが祭りの本体だった」と述べているように、籠りは穢れを祓い神事に参加する条件として必須の行為であり、祭りの本質でもあった。籠りによって外界の情報を遮断し、どっぷりと無に浸る。そのことを通して、人々は穢れを祓い、祈りを捧げることができた。しかし、現代の日本人の多くは無宗教であり、かつての祭の籠りと同じように、籠ることが「穢れを祓う」という心理学的意味を持つことはない。人類の歴史の中で、人々の苦しみを受け止めてきたのは宗教だった。しかし、現代人の多くは宗教を失った。そのため私たちは「生の無意味さ」に、丸腰で対峙しなければならない。
狩猟農耕文化では生き物を殺して食べることで、人々は動物や植物が無の世界に帰っていく場面に立ち会う。そして季節が巡ると無の世界から再び価値が生み出される体験を繰り返す。このことが自分のいのちの価値の実感につながるのではないかと思われた。しかし都会の人がそれを真似て動物を殺して食べても、もはや精神文化の基盤が本質的に変わってしまっているために、いのちの価値を取り戻すことはできないだろう。宗教が失われたのと同じように、都会に生きる人にとって、いのちの価値を運ぶ存在としての「動物」もまた、失われているのだ。

失われた動物

心理学的に考えると、現代人は動物を喪失した、と言える。このことは、都会に生きる人々の心理を描いた文学作品に、よく表現されている。たとえば、アメリカに生まれ育った小説家であり、詩人のレイモンド・カーヴァーに次の詩がある。

「夜になると鮭は」（村上春樹訳）

夜になると鮭は
川を出て街にやってくる

フォスター冷凍とかA&Wとかスマイリー・レストランといった場所には
近寄らないように注意はするが
でもライト・アヴェニューの集合住宅のあたりまではやってくるので
ときどき夜明け前なんかには
彼らがドアノブを回したり
ケーブルTVの線にどすんとぶつかったりするのが聞こえる
僕らは眠らずに連中を待ち受け
裏の窓をあけっぱなしにして
水のはね音《スプラッシュ》が聞こえると呼んでみたりするのだが
やがてつまらない朝がやってくるのだ

この詩の「鮭」は、人間に食べられる動物として登場している。夜になると鮭は、人間の世界を訪れる。そして人間に食べられないように、注意深くファストフード店やレストランを避けて、人が住む場所に来る。詩の中で「僕ら」は鮭が来るのを心待ちにしているが、鮭の存在の痕跡はかすかに音によって示されるのみだ。鮭たちが目に見える形で現れることはない。やがて鮭によってもたらされた夜の幻想的時間は終わり、「つまらない朝」としていつもの日常が繰り返される。カーヴァーは詩の終わりに虚無感を置いた。動物の存在が人間にいのちの価値をもたらしていた時代は終わった。夜が訪れると亡霊としての動物の存在をかすかに感じることはあるかもしれない。けれど狩猟文化で何万年も続いた動物と人間の関係のように、都会に生きる現代人と動物が交わることはない。

実は臨床心理学の始まりにおいても、動物イメージは重要な役割を果たしている。神経科医のフロイトは、無意識を意識化することで精神症状が消失する、という心理療法の根本原理を発見した。これは、無いものを有るものに変化させるという治療論であるが、同時にフロイトは「無いもの」すなわち無意識の内容として、「動物的」である性欲動や攻撃性を想定していた。「暴れ馬を手なずける騎手」の比喩で語られているように、フロイトは人間が無意識に押し込めた動物的な心に翻弄されており、それをコントロールできるようになることが治療目標であると考えた。初期の臨床心理学においては、人間的な心（自我）と動物的な心（エス）の関係を正常化することが治療手段だったのだ。これは人間的な理性によって、「動物的な心」を押さえつけたり消してしまえばいいという話ではない。むしろ、「動物的な心」を無理やり押さえつけてしまったために、精神症状が生じるとフロイトは考えた。精神症状の治療のために必要なのは、動物の心とのつながりの回復なのだ。

それでは、心理療法を通して、私たちはもう一度動物とのつながりを回復することができるのだろうか。私には現代人が動物とのつながりを失うことは必然であり、もはや止めることのできない文明化のたどる道なのではないかと思える。かつて動物たちは、人間の心に豊かなイメージをもたらしていた。ライオンマン、ラスコーの洞窟画からアイヌの儀礼、その他あらゆる宗教や芸術に見られるように、人類の精神史のいたるところで動物が現れている。しかし、ある時点において動物の持つ力は決定的に失われる。夏目漱石の短編『文鳥』には、その喪失の瞬間が見事に描かれている。

動物の死

『文鳥』の主人公は小説家である。あるとき知人の三重吉という男に勧められて彼は文鳥を飼い始める。彼は文鳥の世話をしなければいけないと感じながらも、朝に起きるのが億劫で、つい世話が遅れがちになる。それでも最初は熱心に文鳥の世話をする。文鳥の描写がとても繊細であり、漱石は実際に文鳥を飼ったことがあるのだろうと思わせる。たとえば、文鳥が餌の粟を食べている姿が次のように描かれる。

文鳥は嘴を上げた。咽喉の所で微な音がする。又嘴を粟の真中に落す。又微な音がする。その音が面白い。静かに聴いていると、丸くて細やかで、しかも非常に速《すみや》かである。菫《すみれ》程な小さい人が、黄金の槌で瑪瑙の碁石でもつづけ様に敲《たた》いている様な気がする。

小説家はこの小さい動物を気の毒に思ったり、自分自身の抱えている淋しさを投影したり、その姿に過去の女性を重ねたりしながら、日常が過ぎていく。彼は朝起きるのが遅く、小説の仕事も次第に忙しくなり、あるときから家人がときどき文鳥の世話をするようになる。そして家人がやってくれるだろうという甘えから、次第に、誰も餌やりや鳥かごの掃除をしない日が増えてくる。小説の終盤、ついに文鳥は死んでしまう。

拳を籠から引き出して、握った手を開けると、文鳥は静に掌《てのひら》の上にある。自分は手を開けたまま、しばらく死んだ鳥を見つめていた。それから、そっと座布団の上に卸した。そうして、烈しく手を鳴らした。

十六になる小女《こおんな》が、はいと云って敷居際に手をつかえる。自分はいきなり布団の上にある文鳥を握って、小女の前へ抛り出した。小女は俯向いて畳を眺めたまま黙っている。自分は、餌を遣らないから、とうとう死んでしまったと云いながら、下女の顔を睥《にら》めつけた。下女はそれでも黙っている。

自分は机の方へ向き直った。そうして三重吉へ端書をかいた。「家人が餌をやらないものだから、文鳥はとうとう死んでしまった。たのみもせぬものを籠へ入れて、しかも餌をやる義務さえ尽くさないのは残酷の至りだ」と云う文句であった。

文鳥の死に対する罪悪感を受け入れられない小説家は、それを家人のせいにして激怒し、文鳥を仕入れてくれた三重吉に手紙を書く。彼は文鳥を死なせたことを三重吉に責められるのではないかと不安を感じながら、手紙の返事を待つ。

午後三重吉から返事が来た。文鳥は可愛想な事を致しましたとあるばかりで家人《うちのもの》が悪いとも残酷だとも一向書いてなかった。

小説家は自分が責められるだろうと思い込み、被害的になっていたのだが、「可哀想な事を致しました」という三重吉の言葉をもって小説は終わる。小説中の「文鳥」をめぐってはさまざまな解釈があるが、私が初めてこの小説を読んだときにまっさきに浮かんだのは、次の漱石の俳句だった。

菫ほどな小さき人に生まれたし　漱石

この句は明治三十年に詠まれた。『文鳥』が発表されたのが明治四十一年であるから、小説のおよそ十年前に詠まれた句だ。漱石はひっそりと咲いているすみれを見て、それほどに小さい人に生まれたいと詠っている。この「菫ほどな小さい人」という同じ表現が文鳥の描写にも使われている。漱石はすみれや文鳥のように、小さな存在者に生まれたいと詠っているのだ。そして現代人にとってそれはもう不可能であることが、「文鳥の死」に象徴されている。文鳥は漱石にとって、「失われた動物の心」なのだ。

小説の中で文鳥は主人公の心を刺激し、かすかに幻想を呼び起こすものの、最終的に文鳥の死をもって物語は終わる。文鳥は死ぬことによって初めて小説家の手で触れられるが、そのとき文鳥はもはや「文鳥」ではなく「死んだ鳥」と呼ばれる。これは象徴的に私たちが死んだ動物とし か関わることができないことを示している。文鳥の死に際して小説家は罪悪感を抱き、三重吉に咎められると思っている。これは「個人」という考えを確立した現代人の思考だろう。動物のいのちを奪い罪悪感を抱くのは、動物にも人間と同じように「個」のいのちを見ているためである。個人主義を確立した現代人にとって、「動物の死」はいのちの価値をもたらさない。それは罪悪感をもたらすか、虚無感を生むかしかないのだ。

五　心と動物

夢分析

現代では人間と動物はかつてのような関係を失った。そこに贈与の関係は生じないし、動物の死が人々にいのちの価値を実感させることもない。現代人の目から見ると、人間と動物の関係は食うものと食われるものの関係でしかなく、それは罪悪感を引き起こす。そして現代人は自分のいのちの価値の問題に悩まされることになる。このとき、ある人は動物の死を見ないようにするだろう。別の人は動物の権利を守る活動を行うかもしれない。

一方で、心理学者の目から見るのなら「動物は死んだ。けれど夜になると動物は人間のもとにやってくる」と言えるだろう。それはカーヴァーの詩に表現されている通りだ。けれど当時アルコール依存の苦しみを抱えていたカーヴァーは、動物たちの姿が見えないことや、朝になると動物がまぼろしのように消えてしまうことに、失望していたのだろう。もし、カーヴァーが心理療法を訪れたとしたら、私はこう提案するだろう。「鮭を心待ちにしていたのなら、消えてしまわないように、何度もその姿を描いてみませんか」。

心理療法では、夢を通して動物イメージが現れることがある。夢の中の動物は、夢を見ている人に生々しい感覚を呼び起こす。心理療法でどうして夢を取り扱うのかと不思議に思われる人も多いだろう。現代人は夢が心の重要な表現であるとは考えない。夜になると私たちを訪れる夢は、目が覚めてしばらく経つと消えてしまう儚い存在である。注意深く関心を示していないと、夢を記憶しておくことさえ困難である。まさに夢はカーヴァーの詩に出てくる鮭のようなものだ。

心理学者のユングは、夢を重要な心の表現であると考えていた。心理療法の中で夢見手が夢と出会うことで、夢見手も夢も変化していく。それが夢分析という心理療法の技法だ。ここまでの文脈を踏まえて言い換えるのなら、夢は夜になると私たちを訪れる「失われた動物」である。カーヴァーの詩の中で、動物たちは儚く消えてしまった。しかし心理療法では、できるだけ丁寧に夢を記録し分析する。夢という失われた動物に注意を向けつづけると、動物は俄かに活気づく。そうして夢の分析を通して心の表現が展開していくとき、現代性を離れて人間と動物の関係は、まったく異なる様相を呈しはじめる。

ある中年男性は、主治医に紹介されて私の勤務する相談室を訪れた。話を聴いていくと、彼が悩んでいるのは、自らの人生が失敗だという感覚であると思われた。彼は大黒柱として家族を養い、職業面においても、多数の業績を成し遂げていた。それにもかかわらず、彼はまわりと比べて自分の仕事の価値が認めてられていないと感じている様子だった。彼は定年退職を目前にして過去を悔やみ、未来に希望が持てず、抑鬱状態に陥っていた。次の夢は心理療法を開始して、四回目の面接で語られた夢である。

獣が近づいてきており、家族にすべての窓やドアの鍵を閉めるように指示している。外から来るのは息子だと思う。他にも、縫いぐるみに牙が生えたような獣が家に侵入しようとするが、電線がはりめぐらされている。

夢は獣が彼の家にやってくる場面から始まる。野生動物は基本的に人間を避けて活動するが、夢の動物は明らかに彼の家を目指してきている。それに対して、彼は家を守ろうとする。その獣は家族に危険をもたらすことが予感されている。しかしなぜか、彼は「息子」が外から来るのだと気づく。ここで夢が表現しているのは、獣が他ならない彼自身が生み出した存在であるということだ。

夢の中の彼は家の外に出て、動物と戦うこともできただろうし、車に乗って逃げることだってできただろう。しかし夢は「電線をはりめぐらせる」という表現を取っている。これは自分と家族を守るようにも見えるが、同時に彼らをその場所に縛り付けるという二重の意味を持っている。彼は彼自身の中から産み落とされた獣と出会うための舞台を自ら設えたのだ。
その後、夢の分析を中心とした心理療法は数年続いた。この過程で徐々に彼は落ち着きを取り戻していった。心理療法の終盤、七十二回目の面接では次の夢が語られた。

病院で健康診断を受けている。白い四角い広い部屋で、コーナーごとに回っていくのだが、人はまばらである。私のところには担当の医者がいない。服を全部脱ぐことになっているのだが、そこへ鬱病だった知人女性がやってくる。彼女は平気で、さっさと服を脱いでしまう。私も服を脱いで、医者が来るのを待っている。次のコーナーは細長いプールを泳いで渡るのだが、熊が十数頭泳ぎ始める。いつの間にか、私も女性も熊の着ぐるみを着ている。ふと気づくと、彼女はプールの真ん中あたりで熊たちと一緒に泳いでいる。ところが、一頭の熊が人間と気づいたらしく、彼女の顔を叩く。彼女のところに行くと、左の頬に三筋の引っかかれた跡がある。大したことはなさそうだが、本人は痛いと言っており、私も誰か早く来ないかなと思っている。場面が変わり、私のまわりには数名の親しい人がいる。家族のようだが誰かはわからない。そこへ彼女がやってくる。傷は両方の頬に広がっており、魚のエラのように割れて、三から五本の傷になっている。ちょっと気味が悪い傷跡だと思っている。

夢は健康診断を受けるという状況から始まる。これは何を意味しているのだろう。健康診断では、検査によって自分の内側を調べられる。このことは普段は見えない内側のものが表面化する状況を表わしているのかもしれない。そこにやってくる鬱病の女性は彼が長年抱えていた鬱を表しているのだろう。彼らは着ぐるみを着て熊となり、プールで泳ぐ熊に加わる。服を脱ぎ裸になることは、人間としてのアイデンティティを捨て、動物になることなのだ。ここでアイヌの儀式と、ちょうど反対のことが行われていることがわかる。魂が熊の皮を被って、人間の世界を訪れるのではなく、人間が熊の皮を被って、熊の世界を訪れている。心が魂の世界に入っているのだ。

ここでなぜ、熊と女性が登場したのかを考えなければならない。熊は犬や牛とは違って人間世界とは異なる場所に棲み、人間に支配されない動物である。私たちが熊に出会うのは、熊が棲む山に入るときである。山に物資を調達しに行くときや登山のときに、私たちは予期せずして熊に出会う。熊は人間よりも強い力を持っており、恐怖の対象である。一方で、「くまのプーさん」やテディベア人形のように、熊はその人間のような動作や容姿から愛される存在でもある。アイヌでは熊は最高位の神とされる。熊は人間を殺す力を持った恐るべき対象であると同時に、人がまだ獣であり神の姿に近かった頃を思い出させる、人間の原始的姿でもあるのかもしれない。

夢の中では鬱病を患っていた女性が熊に変化する。ユングは夢の中に現れる異性像を重視し、男性の夢の中で登場する女性像を「アニマ anima」と呼んだ。アニマとはラテン語で息をすることや魂を意味する。ユングは、アニマが夢を見ている人のまだ生きられていない心であると考えた。この夢で重要だと思われるのは、彼のアニマが鬱病を患っていたということだ。そう考えると、健康診断という状況は、病んでいたアニマの本質が現れる空間として準備されたのだろう。服を脱ぐことによって、彼女は熊になる。そしてプールの中心に来たところで、熊に傷を与えられ、再び人間に戻る。これも、アイヌの熊が殺されることで、魂に戻ることと同様の過程である。人間から熊になり、再び人間に戻ってきた彼女には、傷跡がある。熊との出会いによって、病んでいた彼女の傷が顕在化したのだ。傷は傷として表面化することで、初めて癒しの過程をたどり、「傷跡」になることができる。その傷跡は、エラのように見えるという。エラは水の中で酸素を取り入れるための器官であり、彼女が水中にも行けるようになったことを暗示しているようだ。それは人間の世界と動物の世界という二つの世界に、結合が生じたことのしるしでもあるのだろう。

長い過程を経て、彼の夢は大きく変化した。最初に彼が危険なものとみなしていた獣は、最終的に心理学的変化に関与する「熊」として姿を現している。熊は傷を与えることで、アニマに変化をもたらした。ここで、魂（anima）と動物（animal）が出会ったのだ。動物によって受肉した魂には傷跡があるが、それをどう解釈するかは難しい。傷跡から連想されるのは、かつてアイヌや琉球民族などで結婚した女性が痛みをこらえながら刺青を彫ったことである。それは二つの異なる物が交わり結婚したことの証であり、この心理療法で言えば、「自分の心が自分の人生の価値を決める」という心理学的観点の誕生を意味していると思われる。もちろん、それは社会的評価を気にしなくなったということではないし、単純に幸福感や自己肯定感が獲得されたということでもないのだろう。後に述べるように、日本文化では人と動物や男と女が結婚した後に、傷ついた動物や女性は恥じ入って消え去ってしまう物語が多い。しかし、この夢の中で傷ついた女性は、最終的に彼のもとに戻ってきた。ここでは、生々しく気味が悪いとも感じられる「傷」も含めた、心というリアリティと共に生きていくことが予感されている。

心理療法の中で夢が展開し彼自身が変化したのは、夢という儚い存在に彼が熱心に注意を向けつづけ、そのことで動物イメージが再び活性化したことが関係しているように思えた。私はすでに人間と動物の関係は失われたと述べた。けれど彼の語ってくれた夢を振り返るとき、私たちが注意深く動物に耳を澄まし目をこらすのなら、心のどこかで人間と動物の交流は生まれるのかもしれないと思える。

西洋と東洋

心理学者のギーゲリッヒは、生贄を捧げる儀式や狩猟における動物の殺害が、人類の数十万年の歴史の中で重要な心理学的意味を担ってきたことを指摘している（本書第七章）。彼によると、古代から動物は人間に最も近い親戚であり、兄弟や父親、さらには神であった。近しい存在者である動物を殺すことは、人間が動物としての自分自身を殺し、精神的存在として生まれることであった。ギーゲリッヒはこのことを「外界にいる動物を殺すことを通じて、同時に、魂は魂自身を傷つけ、魂自身を殺したのである」と表現している。この動物の殺害によって、人間はただ生きて繁殖するという動物的な運命から解放されて、精神的存在になることができる。それは人間が人間になる上で必須の行為なのだ。

殺されるものは動物であり、自己意識を獲得していない存在者たちである。動物は自分の死を考えないし、自分が何者であるかを考えない。純粋に存在するものであり、自分自身を省みないのである。その動物を殺害することで人間は自分の死を自覚し、自身を省みる精神が誕生する。ギーゲリッヒの論によると、この殺害がキリスト教を土台とする西洋の精神性に深く根ざしており、この展開として異教徒の排除や魔女狩りといった殺害が起き、最終的には「神は死んだ」という、自らの神の殺害にまで至る。これが西洋精神の歴史である。

ギーゲリッヒは、日本において心理学的な魂の殺害が起きていないのではないかと指摘している。このことは、神道と仏教が両立していたことにも端的に現れている。日本では「動物」や「自然」を殺害することなく、高度に体系化された宗教である仏教が取り入れられ、神仏習合という独特の精神文化が生み出された。自然崇拝に近いと言われる神道の神々は、仏が人々を救済するためにさまざまな神の姿をとって現れたものだと理解された。これが本地垂迹説であり、この理論化によって神道と仏教の両立が試みられた。

アイヌの熊祭では、動物の殺害が魂の世界を生み出していたことを考えると、古代においては日本でも精神の誕生に際して動物の殺害が重要な役割を担っていたと言えるだろう。しかし、その後の日本文化の展開を考えると、確かに殺害が生じる場面は少ないように思う。

貧乏な若者が田打ちをしていると、背中に矢のささった鶴がいる。矢を抜いてやるとうれしげに飛んで行く。二、三日後の夕方、美しい女が来て宿を乞う。二、三日たつと嫁にしてくれと言って、そのまま居つく。銭儲けをするからと六尺四面の機場を作らせ、決してのぞくなと言って美しい布を織りあげる。若者は女房に言われたとおり、天朝様に千両で売る。欲が出てもう一反織らせる。途中好奇心にかられ機場をのぞくと、鶴が自分の毛を抜いて織っている。若者に気づくと姿を見られたらもういられないと言って、飛んでいく。

これは新潟県で記録された昔話『鶴女房』である。多くの人が子どもの頃にこの昔話の幻想的な光景と、その後の喪失感に心を奪われた経験があるだろう。この昔話では、いのちの価値が貨幣に変換される瞬間が見事に描かれている。物語は贈与の関係から始まる。若者は見返りを求めることなく鶴を助ける。鶴は若者のもとを訪れ、美しい布を生み出す。動物との結婚によって、貧しかった若者は豊かになる。しかし、若者は美しい布が「お金になる」ことに気づき、欲が生まれる。そして、まさにその瞬間に、若者は鶴のいのちが美しい布に変化していることに気がついてしまう。すると、鶴は飛び去って消える。若者は再び貧乏になり、田を打つ生活が繰り返されるだろう。

日本人にとって、その結末は悲しくも美しく聴こえる。すでにこの昔話には多くの心理学的解釈があるが、私は最終的に若者が物語の始まりに戻っていることに注目したい。彼は貧しかった。何も持たなかった。彼は鶴を助ける心優しい人間だった。そしてお金に目が眩んだときに、お金の本質である、いのちの価値に彼は気がついた。その瞬間、鶴は消えてしまう。しかし、そのとき、彼は田を打ち、収穫を得て、生きていくこと自体の価値に気がついたのではないだろうか。「傷ついた鶴」という形でいのちが若者を訪れ、そこから「お金」の本質であった「いのちの価値」が顕現するという、物語の運動そのものが内在化されたのだ。だからこそ、鶴は消え去り、物語は最初の貧しい生活に戻っていく。しかし物語の始まりと終わりとでは、若者は本質的に変化している。

この物語では、動物の殺害は生じていない。動物はおのずから女性に変化し、人間のもとを訪れる。そして「結婚」という形で物質と精神が結合するが、「見る」という行為によって動物は消え去る。日本では動物はおのずから生成し、傷つき、消え去ることで空白を生み出す。ここに日本的な精神性の中心にある、空白性が生まれて来るように思われる。

日本では動物の傷や殺害は恥であり穢れであるために、隠されてしまう。そして、そこに生まれる空白性に、侘び寂びの美が宿るように展開してきたのが日本文化なのかもしれない。ユダヤ―キリスト教文化で、殺害を遂行した罪悪感を中心に精神性が築かれるのだとしたら、日本では傷ついた動物たちが消え去った後の哀しみや寂しさが、精神性の土台となっているとも言えるだろう。このことは、『文鳥』の主人公の激烈な罪悪感と、三重吉の「可哀想な事を致しました」という淡泊な悲しみの対比にも表されている。もっとも、先に挙げたクライアントの夢では、傷ついた女性は消え去ることなく、傷をさらしたまま彼のもとに帰ってきた。最近の相談室を訪れる子どもたちは、『進撃の巨人』や『鬼滅の刃』といった、驚くほどに残酷で、大量の血が流されるアニメに夢中になっている。こういったことを思うと、心のどこかで日本人は傷に向き合い、傷と共に生きていくことを求めているようにも思う。

動物の消え去った場所

小鳥来るここに静かな場所がある　　田中裕明

「小鳥来る」は秋の季語で、北から南へと小鳥が渡って来ることを言う。秋の澄み切った空気の中に、小鳥が現れて、人里にやってくる。庭先の日溜まりに小鳥の姿が見えて、今年も秋が来たのだなと思う。作者はその瞬間、ここに静かな場所があると感じた。それだけなのだが、この句は不思議な魅力を持っている。多くの俳人に知られた名句だ。

なぜ、この句は多くの人の心を摑むのだろうか。この句を初めて読んだとき、私は大切な何かを思い出したように感じた。それは私の心の中にある空白だった。日本人の心の中にある、鶴が飛び去ってしまった後に残された空白であると言ってもいいかもしれない。そこに再び小鳥がやってくることで、心の中の空白は「静かな場所」に変化する。その静かな場所で、私たちは何かを思い出したり、感じたり考えたりすることができる。動物たちは人の心を通り過ぎていく。動物たちが消え去った場所は「虚無」となって、人の心に空白を形作る。けれどまた何度も動物がそこを訪れて通り過ぎていく。そのたびに私たちの心は息を吹き返し動き出すこと(animation)ができるのだ。

心理士は静かな部屋で仕事をする。そこは傷ついた鶴が小鳥となって戻ってくる場所であり、心が生み出される場所なのだろう。心理療法は今から百年ほど前に都会で生きる人のために生まれた治療文化だった。そして今も都会の片隅で「心」を語ろうとしている。しかし、目に見えない「心」は、科学的ではないという理由から何度も否定される。最近では心理学の専門家同士でも、「心」とは何か、などと正面から語り合うことは難しくなってきた。クライアントにも、自分には「脳」があるだけで、「心」があるとは考えられない人が増えたように思う。そのため、「心無い」ところから心理学を始めないといけないことも多い。そのとき、心理士やクライアントに求められるのは、ガラクタしかないように見える現実に、根気強く目をこらすことだろう。酵母菌、稲、あめんぼ、蜘蛛、蛙、雑草、鶏、紅葉、雨、熊、雪、鮭、文鳥、鶴、あらゆる形を取っている「いのち」の声を聴くように、心理士はクライアントの語りに耳を澄ます。そうすると、クライアントの心の中にも動物が息づいていたり、草木が風に揺れていたり、雨の音が聴こえたりすることに気がつくだろう。そんな風に静かな場所から「心」は生み出されていく。

誤解がないように言っておくと、心理療法は別に美しい文化ではない。むしろ、それは生々しく重苦しいものだ。それでも心理療法に特有の静けさが生まれてくると、心は展開していくし、心理士はその様相にハラハラしたり感動したりする。だから私たちは心理療法の仕事を続けていくのだろう。しかし心理療法が終わるとき、不思議なことにクライアントは何が起きたのかを忘れ、心理療法を忘れていく。心理学者の河合隼雄は、あるクライアントから「先生のおかげで僕は三百六十度変わりました」と言われたという笑い話を紹介している。心理療法とは、一回転して本来の自分に帰ってくるということなのかもしれない。だから、クライアントは誰かに助けてもらったという感覚を持たないのだろう。はじめから「私は私だった」のだから。

カーヴァーは正しかった。動物たちは人の心を通り過ぎていき、やがて消え去る。動物をずっと心にとどめておくことはできない。都会で暮らしていると、私たちはいつしか動物のいのちを食べて生きていることを忘れ、自分のいのちの重みを忘れていく。けれど動物たちは、夜になるとひそかに私たちを訪れているのだろう。そして夜が明けるとき、私たちは昨日と同じように見えて、少しだけ違う「つまらない朝」を迎えるのだ。

謝辞
フィールドワークで出会った動物や植物、農家の皆様、山に生きる皆様、夢の掲載を快諾してくださったクライアントの方に深く御礼申し上げます。

参考文献

佐藤洋一郎『稲の日本史』角川ソフィア文庫、二〇一八年
ミルチア・エリアーデ（堀一郎訳）『大地・農耕・女性　比較宗教類型論』未來社、一九六八年
コーラ・ダイアモンド他（中川雄一訳）『〈動物のいのち〉と哲学』春秋社、二〇一〇年
中沢新一『純粋な自然の贈与』講談社学術文庫、二〇〇九年
柳田国男『日本の祭』角川ソフィア文庫、二〇一三年
レイモンド・カーヴァー（村上春樹訳）『夜になると鮭は…』中央公論社、一九八五年
ジークムント・フロイト（新宮一成責任編集）『フロイト全集4　夢解釈Ⅰ』岩波書店、二〇〇七年
ジークムント・フロイト（新宮一成責任編集）『フロイト全集5　夢解釈Ⅱ』岩波書店、二〇一一年
夏目漱石『文鳥・夢十夜』新潮文庫、一九七六年
C・G・ユング（S・ギーザー編、河合俊雄監修）『パウリの夢　C・G・ユングの夢セミナー』創元社、二〇二一年
河合隼雄（河合俊雄編）『神話と日本人の心』岩波現代文庫、二〇一六年

コラム　籠り

長堀加奈子

大地の恵みの中で農耕採集を行って秋を過ごした後、籠りの冬がやってきます。家に籠って新しい春を待つ期間です。農閑の冬季には、備えとして道具の手入れなど家屋の中で人の手による仕事が行われます。また、かつては女たちの手によって蚕の繭糸を紡ぎ、機織りが根気よく行われていたと言われています。

柳田國男は、『日本の祭』の中で「参ることは元は籠ることと同じであった」と述べています。元来祭りの本質は日中行事の祭礼ではなく、夜通し社に籠って仕える参籠であったそうです。こうした「籠り」は外の世界から隔絶された場で、神仏や自然と人間とが交わる場であったのでしょう。

もの作りも祭りも、籠りの中で何かが宿る活動であるように感じられます。

本書の著者らが専門とする心理学の視点から籠りについて考えた場合、まず「インキュベーション〔孵化〕」(Wallas, 1926) という概念が挙がるでしょう。これは何かを創造する過程で、それについて考えることをやめる休息期間のことです。この間に実は発想が温められて育成されると言われています。このように目指すところとは正反対のことが、その後の創造や変容をもたらすというのは深層心理学では一般的な発想です。たとえば、エランベルジェは「創造の病」として、哲学者、文学者などの例を挙げて、心理的な病の装いの下に創造過程が見出されることを示しています。また、「籠り」と聞いて山中康裕の内閉論を発想する心理療法家も多いでしょう。これは、心の内奥で自己を探求し、自我を形成する思春期の神経症では「外的現実世界での活動は停止せざるを得ず、必然的に〈内閉〉する」というものです。「蛹の時期」とも言われ、こちらも「籠り」がのちの新たな心の展開に寄与しています。ひきこもりの事例などを想像していただけるとわかりやすいと思いますが、外側から見ると何も動きがないように見える状態でも、その内側にある心の中では、豊かで創造的な過程が営まれている、というのがこうした心理学的視点には共通しています。

さて、折しもこのコロナ禍では「ステイホーム」が謳われ、一見社会全体が「籠った」かのようでした。いずれこの籠りの期間が明けたとき、個々の籠りの中に創造的な何かが宿っているのでしょうか。

引用文献

H・F・エランベルジェ（中井久夫訳）「「創造の病い」という概念」『エランベルジェ著作集2 精神医療とその周辺』みすず書房、一九九九年、一四二―一六一頁
Wallas, Graham (1926). *The Art of Thought*. New York: Harcourt, Brace & Company
柳田国男『日本の祭』角川ソフィア文庫、二〇一三年

山中康裕「思春期内閉」岸本寛史編『山中康裕著作集一巻 たましいの窓 児童・思春期の臨床（二）』岩崎学術出版社、一九六七年／二〇〇一年、一三七－一八三頁

【籠りに関する参考文献】

河合隼雄「［講演］こもりと夢――現代人の処方箋」河合俊雄編『〈心理療法〉コレクションⅥ 心理療法入門』岩波現代文庫、二〇一〇年、二二九－二六三頁

明恵というお坊さんの逸話や心理療法の事例などを通じて、籠って夢を見ることについて述べられています。講演録ですので、語り掛けるような口調で、親しみやすいです。

河合俊雄・内田由紀子（編）『「ひきこもり」考』創元社こころの未来選書、二〇一三年

ひきこもりについて社会心理学と臨床心理学という二つの異なる視点からの論考集です。コラム中にあるような豊かな内閉ではないあり方も含めて、現代におけるひきこもりについて多面的に論じられています。

赤羽末吉（絵）・舟崎克彦（文）『日本の神話第二巻 あまのいわと』あかね書房、一九九五年

日本神話の絵本です。須佐之男の命の乱暴ぶりを見かねて、天照大神が岩戸にかくれ、世界は暗闇にとざされます。付録資料では、この「かくれ」は「こもり」であるとされています。入念な調査に基づいた神話の記述と絵巻物のように美しく神秘的な絵が印象的で、子どもから大人まで楽しめる一冊です。

C・G・ユング＆A・ヤッフェ（河合隼雄・藤縄昭・出井淑子訳）『ユング自伝1――思い出・夢・思想』みすず書房、一九七二年

ユングの自伝。ユングが児童期に友人に突き飛ばされて石に頭をぶつけ、その後不登校となったというある種の籠りのエピソードが記されています。このエピソードをもとにギーゲリッヒが神経症概念について論じた『ユングの神経症概念』（河合俊雄ほか訳、創元社、二〇二一年）も併せて名著です。

折口信夫「原始信仰とは」『折口信夫全集20（神道宗教篇）』中公文庫、一九七六年、一九六－二一〇頁

日本の原始信仰について考える上で重要な、「たま（たましひ）」について丁寧に論考されています。次に紹介する「石に出で入るもの」と併せて読むことでより理解が深まります。

折口信夫「石に出で入るもの」『折口信夫全集15（民俗学篇）』中公文庫、一九七六年、二一二－二五五頁

石をはじめとした、器に「たま（たましひ）」が籠ることについて、民俗伝承や神話などの豊富な知見を通じて論じられており、「籠り」について考える際の必読文献といえると思います。

佐治靖「羽山ごもりの「救済」世界」『福島県立博物館紀要』第六号、一九九二年、九三－一二五頁

福島県に風習として伝わる羽山ごもりの様子が非常に克明に紹介されている興味深い文献です。羽山ごもりの託宣儀礼の「救済」世界について記されており、現代にわたるまでこうした風習が人々の「救い」となってきたことが理解できます。

【映像資料】

民族文化映像研究所「金沢の羽山ごもり」『映像民俗学シリーズ　日本の姿第三集』岩波映像株式会社、一九八三年作品

羽山ごもりの様子を映像に納めた貴重な映像資料です。

第二章

都市生活者の風景イメージ

自然体験から浮き彫りになる現代意識の多層性

宮澤淳滋

煙突のある風景

私は都市で心理臨床という仕事をしているうちに、都市の発展がこころにどのような影響を与えているのか考えるようになった。そのためにまず、都市ではない土地でのこころのあり方を知る必要があると思い、さまざまな土地を訪ね歩くことにした。そうしたフィールドワークの一つに参加したときのことである。羽田空港へ向かうモノレールの車窓から景色を眺めていると、真っ白な煙を吐いている巨大な煙突が見え、懐かしさを覚えた。

昔は町なかでたくさんの煙突を目にしていたが、それらはめっきり姿を消した。そういえば、子どもの頃の私は景色を描くときに、必ず煙突を描き添えていた。それは私の住んでいた地域に工場が多かったせいかもしれないし、友人の家が銭湯を営んでいたせいかもしれない。いずれにせよ、当時の私には煙突を抜きにして風景を考えることなどできなかった。

しかし今の私が風景を描くときには、もはやそうした煙突が描かれることはない。町なかからも、私のこころの中のイメージからも、それらは失われてしまっている。

フィールドワークで訪れたさまざまな土地での体験は、いうまでもなく素晴らしいものだった。たとえば、山菜を求めてうっそうとした茂みに分け入った先で、都会ではお目にかかれない荘厳な光景に出くわし、自然の美しさに息をのむ。しかも美しいだけではない。それははじめて目にする風景でありながら、どこか懐かしい。今や失われてしまったこころの古層に残された風景を、再び掘り起こしたかのような錯覚にとらわれる。

そうして採った山菜を天ぷらにして、私たちは天ぷらそばを食べた。自然の中で自生する山菜は、本当においしい。それは本能的な生命力にあふれていて、それを食べる私たちもその生命力を取り入れることができるかのようである。大袈裟ではなく、本当にそう感じられた。

そんなおいしい天ぷらを食べながら、私はふと考えた。あの山で見た風景の懐かしさと、空港に向かう車窓から見えた煙突の風景の懐かしさとは、何が違うのだろうか、と。

煙突の風景も懐かしいものなのだが、それは私の個人的な体験に根差した懐かしさである。子どもの頃の私の絵には煙突が描かれていたが、現代の子どもの絵には煙突が描かれることはあまりないらしい。彼らはその風景に馴染みがないのだろうし、そうであれば成長して大人になったときも、煙突の風景を懐かしいとは思わないのかもしれない。一方、山の風景はどうだろうか。私にとってそれは馴染みのある風景ではないにもかかわらず、懐かしさを抱かせる。山の懐かしさはおそらく、私個人の体験に根差した懐かしさではなく、誰もが感じる普遍的な懐かしさである。誰もがこころの奥底に、かつて祖先が見た風景のイメージを携えているのかもしれない。その祖先のイメージと、目の前に広がる風景とが共鳴し、懐かしさを抱かせるのかもしれない。神秘的な言い回しになってしまったが、私には理屈を超えて、そのように体感される。

煙突の風景の描画とは異なり、山の風景の描画は時代によってもそれほど変わるわけではない。そうした風景は、人々が共通に持つこころの古層に根差している。そう考えてみると、どうやら懐かしさには、階層があるらしい。もしかしたら、風景に注目し、そうした階層を調べてみることで、現代の都市で生活する人々のこころのあり方を考えるヒントも見つかるのではないか。そのようなことを、私は天ぷらを食べながら、漠然と思っていた。

風景画

私にとって、風景と風景画とは特別なつながりがある。いつのことかはっきり覚えていないが、おそらく小学校低学年の頃だったと思う。親戚の家からの帰り道、父に手を引かれ、歩道を歩いていると、道の端に佇んで、髪も髭も伸び放題で、それでいて不思議な魅力を湛えた中年男性と目があった。彼の足元にはたくさんの油絵が所狭しと並べられていた。彼の描いたものかもしれない。そう思ってのぞき込むと、その中の一枚の写実的な風景画に、妙に惹きつけられた。美しいと思った。キャンバスに厚く塗り重ねられた油絵具の手触りを、今でもはっきりと覚えている。千円という値段まで覚えている。どうしてもそれが欲しくなった私は父に、買ってほしいと頼み込んだ。それまで絵にほとんど興味を示していなかった私がそんなことを言いだしたので、父は怪訝な顔をしていたが、何も言わずに買ってくれた。その後も私は、家の壁に掲げられたその絵の前に立ち、その風景の中にいる自分を想像したり、あるいはそのような素晴らしい絵を描く自分を想像したりして、しばしその絵を眺めたものだった。それまで特段風景に関心を持つことはなかったから、思うに、それが私と風景との最初の出会いだったとも言えるだろう。さらには現実の風景と出会う前に、私は絵に描かれた風景と出会ったのだとも言えるだろう。しかし成長するにつれ、いつしか私は風景画への興味を失ってしまい、今ではその絵もどこに行ってしまったのかわからない。

ところが私は心理療法を仕事にすることを選び、そこで風景構成法という描画療法の存在を知ることになった。ここで私は再び風景画と出会ったのである。これは、川や山や田や道などのアイテムを順に、風景になるように描いてもらうもので、相談者のこころがその絵に表れているとされるのである。

こうした風景構成法を描いてもらった後、相談者に自分の描いた絵についてコメントを求めると、多くの人が「田舎の風景」と答える。それは旅行で訪れたことのある土地だったり、架空の場所だったりする。そして、私が臨床を行っている地域の特色にもよるのだろうが、こうした「田舎の風景」を身近なものと感じる人は少ないようである。都市で生活している彼らにとって、それは自分たちの生活が営まれている場の風景ではない。

風景構成法が成立した一九七〇年代には、まだ「田舎の風景」は身近にあった。しかし現在「田舎の風景」は遠い存在になってしまった。しかし、直接「田舎の風景」の中で暮らしたことのない東京生まれの私にとっても、山菜採りの際に体験したように、山で見た景色は懐かしいものであった。そうした風景は私たちみんなのこころの古層に共通して眠っているのかもしれない。都会の人たちが描く田舎の風景は、こころの底ではリアリティのあるものだからこそ、彼らが普段暮らしている場の風景とはまったく違うものであったとしても、それが描かれるのかもしれない。

しかしそうは言っても、たとえば私が実際に子どものときに出会っていた風景は、煙突のある風景であり、キャンバスに描かれた油絵の具の風景であった。果たして田舎の風景は、現代の都市に生きる人々にとって、かつて田舎の風景を身近に感じて暮らしていた人々と同じようなリアリティを、本当に持っていると言えるのだろうか。

たとえば最近、風景構成法を実施すると、「風景」ですらない絵を描く人が増えていることに気づかされる。それは個々のアイテムがただ羅列されるだけの絵であり、本来は必然的に結びついているはずの川や山や田や道が互いに関係しておらず、孤立しており、現実に存在する風景としてイメージすることが難しい。もしかすると、彼らにとって「田舎の風景」がリアリティを持ったものとして存在していないことが、このような風景が描かれる一因ではないだろうか。アイテムが羅列された絵を目の前にすると、このような仮説がまず思い浮かぶ。

風景の再発見

今回のフィールドワークで、私は月山で山菜採集をしたり、群馬の農家の手伝いをしたり、さまざまな土地の人々の協力を得て、さまざまな体験をさせていただいた。当たり前だがそこには川があり、山があり、田があり、その他の風景構成法で描かれるものがすべて揃っていた。私にとってそれらは、それまでただこころの古層に眠っていただけの、いわば想像上の存在でしかなかったが、実体験を経ることでそうした「田舎の風景」を現実の中で「再発見」することができた。

「再発見」と述べたが、このことは、これから現代の人々の抱く風景の謎を解こうとする私にとって、大切なことである。もし私が「田舎の風景」を自明とする時代に、それを自明とする土地に住んでいれば、それらは私にとって当たり前の風景だったはずであり、私はわざわざその風景を深く考えてみることもなかっただろうし、その風景によって何かに気づかされることもなかっただろう。

放浪するアーティスト、蓮沼昌宏の作品集『床が傾いていて、ボールがそこをひとりでにころころ転がって、階段に落ちて跳ねて、窓の隙間から外へポーンと飛び出てしまう』にコメントを寄せた、林立騎は次のように書いている。

日々、道すがら、一つひとつものを数えるなどということをあえてする者はいない。蓮沼は、作風の異なる師である川俣正の名を挙げながら、土地の人は誰もわざわざそんなことをしない、思いつきさえしないということをわざわざするのが、移動しながら作品をつくるよそ者としてのアーティストの役割だと、あるトークで語ったことがある。(三九ページ)

蓮沼がここで一つひとつ数えていくものは、それほど珍しいものではない。それはたとえば山道をドライブしながら見えてくるものである。それは街路樹の数かもしれないし、通りすぎる対向車の数かもしれない。蓮沼はそれらを知らないわけではない。しかしあたかも知らないものと出会ったかのように、それらを一つひとつ数え上げていく。知っているものを一度忘れ、新たに再び出会い直し、物事との新しい関係を結んでいく。そのためには、見知らぬ土地を訪れるのがよい。よく知っているものに、見知らぬ土地で出会うことで、それは新しい出会いになる。

私はアーティストではないので、蓮沼のようにはいかないかもしれないが、よく知っていながらも忘れてしまった田舎の風景の中から「再発見」したことを、私も一つひとつ数え上げ、言葉にしていくことにする。それによって私は、都市生活者の「田舎の風景」のイメージについても、何かを発見できるのではないか、と期待している。とはいえ、何もないところからただ連想を語っていくだけではあまりにも散漫となってしまうので、その導きの糸として、風景構成法の手を借りることにした。今回は風景構成法に出てくるアイテムの中から、「農耕・狩猟・採集」という本書のテーマと深く関わるものを取り上げることとし、そして風景構成法の解釈と、フィールドワークでの私の体験とを比較することで、何が立ち現われてくるのかを、まずは実験的に確かめていきたい。そしてそこから、あらためて現代のこころの中にある風景とはどのようなものかを考えてみたい。

風景構成法

風景構成法では、川、山、田、道、家、木、人、花、動物、石、と順番に描いていき、足りないと思うものを自由に付け足し、最後に色を塗る。そうしてでき上がった絵が、どのような印象を与えるか、それぞれのアイテムがどのような関連を持って配置されているか、などに注目しながら、その絵を解釈していく。図はその一例である。

風景構成法は、イメージを使った心理療法である。たとえば川は無意識を表し、山は課題を表す、などといった解釈のための一般的なテクニックは一応存在するが、あくまでそれ

は補助的な手段にすぎない。テクニック的な解釈は、イメージの外側からの解釈にすぎず、流動的なイメージを固定したものとみなしてしまう。心理療法として風景構成法を本当に有意義なものにするためには、こころそのものであるその絵の中に入り込む必要がある。しかしここでの風景構成法は、あくまでも比較のための足掛かりにすぎない。あえて一般的な解釈法を参照し、私の体験と比較していくことにする。

無意識としての川

風景構成法において、川は無意識の流れとされる。少なくとも大学院でこの技法に初めて触れるときには、川を無意識の隠喩として扱うことが多い。たとえばその川の水量が多すぎて、氾濫していたりすると、無意識に意識が圧倒されている、とされる。その一方で、人は無意識から活力を得ているため、水の流れが弱いと活力が少ないと見立てられることもある。人の生活が川によって支えられているように、人の意識は無意識によって支えられているとも言える。風景構成法では、たとえば川の水を田んぼにうまく利用できているかなどを検討し、無意識が私たちに及ぼす影響のあり方を考えていく。

川は田舎だけではなく、都市にももちろん流れており、しかも至る所に流れている。多摩川や荒川をはじめとして、数え始めればきりがない。しかし、その川を描くのはなかなか難しい。都会の中を流れる川は、氾濫しないように護岸工事がなされ、川から来る危険が生活に及ぶことのないよう上手に遠ざけられているため、具体的に思い起こして描くことができないのだろう。無意識が日々のこころの生活から遠ざけられていることと、それは同じことかもしれない。

ところで、少年時代に私が所属していた野球チームは荒川の河川敷を練習場所にしていた。当時の記憶として、いまだに忘れられないエピソードがある。それはコーチの打ち上げるフライをキャッチする練習をしていたときのことである。あまり練習熱心でもなかった私は、うだるような日差しの中で、どうにもやる気が出ず、頑張れば届くフライも追わずに早々に諦めてしまった。そうしてボールは外野を越えて飛んで行った。少しでもさぼろうとして、私はそれを拾いに背の高い草をゆっくりかき分けて進んだ。そうしてボールを見つけて拾い上げようとしたとき、そのボールのそばに、巨大な脳のようなぶよぶよした物体があるのに気づいた。唐突に現われた郵便ポストほどの大きさのその四角い物体に驚いた私は、しばし立ちすくんでから慌ててボールを拾ってすぐに引き返したが、見てはいけないものを見てしまった気がして、その物体のことを大人たちに告げることができなかった。いまだにあれが何だったのかはわからない。もしかすると幻覚だったのかもしれない。

川と聞くと、私にはこのエピソードが真っ先に思い浮かぶ。都市部を流れる意識から遠ざけられた川は、都市生活者にとって、その河川敷の奥に足を踏み入れることだけでも、無意識に触れることにつながり、不思議な体験を呼び起こすのかもしれない。

一方で、群馬で農家を営む岩田さん宅をフィールドワークで訪れた際には、人々の暮らしが川に支えられていることを実感した。それは都市における川のように、遠ざけられてはいない。農家にとって、田んぼに川から水を引いてくるのは絶対条件である。しかし水は自然に川からやってくるわけではない。ときには何キロも離れた川から、水路を作って水を引き込まなくてはならない。農家にとって川の問題は、生活に直結する喫緊の課題であり、最重要事項であり、意識的になされなければならない重労働である。

私たちは山の奥深くにある、一見すると自然にできた川に思えるその水路を見に行った（写真）。そこは源流となる川からも遠く離れ、農地に至るまでもまだ距離がある。これほどの長い水路を掘るのに、どれほどの労力が必要とされたのだろうか。私には、その水路の流れが人々の命を繋ぐ生命の流れであると同時に、生の過酷さをも象徴しているように思われた。私たちの暮らしは川に支えられているが、その支えを得るためには血のにじむような努力が必要なのである。

川は当然、元をただせば自然に発生したものなのだが、田舎の風景といえども、人の住んでいる土地で自然の川がむき出しで存在することなどまずない。先述の水路のように、山の奥深くの川でさえ、一見すると自然の川のように見えたとしても、計算しつくされた人の手が加えられている。そこには人間が自然を利用するために流した血と汗が染みこんでおり、きわめて多くの歴史が刻まれている。川は自然であるだけではなく、人間と自然との格闘の痕跡でもある。

逆説的ではあるが、まだ自然の残された土地に行くとそのことがよくわかる。都市部では、川は意識から遠すぎる。都市ではすでに人間が勝利をおさめ、多くの川は暗渠にさえされてしまい、その格闘の歴史の痕跡さえ消去されてしまっている。そこから生の過酷さを推し量ることは難しい。都市に住む私たちは、川にまつわる歴史をすでに忘却している。

荒川の河川敷で見たあの巨大な脳は何だったのか。生を支える川からあまりにも遠ざかり、不自然に発達した脳にばかり頼る私に対する警告だったのかもしれない。

ここで、川は無意識の流れの象徴である、という風景構成法の解釈にもう一度立ち戻りたい。いまやここには二重の意味が込められているとわかる。川は、普段意識されていなくとも私たちの根源にあるエネルギーの源泉である、という意味での無意識であると同時に、私たちの忘却された歴史である、という意味でも無意識なのである。私たちは、現在の都市生活にたどり着くまでに、いかに多くの自然を征服し、そしてそのためにいかに多くの血と汗を流してきたのかを忘却している。

完結した世界である山

山は到達すべき目標、あるいは障

害、とされる。目標でもあり障害でもある、というこの風景構成法の解釈は奥深い。東京からは晴れた日にかすかに富士山が望めるくらいで、それすらも高いビルに視界を阻まれて稀なことである。しかし私はこのフィールドワークで、山形や富山や群馬に行ったが、そこでは山が常に私たちの目に入ってきた。まるで山のこちら側に閉じこめられたように感じさせられたが、同時に山を越えれば新たな世界が開けてくるような気にもさせられた。私は別に登山家ではないが、「そこに山があるから登るのだ」という言葉が自然と思い起こされる。山を越えた先に見える景色を見てみたい、と思うのは、人間の自然な欲望なのだろう。それは目標にも障害にもなりうる、両義的な存在である。

しかし、それも平地から山を望むときに得られる印象にすぎない。一歩山に踏み込むと、それはまったく様相を変える。山はすでに対象ではなくなり、私たちを包み込む世界そのものに姿を変える。もはや頂上もなく、向こう側もない。木々に遮られて見通しは悪く、切れ間に時おり顔をのぞかせる人里はすでに遠い。肌に触れる空気は新鮮で、心地よいが、どこかよそよそしい。いずれにせよここは、人間が主役の世界ではない。高木が頭上を覆い、やわらかい土は野草に埋め尽くされ、虫たちがうごめき、野生動物の気配もする。

古来、山は神とされてきたが、それもうなずける。ここには平地とは次元の異なる世界が広がっており、一つの世界として完結している。植物が光合成をし、その植物を動物が食み、動物の死骸を微生物が分解し、それが植物の養分となる。こうした生の流れに人間が入り込む余地はない。そこに分け入る人間は、完全に異物である。山はただそこにあり、一つの世界として完結していて、人間を必要とはしていない。すべてがただそこにある山の中では、目標や障害という概念はすでに意味を失っており、そうした概念を携えて山の中に入り込む私たちは、山にとってひたすら異物なのである。

一昔前、藤原新也の写真集『メメント・モリ』が話題となった。私もその流行から少し遅れて、タイトルどおりに死の臭いが濃厚に漂うその本を手に取った内の一人である。そして犬が人間の死体を貪り食う光景に、戦慄を覚えた。しかしこの写真が人々のこころを揺さぶったのは、その写真が残虐な光景を写し出していたから、というだけではないだろう。その写真に付けられた、「ニンゲンは犬に食われるほど自由だ」（三三ページ）というキャプションに、私たちは若干の憧れと懐かしさとを覚えたのではなかったか。そうした私たちのこころを見透かすように、その数ページ先の、浜辺に打ち捨てられた人骨の写真には、次のようなキャプションが付けられている。「あの人骨を見たとき、病院では死にたくないと思った。なぜなら、死は病ではないのですから」（同書三九ページ）と。

私が心理療法でお会いしている方の中に、身寄りのない高齢の男性がおられる。彼は福祉の援助を受けながら、慎ましい生活を送っていた。面接の料金を支払うのも楽ではないと思うのだが、月に一回わざわざ県外から私との面接にやってきては、二言三言近況を語り、残りの五十分間はひたすら押し黙り、私が何を語りかけても「はあ」としか言わない。そうした面接が十年近く続いていた。しかしそんな彼があるとき、「一人暮らしだから病院で死ななきゃな。部屋で死んだら大家に迷惑かかるし」と、唐突に呟いた。どうやらテレビで見た芸能人の死をきっかけにして、自分の死を意識するようになったらしいのだが、そんな彼が呟いた言葉には、諦めの響きが漂っていた。

現代に生きる私たちは病院で死ぬ。そこにはほとんど例外がない。私たちには犬に食われる自由はもはや残されていないのである。「ニンゲンは犬に食われるほど自由だ」というキャプションが私たちのこころをえぐるのは、逆説的に、私たちの不自由さを浮き彫りにするからではないのだろうか。山の中の生物たちによって演じられていた、あの生の流れから、私たちは疎外されている。

田んぼに触れて過去を振り返る

風景構成法の田んぼは、一般的に生産性を表すとされる。そして自然を利用して人間の生活に役立てる農耕は、その文明化の度合いを示しているという。また、風景構成法の中でも特に季節感を表すものとされ、描き手の情緒的な側面を伝えることも多いとされる。

「文明化」というのは印象的である。たしかに歴史上において、稲作は画期的な発明であり、文明の起源であったとさえ言えるだろう。かつては原生林を切り開き、人間の領土を拡大することで、農地は形成されていったのである。先日、西表島を訪れた際に、現地の人から、島の九割が、いまだ誰も足を踏み入れたことのない原生林だと聞かされた。たしかにその島では、農地が原生林と境を接しており、人が自然を侵食して文明化していった痕跡がありありと残されていた。

しかし私が群馬で岩田さんの田んぼを訪ね、草刈りや稲刈りをした際には、未開の地を人間の力で切り開いているという感覚はなく、むしろ自然に戻ろうとする感覚が強かった。虫たちにまとわりつかれながら普段触れていない土に触れる体験は、まるで自然と一体化したかのようであった。そして収穫祭に参加したときには、たしかにその米は私たちの行為によって生み出された産物であるにもかかわらず、それは自然からの恵みのようにしか思えなかった（写真）。

また、現代の私たちには、かつて農家の人々が感じていたように四季を実感することは難しい。たとえば、季語には農耕にまつわるものが多いという。「田植え」や「稲刈り」といった代表的なものだけではなく、「水番」や「田打ち」など、農耕に携わっていない人には馴染みのないものも多い。「水番」や「田打ち」は、かつては自然と人間とが直接的に結びついている

がゆえに必然的に生じる行事であった。いわば時間は円環的に流れ、私たちは特別意識しないま、自然の中に埋没し、その流れに沿ってそうした季節にまつわる行事をこなしていた。ところが現代の私たちは、そうした必然性からすでに解放されており、季節によって日々の生活が変えられることなどほとんどない。もちろん、たとえば学校の入学式など、定まった季節に行われるものもあるが、それはたまたま制度上そうなっているだけであって、やろうと思えば別の季節に入学式を行うことも可能である。都市に住んでいると、均質的な時間が分刻みで直線的に流れていくように感じられる。それに伴って行事は形骸化し、忘れられ、「水番」や「田打ち」など、場合によってはその解説を聞かないと、それらがどのようなものなのかイメージすることすらできなくなっている。そうした行事は自然と人間との直接的な結びつきから生じたものであるのだから、もはやその結びつきから解放された人間が、それらをイメージできないのは、当然だろう。現代においても四季を感じさせるものは多々あるし、私たちはそれを愛してもいるが、私たちの時間はそれとは無関係に進んでいく。私たちはそのことに無自覚であるが、実際に農家を訪れ、彼らと語らうと、そのことを痛感させられる。

ユング派分析家W・ギーゲリッヒは、「クリスマス・ツリーのレッスン」という論文を書いている。その論文によれば、クリスマスはキリスト教が誕生する以前には、一年でもっとも夜が長い日に、太陽の再生を願って森の木に火を放つ異教の儀式であった。そして火を点けられたクリスマス・ツリーは、闇の中で煌々と浮かび上がるもう一つの太陽であり、人々はその明るさに畏怖の念を抱いていた。それは、太陽の再生を意味し、新しい一年の到来を告げる未来の象徴だったのである。しかし現代のクリスマス・ツリーには、火の代わりに、弱々しく光る電灯が巻き付けられている。そうして私たちはその薄ぼんやりした明りを楽しむために、わざわざ部屋の電灯を消し、世界の夜が今ほど明るくなかった時代を偲び、ノスタルジーに浸るのである。未来の象徴だったものが、徹底して過去を懐かしむものへと様変わりしている。こうしてギーゲリッヒは、現代におけるクリスマス・ツリーを「象徴が廃れたことの象徴」(四四ページ)と呼ぶのである。

同様に、たとえ農耕のさまざまな知恵がかつては文明の最先端を示していたのだとしても、私にとっての農耕体験は、それとは逆に、自然を再体験するものであった。それはもはや新しい時代の象徴ではなく、かつての生活を懐古的に振り返る体験だった。私は、今回各地を巡る途中、富山の世界遺産である五箇山で、「塩硝の館」を見学した。そこはかつての火薬の原料の製法を説明した博物館で、昔の人の生活が良くわかり、大変興味深かった。しかしそれは、かつてはやはり最先端の技術だったとしても、現代の私たちから見ると遠い過去のものである。私たちの知的関心を満たすとしても、現代においてそれを使って火薬を作り出すのは、きわめて非効率的である。農耕もそれと似ている。たしかに農耕は、現代においても活きた技術であることに変わりなく、農耕がなければ私たちの生活は成り立たないが、それでも私たちは過去を振り返るための博物館でかつての技術を眺めるようにして、農耕を体験する。私は農家の方々の草刈りや稲刈りの熟練の技に驚嘆し、生活の知恵に畏怖し、おいしい手料理にこころから感謝をした。しかしそれは、そうした農家の営みが、人類にとって未知の知識をもたらすものだったからでは決してなく、かつては誰にでも知られていたにもかかわらず現代の私たちには忘れられてしまった、伝統的な知恵の奥深さを体感したからである。

私たちの起源に存在する本能的動物

風景構成法の動物は、描かれる動物の種類によってその象徴的な意味は異なるものの、おおよそその人の持つ本能的なエネルギーを示しているとされる。

実際に風景構成法を実施すると、その大半の場合で、猫や犬が動物として描かれる。それらは程度の違いこそあるものの、概して人間の脅威になるようなものではなく、むしろ人間とこころを通わせ、よき友人となりうるものである。動物が本能的なエネルギーを示しているのなら、私たちは本能をよく飼いならしていると言えよう。

月山で山菜採りをしていたとき、案内をしてくださった山伏の成瀬さんから、とにかく熊の話をよく聞いた。幸い私たちが熊と遭遇することはなかったが、山で生活をしている成瀬さんは何度か出くわしたことがあるという。「そのときは死ぬかと思いましたね」と語る彼は、しかし特に表情を変えることもなく、淡々としていた。後日彼は、山で死ぬことは怖いことではない、と言っていた。山には返しきれないものを恵んでもらっているから、命をとられるくらいは構わない、と。

竹淵さんの農家では、鶏の採卵に同行させていただいた。夕方で暗く、鶏たちには私たちの姿が見えないのか、侵入者が卵を持ち去っても彼らはじっとして動かない。そしてその鶏たちも、卵を産まなくなれば絞められて食べられてしまうのだという。

今回のフィールドワークではさまざまな地を訪れたが、そこで聞かされた動物たちの話は、基本的に生死を巡るものだった。あたかも、自然において動物と出会うと、即座に生死の問題が立ち上がるかのようである。そこでの人間と動物との関係性は、突き詰めれば殺すか殺されるかの関係性に行きつく。

印象的だったのは、西表島で聞いた話である。先述のようにそこでは人の踏み入ったことのない原生林が島の九割を覆っている（写真は西表島の原生林）。人間たちは島を取り囲むようにして、海岸沿いに集落を作っている。ところで西表島の名物といえば、イノシシとノコギリガザミである。

西表島を案内していただいたガイドさんによると、イノシシ猟は猟師の一族が独占的に行っていて、特定の猟師一族しか知らない獣道というのがいく

つかあるのだそうだ。門外不出のその道は複雑に入り組んでいて、その目印は一族の者であっても見分けがつかず、家長でしかわからないこともあるらしい。彼らはそうした獣道に仕掛けた罠を巡回しながら、イノシシが罠にかかっていたら、それを捕獲するのである。

ノコギリガザミは基本的に漁業権を持つ漁師しか捕ることができない。しかし島の人たちは、明け方に潮が引く日には、早朝海岸に出てきて、浅瀬に取り残されたこの蟹たちを捕獲し朝ごはんにするのだという。道具を使っての漁でなければ、漁師たちも容認しているらしい。そのガイドさんも、頻繁に蟹たちを捕まえにいくそうだ。

こうした西表島の事例から浮き彫りになるのは、人間と動物との接触が、両者の世界の境界で行われるということである。しかもそれは直接的に出会うのではない。イノシシ猟の猟師は、この境界をわずかに踏み越え、動物の世界に罠を仕掛けておく。猟師が立ち去った後に、イノシシが罠にかかって捕らえられる。そうして猟師が再びそこを訪れ、人間の世界へと連れ帰るのである。ノコギリガザミも同様で、魚たちの世界である海の水が引いた後で、人間たちがそこへ降りて行き捕獲する。人間と動物は、お互いの領域を決して浸食しない。

手つかずの自然が残された数少ない場所での、こうした人間と動物との関わり方は、人間と動物との原始的な関わり方を想像させる。フロイトの発見した本能の抑圧は、もちろん自我を確立させた人間だけに備わった機能である。元々は動物の一種でしかなかった人間は、心理学的な抑圧を成立させる前に、本能そのものである動物の世界から距離を取ることで、人間の世界と動物の世界とを分割した。つまり物理的な分離によって疑似的な抑圧を形成していたわけである。

人間が人間としてのアイデンティティを確立するためには、こうした作業が必要だったのだろう。というのも、人類の黎明期においては、動物と直接的に接触することは、人間の動物的な本能を賦活させ、再び動物へと退行する危険を伴うからである。私たちの祖先は、人間と動物の世界をはっきりと分け隔てることで、種としての人間と動物との境界を明確にしていった。原始の自然がそのまま残されている西表島での、人間の世界と動物の世界とのこうした隔絶は、種としての人間と動物との原初的な分離の、具象的な形での痕跡である。

原始的な自然が残されたこうした土地で、動物との直接的な出会いはときに不幸を招き寄せる。それを象徴するのが、特別天然記念物でもあるイリオモテヤマネコだろう。普段は森の奥深くに住み、生息数すら定かでない彼らも、人間の世界に迷い込むことがある。それは大抵、島に一本しかない道路への唐突な侵入である。人間はもちろん車に乗っていて、衝突したヤマネコは命を落とすし、咄嗟の出来事にハンドル操作を誤れば人間も無事ではすまない。島でレンタカーを借りるとき、私はとにかく制限速度を守るように何度も念を押された。島では年に数件こうした事故が起きるといい、その度に放送で全島民に事故が知らされるのだという。

ここで、都市における人間と動物との関わりを考えてみると、それは自然における人間と動物との関わりとはまったく異質なものであるとわかる。都市において、人間の世界と動物の世界との境界はもはや存在しない。場合によっては彼らは人間の家の中で、なくてはならない家族の一員として迎え入れられている。つまり、都市で人間と共存する彼らは、人間の世界に違和感なく溶け込んでいるのである。

先述のように、かつてのクリスマス・ツリーには、実際の火が点けられていた。ときにはその火に巻き込まれ、焼け死ぬ者もいたことだろう。しかし現代のクリスマス・ツリーには、火の代わりにきわめて安全な電灯が巻き付けられている。それはもはや私たちの生命を脅かすことはなく、完全に制御されている。それと同様に、動物が本能的なものを象徴しているとしても、それはもはや私たちを脅かす存在ではなく、完全に飼いならされている。風景構成法に描かれた犬や猫はそのことをよく示している。動物を絵に描くことは、たとえばアルタミラなどに見られるように、住居である洞窟の壁画として動物を描き、動物を人間の世界に持ち込むことから開始された。それはある意味で、本能を飼いならそうとする人類最初の試みだったと言える。それが現代の風景構成法においては徹底して完遂されている。つまり、かつては人間として成立するため人間世界を囲む境界の向こう側へと排除されなくてはならなかった本能は、今や人間の内側にある本能として、人間を構成する不可欠な一部となったのである。私たちは人間としてのアイデンティティを確立するために、それらを排除する必要をもはや感じてはいない。私たちはそれを内側に抱えながら、十分に飼いならしておくことができる。友人や家族となった都市の動物たちは、そのことを具象的な形で物語っているのだろう。私たちにはそれらと戯れて楽しむ余裕すら生まれている。風景構成法の一般的な解釈にあるように、たしかに動物たちは、私たちと本能との関わり方を示している。現代の本能は、人間の世界の中で飼いならされている。

多層的な風景

ここまで私は、風景構成法で取り上げられているいくつかのアイテムを土台にして、フィールドワークで各地を訪問したときに私が体験したことを一つひとつ数え上げてきた。そうすることで、都市生活者のこころの古層に眠る「田舎の風景」のイメージについて、なんらかの発見ができるのではないかと期待していたのである。しかしここにきて私は非常に混乱している。というのも、自分の体験を一つひとつ数え上げているうちに、私のこころの中にある、風景を構成する山や川や田や動物といったイメージが、あまりにも膨張していったためである。特に、原初的な自然においてそれらが人間に対して持つ意味と、都市においてそれらが人間に対して持つ意味とが、私の中では相反すると言ってもいいほど解離してしまった。これはどういうことだろうか。

先ほど風景構成法の例として図示した描画は、実は私が、この混乱の渦中に描いたものである。これを描くのに、私は非常に苦労した。田舎の風景を描こうと思って一つひとつのアイテムを描いていくのだが、都市におけるそれらのイメージがおのずから折り重なってきて、うまく風景としてまとまらないのだ。たとえば都市における川と、田舎における川とでは、人間との関係がまったく異なっている。外から見た山と、内から見た山とでも、まったく様相が異なる。さらにはそこに西表島で見た原生林のイメージも混入する。それらをイメージとして思い描こうとすると、幾重にも折り重なった像が浮かび上がり、具体的な描画にすることができない。アーティストであれば多層性を持ったイメージをそのまま描出することができるのかもしれないが、私の画力ではとうてい不可能であった。結果として、私のこころの葛藤を表すかのように筆先がふるえ、三枚の失敗作を経てようやく完成した私の絵は、先ほどの図のようになんとも弱々しく貧相なものになってしまった。

私は先ほど、風景構成法でアイテムを羅列する人々について触れた。彼らにとって、「田舎の風景」がリアリティを持ったものとして存在してはいないのではないか、と。しかし、ここでこの仮説は、もはや私にとって重要なものではなくなった。というのも、彼らが風景を成立させられないのは、まったく次元の異なることが理由であるように思えたからである。つまり、彼らの風景が風景としてうまく成立しないのは、彼らの風景との関わりが、一義的に定まらないためなのではないだろうか。彼らは私と同じように、具体的な像として結実しない多層性を持った個々のイメージをどうにか描出しようと苦労した結果、あるいは描出することを諦めた結果、風景とは呼べない風景を描き出しているのかもしれない。

一体感から分離した人々

風景とは呼べないこうした風景を描く人々の多くは、「社会適応」に困難を感じて心理療法の場に訪れる。彼らはたいてい、コミュニケーションの際に「場の空気が読めない」と訴える。きわめて単純化して言えば、風景構成法で描かれる「風景と呼べない風景」は、「場の空気が読めない」ことの指標である。いわゆる普通の人は、特に意識をしなくても、その場の空気を乱さないように、臨機応変に適切なコミュニケーションをすることができる。しかし風景と呼べない風景を描く彼らには、それができない。彼らは明文化されないその場の空気に従うことができないのである。

しかしこれは果たして改善しなくてはならないことなのだろうか。その場の空気を乱さないことは、たしかに周囲とうまく折り合いをつけるためには利点となることもあり、生きやすくする有効な方策でもあるが、裏を返せばその場の空気と自分とが一体になり、自分が空気に埋没することにもつながりかねない。それを望ましいことだとは言いきれないだろう。

人類の黎明期において、私たちの祖先は自然との一体感から別れを告げて、人間として独立した。彼らは自然にとっての「異物」となったのである。一方、「場の空気が読めない」人々も、その空気からすれば「異物」である。それはもしかしたら、私たちが「場の空気」との一体感から別れを告げて、「個」として独立しようとしていることの印であるのかもしれない。つまり彼らは、新しい意識の地平を切り開いているのかもしれない。

そのように考えると、彼らが、風景とは呼べない風景を描く理由もよくわかる。原初の時代では、人々は自然に包摂され、生命の連鎖の流れの内に生きて死に、四季の移り変わりによって生活が縛られていた。自然に埋没していたそうした人々にとって、自然はありのままの自然として存在しており、彼らもそうした自然の一部であった。しかし自然にとっての異物となった私たちの意識はすでに、自然への埋没から切り離されていて、自然との一体感からは遠いところにある。もはや自然を自然のままに捉えることはできない。私たちはそこに、都市から見た自然のイメージを重ねずにはいられない。自然はありのままの自然としては成立しえない。私たちにとっての風景は何重もの層を伴って現われる。それは先ほどの風景構成法を描いた私の体験にあるように、もはやイメージとしては結実しないイメージである。

風景とは呼べない風景は、そのことを先鋭化して目に見える形で示している。彼らは風景構成法を描く際、そうしたイメージとしては結実しないイメージを描こうとしているのだろう。そうしてでき上がったのが、風景とは呼べない風景なのだろう。つまり、場の空気が読めないというその社会的不適応によって、個として独立しようとして現代意識を切り開こうとしている彼らは、風景構成法を描く際においても、そのことを指し示すかのように、多層的なイメージを描出しようとしているのである。

とはいえ、風景とは呼べない風景を描く彼らや、先述の貧相な絵を描いた私が、そうした意識の変容を自力で成し遂げているわけではないだろう。そうした変容は、現代人に共通して見られる特徴である。いわば彼らや私はあくまでも代弁者として、現代意識の特徴が現われる「場」となっているにすぎない。

自然への回帰

ルソーの著作には「自然へ帰れ」といった文言はどこにも書かれていない。それにもかかわらず、一般的に彼は「自然へ帰れ」と叫んで、新しい時代を切り開いたとされている。実際この標語どおりに、自然へ帰ろうとする試みはこれまでに何度もなされてきた。それはもちろん、必ずしも悪いこととは限らないが、ときに悲劇を生むこともある。そのもっとも極端な例として知られるのが、ナチス・ドイツの「帝国自然保護法」である。

藤原辰史の著書『ナチス・ドイツの有機農業』は、「「自然との共生」が生んだ「民族の絶滅」」という副題が示しているとおり、自然への回帰がユダヤ人虐殺へと繋がっていった過程を詳細に記している。たとえば彼はヒトラーの農業観を、次のようにまとめている。

ドイツの農民は、未来への信仰を忘れはしなかった。キリスト教精神は、そのうえに覆い被さっているだけである。ドイツ農民は、キリスト教を捨て独自の信仰に到達しなければならない。教会は、農民が本来もっていた、自然、神性、姿なきもの、デモーニッシュなものについての神秘的知見を破壊してきた。しかし、農民気質はキリスト教を破壊できる。なぜなら、農民の背後には、自然と血に根差した真の信仰の力がひそんでいるからである。（六八

ページ以下）

こうしたヒトラーの農業観に沿った「人間と自然が混在し、逆転し、融合した近代国家」である第三帝国では、そうして最終的に、「ユダヤ人の「生命」は家畜の「生命」よりも軽い」とみなされるに至ったのだった（同書一五ページ）。

ルソーは言わずと知れた啓蒙思想の旗手であり、近代意識の父である。その彼が「自然へ帰れ」と唱導したのはまさしく逆説である。「自然へ帰れ」という標語に要約されるルソーの思想は、もちろん国家によって縛られた人間の解放のことを意味しており、文字どおり原始的な自然に戻ることが意味されているのではない。しかしそうした自然への回帰を文字どおりに実行したことが、ナチス・ドイツを悲劇的な結末へと導く一因となったのである。

一度近代的意識として成立した私たちは、もはや原始的な自然との共生へと戻ることはできない。生命の連鎖に入り込み、その連鎖の一部となって山に関わることはできない。私たちは山にとってすでに異物となっているのである。私たちを支えてくれている川を、生命のエネルギーの源として、生活の中心に置くこともはやできない。現代の生活はそれを暗渠にして忘却し、その暗渠の上で何食わぬ顔をして生活することで成り立っている。いわば川の上に人間の生活が重ね塗りされているのである。

それと同様に、私たちの抱く風景のイメージには、自然の山や川のイメージの上に、取り消しようもなく都市から見た山や川のイメージが折り重なっている。原生林の風景に田舎の風景が重ね塗りされ、田舎の風景に煙突の風景が重ね塗りされ、煙突の風景に現代の都市の風景が重ね塗りされている。

そしてこのイメージの多層性は、都市生活者だけが持っているものではない。私はこれまで、「都市」と「田舎」とを対比的に扱ってきた。しかし、風景のイメージを一つひとつ数え上げていく中で、私はもはや「田舎」を純粋な「自然」の風景とみなすことはできなくなっている。山を切り開き、用水路を整備し、田畑を耕し、動物たちを使役している田舎は、すでに原始的な自然の風景を否定し、その上に別のイメージを重ね塗りしている。都市はそうした田舎に残された自然をさらに否定したものにすぎない。

今回各地で私たちを案内してくれた人々は、みな一度は都市での生活を経験していた。それは原生林が生い茂る西表島でも同様である。彼らは自然と共に暮らしながらも、もちろん現代の意識を兼ね備えていて、都市から見た自然のイメージがどのようなものかもよく知っていた。さらに言えば、一度も都市部での生活をしたことがない人であっても、現代の意識は持っているはずである。現代では至る所に、都市からの移住者が流入し、テレビやインターネットが普及し、否が応でも都市の考え方や感じ方と触れざるをえない。たとえ農耕が一年を基準にして行われようとも、彼らは直線的に流れる時間の中にも身を置いている。「農民気質は〔自然の上に覆い被さった〕キリスト教を破壊できる」と考えたナチス・ドイツをあざ笑うかのように、自然の風景の上に重ね塗りされた都市の意識は破壊されないまま、保存されている。

風景の中に現代意識として存在する人々

風景構成法では、風景の中に「人」も描いてもらう。この「人」は、一般的に「自己像」や「人間観」を示すとされる。しかし、私がこれまでお会いしてきた相談者の中に、原始的な人間を描いた人はいない。たとえ彼らが「田舎」とされる土地の出身だとしても、彼らの描く人はみな服を着て、聡明な顔をしている。ときには棒人間もいるが、決してそれは原始的な人間ではない。風景を描いてもらった後に相談者に質問をすると、その絵の人間たちはみな、会話をしていたり、動物と散歩をしていたりする。棍棒を振り回したり、住居となる穴を掘ったり、神々に生贄を捧げていたりする人はいない。風景構成法に描かれる人間は、徹底して現代人であり、現代の意識を備えている。そしてそれを「自己像」として描く相談者たちも、もちろん現代の意識を備えているし、彼らの持つ「人間観」も現代の装いをしている。いかなる田舎の風景を描こうとも、そこに現われる人間の現代性は取り消せない。風景に人間が登場するとき、そこには否応なく現代性が混入する。私たちには一度獲得した現代意識を捨て去ることは決してできない。「自然へ帰れ」という標語を忠実に実現することはもはやできないのである。

たとえばフィールドワークで訪れた奥能登で、製炭工場を営むある男性は、炭焼きという産業を現代社会の中でいかに継続させていけるかを真剣に考えていた。彼は茶道で用いられる炭に着目し、品質の高い炭を生産することを思い立ち、それを実行に移していた。さらには近年のSDGsの流れに沿って、炭の原料となるクヌギを育てることや、土中に炭を混ぜることが、いかに二酸化炭素の減少に寄与するかを試算し、炭焼きの有用性を社会に訴える活動を計画していた。また、やはり奥能登で暮らすある女性は、一度は安定した職に就きながら、そこでこなす日々の仕事が自分の根源に沿っていないと感じて海女になることを決意し、仕事を変えていた。しかも海女だけでは生活ができないと感じた彼女は、冬期には四国で桶職人に弟子入りすることまで計画していた。彼や彼女は自然の中で暮らし、自然の豊かさを享受していながらも、決してそこに埋没してはいない。都市に住む私よりもきわめてはっきりとした意識を持ち、現代の流れを敏感に感じ取った上で、自然と向き合っている。彼や彼女は自然豊かな土地に生まれながらも、その視線は一度、都市を通過した上で、もう一度自分たちのルーツへと遡り、自分たちの居場所を見据えている。私は彼らの生き方に触れ、それまで深く物事を考えずに生きてきたみずからのあり方を反省し、恥じ入った。

人間の作り出す風景

人々が現代意識を携えているとすれば、風景も必然的に原初的な姿を留めておくことはできなくなる。

イタリアの風景の歴史的な成立過程を分析した、P・カンポレージの『風景の誕生』は、次のように述べている。

> 十六世紀には今日的な意味での風景《パエザッジョ》（paesaggio）は存在しなかった。その頃存在したのは「土地のすがた《パエーゼ》」（paese）である。これは、今日私たちが地域《テッリトリオ》（territorio）と呼ぶもの……に近く、自然環境の点から、そして人の居住形態と経済資源の点から見た場所あるいは空間を指した。手で触れられるほどに具体性をもったこの概念は、美学の領域には二次的に属していたにすぎない。（六ページ）

ここで述べられていることは、風景というものがそもそもありのままの自然としては存在していないということである。「土地の姿《パエーゼ》」はそれそのものではあくまでも「土地の姿《パエーゼ》」にすぎず、絵画として描かれるような風景《パエザッジョ》にはなりえない。彼によれば風景とは以下のような過程を経て、初めて成立する。

> 土地《パエーゼ》の分析が進んでその知識が獲得される。地平は広がりと高度をもつものとして知覚される。そして空と星々が我々により近しい存在となって対話、観察、仮定の対象とされるようになると、環境＝風景への注意力、空間の新たな知覚方法も研ぎ澄まされていく。（同書一八二ページ）

そうしてたとえば、「ボローニャのドメニコ会士アルベルティの目は、彼が「土地《テッリトリオ》」と呼ぶもの、つまり人間の智慧と努力、労苦と作業の歴史が、微塵も動じぬ自然の力と出会う場所を、とりわけ注意深く観察」することになり、この「自然と人の営み――このふたつの結合からは雄大な風景が生まれ得る」ことになる（同書二二〇ページ）。つまり、それは人間の意識が自然と関わる中で、はじめて生み出されたのである。そうであれば、意識が変容すれば、自然あるいは土地《パエーゼ》と意識との関わりの中で生み出される風景も、変容せずにはいられない。だからこそ、私たちの意識に新しい層が形成され、多層的になることと、風景のイメージに新しい層が重ね塗りされ、複雑化することとは、同時的なのである。「田舎の風景」のリアリティがなくなったとすれば、それは実体としての「田舎の風景」が存在しなくなったからというだけではない。それは新しい層が折り重なることで私たちの意識が変容したからこそ、リアリティがなくなったとも言えるだろう。

ここでカンポレージが述べているイタリアで誕生した風景とは、遠近法的な風景である。柄谷行人は『日本近代文学の起源』において、遠近法的な「風景とは一つの認識的な布置であり」、いったんこの「「風景」が発見されると、「風景」以前の風景について語るときでさえ」、もはや新しい風景から始めて遡及的に語らざるをえない、としている（一八ページ以下）。そして彼は、そうした風景の起源を明らかにするため、ファン・デン・ベルクの以下のような言説を引用している。

モナリザは……風景から疎外された最初の人物……である。彼女の背景にある風景が有名なのは当然だ。それは、まさにそれが風景であるがゆえに風景として描かれた、最初の風景なのである。……それは、中世の人間たちが知らなかったような自然、それ自身のなかに自足してある外的自然であって、そこからは人間的な要素は原則的にとりのぞかれてしまっている。（同書二八ページ）

ここで語られているのは、歴史上はじめて風景が誕生したことによって、人間と風景とが分離したということである。柄谷はそれをルターによる「内的人間」の成立の先触れとして見ている。つまり、遠近法的な風景の成立と主体の成立とが、表裏一体のものとして生じているのである。そこには「風景から疎外された最初の人間と、人間的なものから疎外された最初の風景」があり、その分離によって歴史上はじめて、モナリザの「突然露出した素顔が「内面」を意味」することになったのである（同書六八ページ）。

こうしてこの「内面」は、風景を見渡す主体となった。私たちをとりまく風景と私たちの意識とは、お互いに切り離されることによって成立した。それゆえそれらは、切り離されていながらも、相互に依存している。このようにして風景は成立したのだが、「風景がいったん成立すると、その起源は忘れさられ」（同書三六ページ）。私たちはそれを自明なものとして捉え始める。それは私たちが意識の起源を忘却し、私たちの意識を自明なものとして捉えているのと同様である。私たちはもはや、遠近法の成立以前にどのように風景を見ていたか、思い出すことはできないし、意識の成立以前に世界をどのように眺めていたのかも、思い出すことはできない。

ここで、私に畏怖を覚えさせた荒川の河川敷の巨大な脳が思い起こされる。それは現実にはあるはずのない光景である。私の内面にあって風景を見渡す主体となるはずの、意識を象徴する脳が、見渡される客体である風景に、ポツンと置かれていた。それが私に不気味な印象を抱かせたのは、遠近法的な風景の誕生によって内面と外側が分離する以前の、忘却されたはずの意識の層がせり上がり、それを思い出させたからかもしれない。それは分離によって成立した私の意識を再び風景と融合させ、消滅させるような体験だったのかもしれない。まだ意識が成立したばかりの幼い少年だった私には、そうしたことも生じえたのかもしれない。しかし成長して、現代的な意識が確固としたものとなった私には、もはやそうしたことが生じることもなくなってしまった。

意識の不可逆性

こうした意識の変容は、不可逆的なものである。中世日本史が専門である網野善彦は、『日本中世の百姓と職能民』の中で、中世の農民のあり方について詳説している。鋭く深い考察が展開されているのだが、そこで描写される農民の暮らしは私たちにとってリアリティを持って体感できるものではない。それは過去の歴史にすぎず、私たちの意識はすでにその時代を後にしてしまっている。それはたとえば次のような記述である。

年貢は一面では地代としての性格を潜在させ、他面では貢納物の性格を残しつつも、基本的には租税の一種とみることができる……。／……〔それは〕平民百姓にとって、共同体成員―自由民として自らの立場を保つための義務と意識されていた……。中世、近世を通じて、年貢減免の要求、その増徴に対する闘争は、逃散・一揆等の形で頻々とおこっているが、「年貢廃棄」をスローガンに掲げた一揆は、私の知る限りで、ただの一回もない……。（七一ページ）

ここに描写されている平民百姓の暮らしは、私たちの暮らしとは程遠い。もちろんそれは私たちが貴族的な生活を送っているからではなく、時代が違うからである。現代の私たちが農耕を体験したとしても、制度としてすでに廃れている「年貢」や「一揆」の体験ができないのは言うまでもないが、ここに潜在している問題はそれだけではない。「年貢」を取り立てられる農民や、「一揆」に参加する農民たちがそれをどのように捉えていたかを考え、その感情に思いを馳せるとき、私たちは遡及的に、私たちの意識の視座に基づいて、「苦しいのだろう」とか「悔しいのだろう」などと自分の感情を投げ入れて想像する。しかし彼らの意識は私たちの意識とは違っていたはずである。「年貢」や「一揆」は、網野の考察のように、彼らの「自由民」としての誇りだったのかもしれない。あるいは、現代意識を備えた私たちからはすでに失われ、今や想像も再体験もできないような感情を、それらに対して抱いていたのかもしれない。そしてそのような当時の人々の意識は、たとえ現代において、自然の中で暮らし、農耕を営んだとしても、現代人の意識の中に蘇ることは二度とないだろう。さらに言えば、「中世」の農耕は決して純粋な自然ではなく、すでにきわめて高度な社会制度の中に組み込まれていた。現代の私たちがその当時の意識さえ再体験することができないのであれば、ましてや、さらに時代をさかのぼり、本当に純粋な自然に帰ることなど、私たちの意識にできる芸当ではないだろう。

たとえば原生林を「保護区」とすることで、人間の立ち入りは防げるかもしれない。それによって、原始の時代そのままの自然を維持することもできるかもしれない。しかし人間に「現代意識」が新しい層として降り積もることを防ぐ手立てはない。私たちは原始の時代の意識のまま留まることはできない。そうした保護区であったとしても、イリオモテヤマネコを私たちが車ではねて殺したとすれば、それは人間が動物から分離したばかりの始源的な時代において、両者が邂逅した際に生じうる、動物の殺害というありふれた出来事の一つとはもはやみなされない。大事件として島全体に放送が流され、私たちは心を痛める。たとえイリオモテヤマネコが原始の姿を留めていたとしても、それと関わる私たちの意識はすでに変質している。

どこに住んでいようと、現代を生きる私たちは不可避的に、多層的な現代意識として存在している。そうであれば、自然と意識との関わりによって生まれる風景も、現代的な視座から眺められたものにならざるをえない。それは、自然のイメージに何重ものイメージを重ね塗りした風景なのかもしれない。そしてそうした風景は鏡のように、私たちの現代意識を映し出しているのかもしれない。

歴史的な過程の中の現代意識

私は今回、「田舎の風景」の存在する各地を訪れ、こころの古層に眠る風景のイメージを再発見し、それを一つひとつ数え上げることを試みた。しかしそれによって明らかになったことは、田舎においてもすでにありのままの風景は残されていないということであった。自然の風景の上には、何重にも折り重なるようにして、イメージが積みあげられている。イメージとして具体的に描出するには、それはあまりにも多層的である。

この風景の多層性は、私たちのこころの多層性を写し取ったものであろう。だからこそ私たちは、このイメージの下層にある自然の風景に触れることで、ある種のエネルギーをもらえるのである。自然に触れることで、私たちは自分のこころの古層にも触れることができるだろうし、それを日常の生活に持ち帰って活かすこともできるだろう。これは貴重な体験となりうるが、しかしそれによって私たちの現代意識が根本から覆ることはない。私たちはもはや山に異物としてではなく溶け込むことはできないし、田んぼを文明の最先端とみなすこともできないし、人間と動物との境界を打ち立てる必要性に迫られることもない。意識に覆い被さったキリスト教を捨て、独自の信仰に到達できると信じたナチス・ドイツのように、意識の多層性を取り消せると信じることはできない。私にとって今回の「田舎の風景」体験は、あらためて自然と関わり直し、それでいてただ自然に帰るのではなく、もはや消し去りようもない現代意識がどのように成立していったのかをあらためて見つめ直し、現代意識を成立させている一つひとつの層を確認していく作業となった。

C・G・ユングはかつて、自然に関する偽デモクリトスの公理「自然は自然を享受し、自然は自然を征服し、自然は自然を凌駕する」を繰り返し引用していた（たとえば英語版全集9i巻一三四節）。その言葉のとおり、原初的な自然の風景は、人間によって繰り返し征服され、その征服によって成立した風景が新たな自然となり、それがさらにまた征服され、そうしてついには現代の都市の風景にまで至ったわけである。「田舎の風景」は、その一連の征服の過程の途中段階に成立した景色にすぎない。かつての煙突の風景がそうだったように、やがては現代の都市が、さらに征服されるべき「田舎の風景」となっていくことだろう。そしてこうした自然の風景の征服の過程と軌を一にして、私たちの現代意識も、かつての意識を征服することによって発展してきたのだろうし、これからもそうして発展していくのだろう。言い換えれば、自然の風景の征服という具象的な過程は、私たちの意識の内側で生じている征服の過程を、目に見える形で表現したものであるとみなすこともできるだろう。

現代の風景画

このエッセイをほぼ書き終えたとき、アーティストの蓮沼さんから、現代の風景画家である佐藤雅晴さんの存在を教えていただいた。蓮沼さんは、彼の作品を見て、もう一度風景画を描いてみたいと思ったそうである。

原稿の締め切りまで日がなかったため、直接彼の作品を見ることはまだできていないのだが、インターネットで拝見し、どうしてもここでその風景画について書いておきたくなった。

佐藤の作品には、たとえば、『東京尾行』というタイトルのアニメーションがある。散歩する人々のいる公園や、レストランの一場面や、人々の溢れるスクランブル交差点など、誰もが立ち止まりもせず通り過ぎていくような、何の変哲もない現実の都市の風景に、パソコンで描かれた絵が重ね塗りされている。パソコンによる虚構の描画が重ね塗りされているのだから、それはもはや現実の風景だけで成り立っているのではないのだが、それでも虚構の描画が違和感なく現実の風景に溶け込んでいて、その作品を見ていると、現実の風景が現実なのか、あるいはパソコンで描かれた絵が現実なのか、一瞬わからなくなる。彼の作品を眺めていると、私たちはすでにパソコンで描かれた絵を現実と認識しはじめているのかもしれない、と、そんな気にさせられる。毎日何時間もパソコンの前に座り、他者との交流もインターネットを介して行われる私たちの日常を考えれば、現実と、パソコンのモニターに映し出される虚構とが入り混じった、そうした風景こそが、私たちの新しい意識に対応した風景であったとしても不思議ではないだろう。『東京尾行』は二〇一五年から二〇一六年にかけての作品だが、コロナウィルスによるパンデミックを経た現在、それはますます現実のものとなりつつある。彼のアニメーション作品は、私たちの意識や風景イメージの新しい層として形成されつつあるものを、先取りして示しているようにも思える。

しかも、その重ね塗りされたパソコンの描画は、意識としての人間がパソコンを使って描いたものであるから、意識とパソコンの関係から生み出されたものであると言えるが、そこにはカンポレージのいう土地《パエーゼ》も関与している。というのも実はそれは、パソコンによって土地の一部を正確にトレースして描かれた絵なのである。その描画は、パソコンと意識との関係から生み出されたものであるのと同時に、パソコンと土地との関係から生じたものでもある。先ほど述べたように、遠近法的な風景は、土地と意識との二者関係から生み出されたものであるが、『東京尾行』は土地と意識とパソコンの三者関係から生み出された風景なのである。第三項の登場によって、『東京尾行』で重ね塗りされている新しい層は、私たちと自然の二者関係によって積み重ねられてきたこれまでの層とは、次元の異なるものになっている。現代の私たちの意識には、もしかしたら何か革命的なことが生じているのかもしれない。そうして『東京尾行』は、新たな風景の起源となっていくのかもしれない。

おわりに

子どもだった私は、あの一枚の写実的な風景画に不思議とこころを惹きつけられた。おそらくそれは、ダヴィンチの時代の人々と同じように、いまだはっきりとした意識的視点を確立していなかった当時の私が、外的な風景と内的な意識との分離を象徴する風景画を通じて、近代的な意識を確立する必要があったからだろう。そうして私は風景を発見したものの、それによって獲得されたばかりのまだ脆弱だった私の意識は、忘却したはずの風景を思い出すこともあったのかもしれない。そのようにして意識の下層からせり上がってきた幻覚が、内面と外側とが入り混じった、脳のある河川敷の風景だったのかもしれない。私が身近にある煙突の風景を繰り返し描いたのも、脆弱な意識の地盤を塗り固めていたのかもしれない。

しかしすでに近代的な意識を確立し、大人となった私はもはや、ただ写実的なだけのそうした風景画に魅せられることはない。風景画への没入は、意識が確立された現在の私を形作るための不可欠な契機だったのかもしれないが、それはすでに過ぎ去った契機であり、私の意識のはるか下層で眠っている。成長した私はいまや、多層的にイメージが折り重なった、風景にならない風景画のほうに、新しい可能性を感じている。そして佐藤さんのアニメーションに代表される、現代の意識のあり方を浮き彫りにするような風景画に惹きつけられ、まだ見ぬ意識のあり方に畏怖を覚えている。そしてそれは、現代の人々の意識にとっても、共通するところがあるのではないだろうか。

参考文献
蓮沼昌宏『床が傾いていて、ボールがそこをひとりでにころころ転がって、階段に落ちて跳ねて、窓の隙間から外へポーンと飛び出てしまう』私家版、二〇二〇年
藤原新也『メメント・モリ』三五館、二〇〇八年
W. Giegerich, The Lesson of the Christmas Tree, *Collected English Papers Vol.4*, Spring Journal Books, pp23-52.
藤原辰史『ナチス・ドイツの有機農業』柏書房、二〇〇五年
P・カンポレージ『風景の誕生　イタリアの美しい里』筑摩書房、一九九七年
柄谷行人『日本近代文学の起源』講談社、一九八〇年
網野善彦『日本中世の百姓と職能民』平凡社ライブラリー、二〇〇三年

コラム　バーチャル時代の狩人たちへ

河西直歩

狩猟文化は、自然と人、人と人がいかに共生してきたのかを、私たちに教えてくれます。熟練の猟師たちが、協力して熊を狩る「巻き狩り」は、マンモスを集団で狩っていた太古の人類を彷彿とさせ、時を超えた現代、ゲーム『モンスターハンター』で狩りを楽しむ子どもたちの姿にも重なります。『モンスターハンター』の魅力は、チームプレイにあると言われ、友人が操作するキャラクターと協力して、恐竜を狩ることができます。操作が難しく、自制心を持ち、集団の規律を守りながら狩りをする姿勢は、どこか「巻き狩り」に通じるものがあり、あえて、ソロプレイや単独猟を好む人がいることも、似ています。

人類学者の煎本孝は、狩猟文化における「初原的同一性」、自然と人間は本来同じものであると感じる心が、他者への慈しみの起源であり、贈与と返礼による「互恵性」が個人と集団の共生を可能にすると言います。子どもたちは、自然の中で遊びを通して、自分の野生を飼いならし、思いやりを学ぶ文化がありました。駆け回る自然を失った現代の子どもたちは、ゲームの中で遊び、自分を育んでいます。

しかし、自然が人間の無意識にもたらす複雑な影響は計り知れず、ゲームの世界に再現することは容易ではありません。中沢新一は、ゲームの中に作り出された「自然」が、本物の「自然」体験と子どもの無意識という「自然」をつなぐことに成功した例として『ポケモン』を挙げています。心理療法のプレイセラピーでも、遊びの中に子どもの無意識が顔をのぞかせると、遊びが次々と展開し、その創造性こそが子ども自身を癒し、育むように見えます。もちろん、その安全性を心理療法家たちが守っているのですが、ゲームの世界でも同じことが言えるのでしょう。ゲームだけでなく、現実の友人や家族とのコミュニケーションも大事だと言われるのは、ゲームは無意識と現実をつなぐ媒体であり、大切なことは人を介して、文化として伝えていく必要があるからではないでしょうか。

自然との接点を失い、自分の中の野生との付き合い方がわからないのは、現代を生きる私たち大人も同じです。狩猟文化を肌で感じる機会は、そう多くはありませんが、作品を通して、自然とともに生きる生活を感じることで、自分の中の野生、慈しみの源泉に触れてみるのはいかがでしょうか。

狩猟文化、自然を感じる作品リスト

[書籍・雑誌・漫画]

煎本孝『こころの人類学　人間性の起源を探る』ちくま新書、二〇一九年

本コラム引用。世界の狩猟文化や儀礼のフィールドワークを通して、人間の心の起源に迫る。

中沢新一『熊から王へ　カイエ・ソバージュ（2）』講談社、二〇〇二年
世界の神話を通して、狩猟生活から現代生活への変遷を読み解く。
中沢新一『ポケモンの神話学　新版ポケットの中の野生』角川新書、二〇一六年
本コラム引用。ゲームの中に再現された、自然と心の関わりについて考える。
アン・アリスン（実川元子訳）『菊とポケモン』新潮社、二〇一〇年
日本文化に表現された独自の自然観について
千葉徳爾『ものと人間の文化史14　狩猟伝承』法政大学出版局、一九七五年
日本古来の狩猟にまつわる伝承から、当時の生活をひもとく。
田口洋美『新編越後三面山人記　マタギの自然観に習う』山と渓谷社、二〇一六年
一九八〇年代、新潟三面集落における狩猟文化の記録。語り口調の文体は、昔話を聞いているよう。
田中康弘『マタギ　矛盾なき労働と食文化』エイ出版、二〇〇九年
一九九〇年代、秋田阿仁地区における狩猟文化のフォトエッセイ。写真が多く、臨場感がある。
高桑信一『狩猟に生きる男たち女たち　狩る、食う、そして自然と結ばれる』つり人社、二〇一二年
現代、狩猟に携わる人々への取材と記録。
末松敏樹編『狩猟と冒険　時空旅人 Vol.61』三栄書房、二〇二一年
世界や日本の狩猟について特集された雑誌。モンスターハンターライズの記事がある。
上橋菜穂子原作、武本糸会漫画『獣の奏者』全十一巻、講談社シリウスKC、二〇〇九ー一六年
獣と人の交流について描かれた漫画。原作の児童文学作品には、より細かい背景描写と続編がある。
五十嵐大介『リトル・フォレスト』全二巻、講談社アフタヌーン・コミックス、二〇〇四ー五年

作者の自給自足生活を元に描かれた漫画。里山での農耕、採集生活と野生動物について。

［音楽］

ROTH BART BARON「けもののなまえ（feat.HANA）」『けものたちの名前』felicity、二〇一九年

都会に生きる私たちが、人里に迷い込んだ野生動物の姿と重なる。

［参考］

『ポケットモンスター』シリーズ、任天堂・株式会社ポケモン

『モンスターハンター』シリーズ、CAPCOM

「青少年を取り巻くメディアと意識・行動に関する調査研究」報告書、文部科学省、二〇一七年

第三章

自然について考えていったら山伏や採集者になってしまった話

成瀬正憲

はじめに

本章は山形県鶴岡市に居住し、山伏修行をしながら、山菜やきのこなどを採集し生業とする筆者の経験と洞察について書かれている。継続的に、経済活動としても山に関わる経験を、記録のみならず、その意味するところやそこから見えてくるものについて考えながら叙述している。多くの人が前提としていることや、採用している考え方と異なるはずである。現代人の心の問題という本書の主題にとって、また違った角度から注意を投げかけられるかもしれない。

筆者はこの土地の出身ではない。東京の大学で自然哲学を研究し、それを実践活動に展開しようとするなかで山伏修行を捉え直し、修行の経験を重ねるなかで移住し、現代に山伏として生きるうえで生業を組み立ててきて、今にいたっている。振り返るとそこにはひとつの流れがあり、「自然」について考えを重ねていったらこのようになったと位置づけている。

また筆者は都市部で心の病を抱えながら生きる方々と接点を持たず、何が問題とされているかも、正直なところよくわかっていない。何を書いたらよいかも、今もってよくわからない。そんな人間にできることは、こうするといいだろうなどと思いつきをいうことではないだろう。他方でここ数年の間に、本書の執筆者である心理療法やカウンセリングに携わる方々を山に案内し、フィールドワークをともにしてきた。各々にとって触発があったことも、また事実といってよいと思う。拙くとも追体験できないであろう経験を著す次第である。

本章の構成について述べておきたい。私の修行する出羽三山はそれぞれ、羽黒山が現在の山、月山が過去の山、湯殿山が未来の山とされ、三山を参ることで過去・現在・未来をめぐるといわれている。この行程に合わせて書き進めることとし、第一節は現在について記し、一年がどのように過ぎていくのかを描写している。山に関わって暮らす一実例といえよう。第二節は過去、哲学の研究や山伏との出会い、そこから展開した取り組みについて書かれている。現在にいたるまでの問題意識が理解されることと思う。第三節は未来、きのこが育む森の生態と手仕事について記されている。羽黒山は標高四一四メートル、月山は一九八四メートル、湯殿山は一五〇〇メートルである。ではまず羽黒山へ足を進めてみよう。

1－1　採集者の四季

山形県鶴岡市は日本海に面している。ここで生活するうちに感じとられたのが、四季にくっきりとした質があることだった。この日から春になる、この鳴き声から夏になる、この風から秋になって、この日射しから冬になるという一点が、日づけや一瞬があるのである。

長く続いた厳しい冬が折り返し地点を過ぎる。曇天に日が射し込み、海沿いの地域で寒さが緩みだす二月上旬。アスファルトの雪が溶けだす。半ばともなればばんけ（フキノトウ）が顔を出し始める。イタヤカエデの甘い樹液が幹の切り口から滴る。冷たい風が吹きつけるなかで雪解け水がコロコロと音を立てて海に注ぐ。群青色に黄色の射した海がきらめく。晴れの日が増えていく。

クァク、クァク、クァク。三月になると夕暮れの空にコハクチョウの声を聞く。長い冬が終わりを告げる。足下に流れる水の音。土があらわになる。泥の匂いが滲む。一面の銀世界だった庄内平野にいくつもの黒い筋があらわれ、線は面となり、海から里へ、里から山へと次第に伸びてゆく。白鳥たちが続々と北帰行に旅立つ。南風に運ばれてツバメたちがやってくる。平野部の軒先に巣がつくられはじめる。白鳥のように佇んでいた月山が麓から黒く染まり、ツバメのようになっていく。最上川が土色に濁る。遡上する数十キロメートルのあいだにいくつもの春がある。海沿いでは土筆やノカンゾウが顔を出し、サクラマス漁がはじまり、ワカメが採れはじめる。人がそわそわしはじめる。

梅がほころび、ソメイヨシノが蕾を膨らませる。四月に入ると渓流釣りがはじまる。熊撃ちがはじまる。大きな茶碗状の渓谷は尾根沿いに雪を残し、底に近づくにつれ山肌を露わにする。稜線から沢までのあいだにブナが林立する。鮮やかな緑の芽を冬眠明けの熊たちが食す。日が昇り、木登りして、思い悩むことなんて何もないといった風情で食事をする熊。そこに垂直に投げかけられる視線がある。息を殺して合図を送り、一団は山の斜面を降りたり登ったりしながら、狩りが行なわれる。

そのころ市街地ではソメイヨシノが満開を迎える。街から月山と鳥海山がくっきりと浮かび上がる。この時期の澄んだ空気がわかる。海沿いの集落では、半ば過ぎに早くも散りはじめる。田を耕すトラクターの姿が散見される。下旬にもなれば、そこから高度をあげた山間部で山菜が採れはじめる。青空と白い雲。新緑とヤマザクラ。ピンクグレイの稜線。山笑うといった風情。鶯が上手に鳴きはじめる。

山菜の多くは渓谷で採集される。斜面の雪が溶けたところへ山菜が顔を出す。採集者たちは里から山へ、山から奥山へと雪を追うようにして白い回廊を縫ってゆく。ばんけ、青こごみ（クサソテツ）、こしあぶら、ぜんまい、うるい、じょな（ヤマブキショウマ）、赤こごみ（キヨタキシダ）、しどけ（モミジガサ）、いぬどうな、やまうど、ごまな、あいこ（ミヤマイラクサ）、……刻々と気温が変化し、地温が上昇するに連れて、異なる顔触れが登場する。五月に入り、海沿いの山では雪溶けが進み、ヤマザクラが散って山はいくぶん退色したようになる。早く出る山菜の赤こごみやこしあぶらが終わる。あと一週間もすれば雪溶けもかなり進むだろう。白い回廊は消え、採集も困難になる。平野部では八重桜が咲き、田植えがはじまる。夜になれば蛙の声を聴く。海沿いから平野部を越えて、さらに山間部へと車を走らせる。その路上を何匹ものシロヒトリの幼虫がせわしなく横断する。跨ぐようにして山へ向かう。

いよいよ山間部で山菜が採れはじめる。青こごみが屈んだ身を伸ばし、斜面にやまうどがすくと生い立ち、じょなやしどけがふくよかな身をくゆらせる。まだヤマザクラが咲いている。海沿いから山沿いまで、それぞれ異なる植物の生長がある。異なる時間が並行して流れている。後にしてきた海沿いの集落で藤や谷空木が咲きはじめる。じきに平野部、山間部でも咲きはじめるだろう。採集期も折り返し地点に入った合図だ。

六月に入る。山間部の採集も大詰め。雪を追って奥へ、そのまた奥へと山の襞に分け入ってゆく。アクセスはしにくくなる。さすがに同業者も見かけなくなる。どんごい（イタドリ）やミズブキを塩漬け用に採集する人たちが山の入り口にいるくらい。ヤマブドウが淡いピンクとブルーの混じった若芽をつける。頭上にエゾハルゼミの合唱が響く。気温が上昇している。地面に落ちる影が濃くなる。落ちたタムシバの柔らかな花が木漏れ日に白く浮き上がる。ふと風が巻き上がる。見上げれば青空にいくつもの白い粒が舞っている。柳絮《りゅうじょ》。柳の花。初夏に舞う雪。もう終わりだなと胸中でつぶやく。今年もありがとうございました、と山をあとにする。

二時。深い夜にひとり起床し水分と食料をザックに積める。静かにエンジンをかけて暗闇を走らせる。採集地の麓まで一時間半。すでに駐車場は十台ほどの車。六月も半ばを過ぎれば月山《がっさん》筍《だけ》の採集期に突入する。学名チシマザサ、通称ネマガリタケの若芽は、地元の採集者たちにとって特別な山菜。個体差はあるが淡い肌色から鮮やかな黄緑、紫を帯びた赤色の皮に覆われており、剝いた身は肌色、トウモロコシを茹でたような香りとほのかな甘みがあり、水から茹でればそれだけで出汁がとれるほどの旨味がある。北海道から山口県にいたる分布域のなかでも、山名を冠するほど月山のそれは美味とされる。月山に降り積もる豪雪が、七ヶ月余りの酷寒期にネマガリダケを覆って生長を守り、六月の梅雨によって雪が溶かされ、滋味深くなるからと聞く。未明に麓を発ち、標高千メートルを越える狩り場に着くころに日が昇る。雪渓とチシマザサが群生している縁にザックを下ろし、テゴ（籠）を引っ提げてササの林に入る。チシマザサは人の背丈を優に越え親指ほどの太さ。プラスチックのように固く弾力性がある。それまで圧雪で斜面に押さえつけられていたのが解放されるため、まるでこちらへ突きつけられた槍の束。それを掻き分け、身体を入れ、若芽を探す。ササは足元にも密集しているから滑りやすく、枯れたササで目を突く人もいる。数十キログラムを背負う。一時間半から二時間半の帰路は玉のような汗。それでなくても天候の変わりやすい季節。雨に濡れないことの方が少ない。それでも人はこぞってわずか一ヶ月弱の期間に集中して山に入る。数十万から数百万の収入を得る。赤いダイヤといわれる由縁である。

　何年も採集をしてくると、その場にいなくても山菜の様子が推し測れるようになってくる。はるか離れた麓の開花状況などから見当をつけるのである。今自分の立つ場所から五〇キロメートル以上離れた採集場所まで網が張られているようなもので、巣に引っかかった獲物の振動を感知する蜘蛛のように、道端の「しるし」をキャッチして気をめぐらせる。今日はあそこか、それとも向こうか。向こうでそうなら、三日後あそこに行ってみようか。

　月山筍が終わるころ、不安定な天候のあいまを縫って入道雲が湧き立つようになる。夏がやってくる。七月一日に月山が開山する。多くの人が登拝して山頂が賑わう。山伏にとってはいよいよ修行シーズンという気持ちになる。山菜は青みず（ヤマトキホコリ）、赤みず（ウワバミソウ）など、種類が少なくなってきて一休み。他方でものづくりをする人には忙しい時期がはじまる。夏の土用の前に手仕事の素材となる自生する植物を採集するからである。ヤマブドウ、クルミ、シナノキなどの樹皮。青苧。タツノヒゲなどの植物。草履の素材とする「おえ」という植物もこの時期に採集する。以降に晴れが続く日を見計らって採集し、天日干しを施す。乾ききったものを保存して冬の手仕事に用いる。ときに夕立が計画を台無しにする。海では磯見漁が春から営まれており、岩牡蠣が卵を大きくしていく。稲穂が暑さに揺れる。

　きのこは秋に限らず、春にはエノキやヒラタケ、アミガサダケやスッポンタケ、夏はタマゴタケやチチタケなどが出る。地元の人はお盆の時期にでるとびたけ（トンビマイタケ）をことのほか好む。夏祭りをするところではとびたけがなければはじまらない、とさえいわれる。特定のブナの根元に出る。採集者は各々そうした木を記憶して口外しない。とはいえ、毎年出てくれるとも限らない。日の出前にたしかめに歩くことになるだろう。そしてのきうち（エゾハリタケ）。ブナの木の頭上になるそれは手間のかかる代物。半年塩漬けにし、半年味噌漬けにして、ようやく食すことができる。美味にして貴重な漬物。何年も漬けたものを出す宿坊もわずかにしてある。夏があっという間に過ぎていく。

九月上旬を過ぎると稲刈りがはじまる。腰をかがめたような日射しにアキアカネの羽根がきらめく。月山山頂から紅葉が下りてくる。きのこやなりもの（木の実など）は山麓から上がっていく。もだし（ナラタケ）、かのか（ブナハリタケ）、ナメコ、クリタケ、ムキタケ、栃、サルナシ、ヤマブドウ等々。雪が降るまで採集は続く。ナメコひとつとっても、生えている場所でまったく異なり、ぬめり気のない乾燥したものもあるし、傘が壺のように丸いものもあれば、開いたものもある。一定期間採ることができるから、時期も早生、中、奥と名づけてそれを区別している。移動中にふと、眼を細めたような日射しに照らされた山肌が目に入る。今日から冬に入ったなと思う。月山からの帰路、ススキの輝きにみとれていると、たなびくその先に庄内平野が一望されて、はるか日本海を見つめる。あと何回来れるだろうか。しだいに暗くなってゆく空のしたで指折り数える。雪が降り、溶けて、また降り、溶けて。いよいよ山間の道に根雪がつけば、もう行くことはできない。人の都合に拘らずきのこは生長を続けるだろう。誰も採りにくることもない山で、しんしんと降り積もる雪に覆われながら。

きのこが終われば、注連縄《しめなわ》づくりが待っている。お正月飾りとして、庄内地方独特の米俵を積み重ねた形をした注連縄は、制作に約二日を要する。今ではつくり手の少なくなったこの手仕事を、藁細工の名人である斎藤栄市さんに学んだ。毎年つくっている。夏、青く実のついた稲を刈り取り、天日干しにし、保管しておく。つくるにはまず素材の準備。稲藁を打って柔らかくしたものは縄の部分に使う。藁をすぐった（稈心《みご》と呼ばれる藁の芯を取り出した）ものは俵の部分に用いる。孤《こも》という道具で藁を編み俵をつくる。孤編みは、糸の両端に木でできた重りをとりつけ、それを互いに交差させることで、一本一本の藁を糸が結束していく編み方である。三つの俵を編み終わると、俵の中にいれる芯をつくり、孤で編んだ藁をそれにまきつけて糸で固定する。俵を三つ合わせて飾りをつけ、三つの俵の両端を綯って注連縄をつくっていく。注連縄の両端にも飾りをつけて、注連縄はできあがる。

注連縄が終われば、おえ草履を編む。鶴岡市大網に住む渡部志げさんに教えてもらったものだ。当時九十歳だった志げさんは、今百歳。変わらずに手仕事をしている。おえとはカヤツリグサ科フトイの地方名。大網ではこれを素材として草履が編まれてきた。素材を夏の土用前に刈り取り、五日から一週間ほど天日干しにすると、茎の緑色はベージュになる。これを保管しておく。編む前には湿らせ、藁と同じように打って柔らかくする。草履は自分の両足を使っても編めるが、編む道具を使ってもいい。芯になる縄におえを巻きつけるようにして編んでいく。冬に編むのは、かつては雪に閉ざされて外仕事ができなかったからだが、今もやはり冬につくる。夏は湿らせた素材からすぐに水分が蒸発して固くなってしまうし、湿らせた素材が乾かないうちにかびてしまうから。素材と対話してつくるのである。一年で最も寒さが厳しい時期でもある。それを越えると、季節がしだいに緩み始める。春が向うに感じられるようになる。そんなふうにして四季が過ぎていく。

1―2　山で見えてきたもの

ざっとここまでが現在の話。羽黒山を登拝したことになる。ここから月山に向かおう。山の世界を手ほどきしてくれたのは、月山頂上小屋のご主人・芳賀竹志さんだ。初めてきのこ採りに行ったことを今も鮮明に覚えている。ブナ林を歩く足を止め、おもむろに芳賀さんはこういった。「あそこに倒木があるだろ」。三〇メートルほど先にはたしかに親指大の灰色の影。ブナの倒木のようだ。「あれがどうかしたんですか」。「行けばわかる」。近づけば、びっしりとナメコが生えていた。どれほど視力が優れようと見える距離ではないのに。首をかしげる私。笑う芳賀さん。山に息づくものの深さに触れた瞬間だった。

次春、山菜採りに同行したいとお願いした。芳賀さんはしばらく平地を歩いたかと思うと、にわかに茂みに分け入り、するすると渓谷を下りていく。はぐれまいと藪をかき分け追いつくと、少し開けた場所に出た。「成瀬、足下をみてみろ」。「足下?」――私の足は何かの草を踏みつけていた。「いぬどうな。それも食べられる山菜だ」。向こうに生えてるのは、ぜんまい。あれはうるい。緑の濃いのはやまうどの芽……それまで緑の単色でベタ塗りされていた景色が、変化に富んだ細密画に描きかえられていく。何の変哲もない山の斜面に、声高に語られることもなく営まれてきた、ヤマノモノを採取して食す、幾重もの時間が眠っている。そこにも、ここにも、足下にも。ぞわぞわするものを感じた。こうした出会いが、私を山の世界へ、その奥へと誘っていった。

どんな条件で山菜が生え、どう採集すれば持続的に収穫できるのか。森の見方。山との向き合い方。「山の文化」と呼べるものが、ひとりの人に蓄積されている。近年の研究は何十万年ものあいだ人類が採食(foraging)を営んでいたことを伝える。集団で長い時間を費やすことが多い狩猟に比べ、採集はより身近な食物獲得手段である。その重要性はもっと認識されてよい。今日に息づくその文化の喪失を些細なことといえようか。ましてや明文化されず、山人の身体に刻まれてきた、物いわぬ文化である。だとすれば、私に何ができるのだろう。

山菜たちの、生き生きとした姿。異なる舌触りと歯ごたえ。立ちのぼる香り。深い滋味。それらは、山の移り変わる風向きや日差し、雨雪と大地の妙なる絡まり合いが、人工的に再現するにはあまりに繊細にして複雑な生育条件をつくりだし、風味となってもたらされたもの。食材としては最高といえるだろう。そこに需要が喚起され卸先ができれば、山に入る機会が生まれる。採集が日常の中で再生産されることになれば、山の文化が継承される可能性があるのではないか。

知り合いを伝って卸先を紹介してもらった。一店、一店と扉を叩き販路を開拓した。採集の経験を積み重ね、梱包の仕方や配送方法の試行錯誤を繰り返した。山の状況に左右される生業のため、取引先と信頼関係を深めて山の経済を理解してもらうよう努めた。満足のいくやり方が確立するまで数年を要した。まだ修業は続いている。ある日東京の出荷先で食事をしていると、別席のお客さんが声をかけてくださった。「あなたがあの山菜を採られている方ですか！　本当に美味しくて、もう毎年、楽しみにしているんですよ」。続けていてよかったと思う。

山入りすれば、道なき道を何時間も歩き、クマやカモシカと遭遇したり、どしゃ降りでさんざんな目にあうこともしばしば。それでも採集にひきつけられてやまないのはなぜだろうか。どこを探しても収穫できないひとつの山菜があって、もう諦めるしかないかと日暮れる山を下りゆくと、必ずといってよいほど、それが見つかるのである。どのように表現したらいいかわからないが、「恩寵」と呼ぶほかにふさわしい言葉を持たない。採集という営みは、何か深いところで、人がこの世界に生きることを肯定しているように思える。山とはそうした場所なのだと思う。採集期の始まりにはいつも、「また、ここに来ることができた」と言葉にならない言葉を胸につぶやく。生まれたての風を受けて、残雪の渓谷を歩く喜びをかみしめ、採集した山菜を届けている。

長く採集を続けてくると、それまでなかったことが知覚されてくる。肌理の粗い知覚から、細やかなそれが生まれてくる。山に決められた道はないため、起伏に富んだ斜面を歩く。そこにすっと一本の道がみえてくる。左右の枝葉が途切れ、歩けそうな空間が前方に伸びてくるようにみえる。じっさい歩いてみると、勾配もおだやかであり、無理なく歩くことができる。尾根沿いにさしかかると、さすがにこれは誰かがつくった道だろうと感じる。案の定、その先に朽ちた炭窯があったりする。数十年前までは落葉樹をその場で炭にしていたそうだから、その道はじっさいに鉈などで枝葉を切り、何度も通ることで下草が踏みしだかれてできたのだろう。しかし、初めてその道をつけた人は、どうしてそこにその道をつけたのだろうか。やはり、道がみえたのではないだろうか。だとすればその道はその前の、その前の、そのまた前の人が踏みしだいたからこそ、できたことになるだろう。どこまでも遡れる道。道とは、つねにすでに、そこにあったのかもしれない。

炭窯を過ぎると、急に藪で視界が途絶えた。もう進めないかと思うと、足下に空洞があった。なんとかいけそうだ。低く背を屈めて進むと、藪を抜けだせた。顔を上げると、大きなブナの木が。その瞬間、樹皮に目が釘付けになった。熊の爪痕が刻み付けられていたのだ。はっ。背を屈めたときのあの目の高さ……。そうかと腑に落ちた。はじめて道をつけた人は、熊の歩いた轍をみていたのかもしれない。

人は山で採って食べられるものを熊から教わったという話がある。まさかと思っていた。植物の食べ跡。崖の足跡。山に溢れるあまたの跡を丁寧に辿れば、それはありうる、そう思うようになった。山道を遡れば、人と動物の姿は限りなく重なる。その足元は、いつかのけもの道につながっている。

2―1　「自然」に向き合う

遡ってみると、山形へ移住したのは山伏文化に触れたからで、山伏の修行体験をしたころは、大学の学部生で社会哲学を、修士課程で自然哲学を研究していた。ここでは自然哲学をとりあげて、それが現在の取り組みにつながっていることを述べてみたい。

私が岐阜県で義務教育を受けた八〇年代から九〇年代は、自然保護や環境保全に目を向ける教育がなされており、「自然を大切にしよう」といった話をずっと聞いてきた。事の重要性はわかるものの、どこかに違和感を抱いていた。自分の知っている自然と異なる気がしたからだ。大学や大学院は、そのような漠然とした違和感に対して、先人の助けを借りながら自分の頭で向き合う機会を与えてくれる。

おおまかな話になるが、次のような問題意識を抱いていた。「自然」を前にしたとき、人がとりうるアプローチは大別して二つある。ひとつは、自然と人間を分ける考え方。二元論的なアプローチである。プラトン以降の西洋形而上学では、自然はその彼方に真の実在としてのイデアを有していると考えられる。私たちの経験する自然はその似姿にすぎない。この考え方によれば、自然はイデアを具現化するための単なる素材となってしまう。そこから自然は人間によって操作可能であるという人間中心主義的な考えが出てくる。環境問題に置き換えてみても、人間の生産活動が環境に大きな負荷をかけているから、自然を保護しましょうというとき、自然を操作可能な対象とみなしていることでは変わらない。ところで、実際に自然は操作可能なのか。人間中心主義で環境問題は解決できるのか。それらが前提としている人間と自然を分かつ枠組み自体はどうなのか。対立する枠組みのもとでは、両者の関係性をどう位置づけるか、どのように折り合いをつけるかが焦点となる。ここから、人間と同じ法的主体を河川や動物に認めようとする

「自然の権利」や、人間同士が社会契約を結ぶように自然と契約を結ぶという「自然契約」が出てくる。前者は近年の裁判において大きな役割を果たしており、現実的な問題解決として当面進められるべきだと思うが、避けて通れない問題が生じてくる。対立する二項は、その接点で様々な調停を模索する筋立てになるが、結局誰が調停するのかという議論が避けられず、その先のどこかで、全体性を持った概念（調停者）を要請するだろうからである。

他方で人間は自然の一部として、前者を後者に含めるやり方がある。一元論的なアプローチである。人間は母なる自然に生まれ、そこに還っていく存在であると。この場合人間存在の理解が問われる。人間が反自然的な本性を持つからである。自然の内にあって倫理的に生きてゆければいいが、人間は自然の内にあることを越えてしまう。冗長になるが、いわんとすることはこうだ。約四十六億年前に地球が誕生し、約三十八億年前に生命が誕生し、海から上陸し、約三億五千年前に大地には森林が広がり、哺乳類が誕生し、進化と絶滅を繰り返すなかで約二十万年前に人類が誕生した。火を獲得し、農業革命が起こり、初期都市国家を形成し、速足で近代に入れば産業革命が起こり、電気と石油によって動力を得て、資本主義的生産体制を駆動させ、そして、核エネルギーを得ようとした。日本列島のおいては、原爆が投下された。そして原発事故が起こることになる。ここに問いが生じる。人間が自然に含まれるとすれば、自然破壊も自然なのか。換言すれば、人間存在が自然史の過程に含まれるなら、壊滅的な自然破壊をもたらす原発事故が起こっても——その極限として地球が失われるとしても、それも自然史過程といえるのか。二つの答え方がある。是とするなら（都度の倫理的判断は問われるとしても）人間の営為はいかなるものでも本質的に肯定されることになる。否とするなら人間に反自然性をその本性として認めなければならない。内に含まれるはずの人間が自然を内破するのだから。つまるところ、問われているのは人間存在の理解なのである。

人間と自然の二元論も、人間を自然の内に含む一元論も、ともに限界がありはしないか。とすれば、どう考えればよいのか。二元論でもなく、一元論でもなく、二元論でもあり、一元論でもあるような何かを考えなくてはならない。自然とは何かと考えることは人間とは何かと考えることと等しい。おおまかにこうしたことがシェリングの自然哲学研究の前提として考えていたことだった。

2－2　シェリングの自然哲学

Ｆ・Ｗ・Ｊ・シェリングは十八世紀末から十九世紀にかけて活躍したドイツ観念論を代表する哲学者である。同時代人として、チュービンゲンの神学校で親しく交わった五歳年上のヘルダーリンとヘーゲル、シェリングをイエナ大学に招聘した二十六歳年上のゲーテがいる。シェリングはカントやフィヒテの哲学に大きな関心を持ち、哲学的思索の道に進んでいった。カントの理性批判は理論理性の認識できる現象界と認識しえない物自体を分け、現象界に見出されない自由を実践理性に帰することで道徳を基礎づけた。フィヒテは理論理性も実践理性もともに自我であるはずであり、カントは両者の連関について明らかにしていないと、その根底に絶対的自我を据えて自我哲学を構築した。シェリングは自我哲学と並び自然哲学を打ち立て、さらに両者を根拠づける同一哲学へと進んだ。これにヘーゲルが続きいわゆるドイツ観念論と呼ばれるのだが、ここでは哲学史を紐解くことが目的ではないため、シェリングの議論をふまえた上で、先の問題意識にひきつけてみてみよう。

まずは二元論的な問題設定をしてみる。私がある木をみてブナだと認識する。そう知っている経験が認識を可能にする。ここで経験を取り除いてみると、そこには固有の表皮や葉を持った樹木が残る。そうした感受できるものを取り除いてみると、そこには広がりと形が残る。それすら取り除くと空間だけが残る。でもそれは取り除けない。認識の枠組みとして私の心の内に備わっているからだ。ところでなぜそんなものが備わっており、私の内にありながら外のものを認識できるのか。自然を前に認識を問うと、その根拠が問い重ねられ、自然と私の溝は深まっていく。こうした事態に対してシェリングは次のようにいっている。「自然は目に見える精神であり、精神は目に見えない自然であるはずだ。したがって、ここすなわちわれわれの内なる精神とわれわれの外なる自然との絶対的同一性において、いかにしてわれわれの外なる自然が可能かという問題は解決されなければならない」。つまりシェリングは、客体としての「目に見えるもの＝自然」、主体としての「目に見えないもの＝精神」という二項にねじれを加えるようにして、二元論を脱臼させるような議論をしているのである。

それゆえシェリングの自然哲学はまず「自然」を「自由」とみなすことから始まる。通常ならば人間には自由な精神があり、自然には必然的な過程があるなどとされるところ、「自由としての自然」を位置づける。そこからいえることは何か。自然には「目に見える自然」と、「目に見えない自然」がある、といってみよう。「目に見える自然」は、私たちが「自然」と口にするとき思い浮かべるような、山や川などの自然である。「目に見えない自然」は、山や川などの自然を今あるようにさせたところのもの、例えば樹木や昆虫を生長させる力自体である。シェリングは「目に見える自然」を「客体としての自然」、「目に見えない自然」を「主体としての自然」とする。「客体としての自然」を産み出すのが「主体としての自然」である。シェリングはそれを自然の根源的な産出性、無制約な活動性とした。制約がないとは自由であること。その無制約な活動性は、尽きることなく生成し、無限に枝分かれし、とめどなく自らに回帰するはたらきである。無意識的な過程といえる。このはたらきは根源的な二元性を有しており、無限展開しようとするがゆえに無限に妨げられる。ここにおいて無限な自然のはたらきが有限化され、形態化し、現象する、つまり経験しうる自然になる。逆にいえば、個々の自然物が経験されうるのは、無限に展開する衝動がそこに絶えず働いているからである。これをもってシェリングは、自然の所産をある流れとその抵抗の間に生じる渦に喩える。根源的自然所産としての渦。人間の知のはたらきも無意識的な産出性をもっている。自然をみて何かを直観するとか芸術的直観といった場合にそれはあらわれる。同時に意識的な産出性もあって、それは観念の世界を生み出す。

議論を戻そう。シェリングの自然を先の問題意識にひきつければ次のようになる。二元論的枠組みに生じる問題に対して、「客体」の内に「主体的な客体」と「客体的な客体」を置き、「主体」の内に「主体的な主体」と「客体的な主体」を置く。主体側にも客体側にも「無意識的な産出性」を与えることで、蝶番のように「主体的な客体」（主体としての自然）と「客体的な主体」（無意識的産出性をもつ精神）がクロスし、二元論の枠組みを脱臼させるのである。かといってそれは一元論に回収されるものではない。ここに、自然と人間をめぐる、二元論でも一元論でもなく、二元論でも一元論でもあるような道筋が生まれてくる。

そのように読みとくことで、「自然」を問うてゆく基本的な観点が得られたと考えた。それ以降も、やはりこの観点から「自然」と「自由」の問題系を追ってゆくことになるだろう。もうひとつの問題としては、それをどのように実践していくかということがあった。ここに関わってくるのが、学部生で研究した田辺元の「種の論理」である。

2−3　田辺元の「種の論理」

月山は比較的なだらかで登りやすい山のはずだが、たしかにごつごつした岩も多く、歩きにくいところもある。転びやすいのでここは焦らず歩みを進めてゆこう。明治生まれの田辺元は一九三〇年代に「種の論理」と呼ばれる社会哲学を公にしている。それ自体は当時日本の対外的な侵略政策と、それに呼応した民族主義的・国家主義的思想が勃興した時代状況に対して哲学されたものだが、ここでは立ち入らない。社会的実践という問題意識に照らしてその議論をみてみよう。それはいわば「社会における自然」の哲学といえる。通常ならば、社会集団を考える際に、これ以上分けられない社会存在として個人があり、それらが集まって家族となり、市民社会となり、国家となり、それらが集まって人類になるというように、特殊（個人）から普遍（人類）にいたる入れ子状にそれを考える。田辺はそうした考えをとらない。特殊である「個」と、普遍である「類」の中間に位置する「種」（種的基体）が、「個」にも「類」にも先だってあり、「種」に媒介されて「個」が生じ、さらに「個」に媒介されて「種」が「類」に導かれるとした。どういうことか。媒介とは関係性があることであり、条件づけられていることである。「種」に媒介されて「個」が生じるとは、私たちが住まうところの季節の移ろいや生活習慣、人間関係や経済活動や言語活動等々によって、私たちの感じ方や考え方、立ち振る舞いなどの諸々が影響を受けているといったことを指す。別の角度からいえば、「個」が「種」に制約されているといえる。制約されるゆえに「個」は「種」に否定的に対峙し、開放を求めて行動しうる。それが「個」の開放を求める行為によって、「種」が普遍へと転じられ（「種」が「個」に媒介され）、「類」が導かれるという事態となる。

重要点をまとめてみよう。社会を個人に還元できないものと位置づけ、社会の根元にあって個人を産み出しもすれば縛りもする目に見えないそれを「種」（種的基体）として、「個」と「類」との、媒介したり媒介されたりの相互的で動的な関係性のもとに社会存在を捉えるということ。そこから学んだのは次のことだった。私たちは社会を考えるとき、自分たちが自由で主体的な個人であり、それを前提に、個人は考え、判断し、行動するのだなどと思いがちである。実際は、自身はすでに何らかに条件づけられており、その条件づけるものが実は社会をつくっている。それを熟慮しなければ、どこかで事態を抽象化し捉えそこなってしまうだろう。「種的基体」のようなよくわからないものを捨象せずにそこからどう生を展開していくかということ、同時に社会の「目に見える自然」（量的な人の集まり）ではなく、「目に見えない自然」（人と人に横たわる質的なもの）――「社会における自然」――を考えることが重要だということ。

後の議論に関わる点がさらにふたつある。ひとつは田辺が先の「媒介」を徹底していくことによって、絶対者を立てない哲学をしたこと。絶対者とは、他に依存しないもの、何ものにも媒介されないものである。逆に媒介し尽くすことは絶対者を無効にする。これについては第三節で述べる。もうひとつには、「媒介」を徹底するからこそ「行為」を重視したこと。哲学的な論理は論理であるだけでは不十分で、行為や実践に媒介されることで生命を宿すのだと。「種」――「社会における自然」への眼差しと、哲学を実践で媒介する要請。「種の論理」を個の行為実践のあり方、その方法論として読み解いていたといえる。だから地域での仕事に入っていったのだった。実践の具体的な場としたのが、山伏の世界である。私自身山間部の育ちであるものの、より深く「種的基体」なるものに潜りこみ、そこから個による種への否定的媒介によって、類を垣間見ようとしたのだった。

2―4　山伏の世界

山頂がなかなか見えないのが月山という山なのだが、道に迷ってはいないので、安心して進もう。山伏に出会ったのは高校を卒業したころ、書物を通じてだった。大学時にゼミの夏合宿で羽黒山麓の宿坊にお世話になり、二泊三日の山伏修行に参加した。二十年近く前のことになる。

山伏とは霊山とされている山で修行する人びとのことで、行を修めた者は験力を得るとして修験者、験者などという。山形県のほぼ中央から日本海側に出羽三山がある。歴史を紐解けば三山は一意的でなく、「羽黒三山」や「奥の三山」とされた時代もあり、江戸時代が始まるまでは羽黒山、月山、葉山で三山、湯殿山は総奥の院とされた。これらの山が行場となり、山伏たちが定住し始めたのは少なくとも平安時代中期に遡るといわれる。そこから羽黒山を拠点に羽黒修験が形成された。明治期の廃仏毀釈・神仏分離を経て現在にいたっている。

羽黒の山伏たちは「秋の峰」と呼ばれる修行で、入山前に自分のお葬式をあげるという。自らを死者、山を他界であると同時に胎内とみなす。修行は死者となった山伏が新たな生を受け、胎児として生長しゆく過程であり、最後に山を駆け下りるのは、新生児として産声をあげ再生を意味するのだと。そのような修行を「秋の峰」という。

私たちが参加したゼミ合宿は三日間ではあったけれど、そのような世界の一端に触れることに身の引き締まる思いがした。一旦修行に入れば、あとは渦巻く濁流に身を投じるがごとく次々と修行は進み、瞬く間に三日間が過ぎていった。その体験はすぐに言葉になることはなかったが、心にひっかかりを残した。何だったのだろうと考えるうち足は三山に向かい、以後毎年修行に通うことになる。その経験は、腹の底に沈殿し、少しずつ発酵するようにして、今の自分の軸といえるものを形成していったと思う。意味あることだったのである。曖昧な表現だが、そうとしかいえない。機能や効果から捉えようとすると、とりこぼすものがたくさんある。本質的なものをつかもうとしても、おそらく結果は同じ。つかむような身振りでとらえられない何かがある。いつしか山伏は私となり、私は山伏になっていた。

峰入りとは修験道の最も重視する修行のことで、峰中とか入峰などともいわれる。秋の峰はそのひとつで、羽黒山荒澤寺正善院が毎年八月二十四日から九月一日のあいだに開き、私はそれに参加している。いわゆる登山と異なり、山伏の峰入りはある種の「ねじれ」を孕む。秋の峰においては、本来決して交わらない生と死、母胎と他界が、ねじれをおこしてひとつになる。自分の生前の過去や、死んでからの未来はどうしたって経験できない。しかし羽黒修験では、人が胎内に宿っているときと、誕生から死までと、他界した後とをそれぞれ海に喩え、修行の過程としてこれら三つの海を渡るのである。これを三関三渡という。

山駈ける修行者たちの身体は有限なものである。いつかは病に伏し、老い、死を迎える。それなのに、これら有限な存在が過去・現在・未来を渡るとは、一体どういうことだろうか。生老病死する私たちの有限性のうちにすでに限界を越えるものがあるとして初めて考えることができるだろう。つまり、この身このままの現在に、生まれる前の過去と、死んだ後の未来とが挿入され、重層的に折り畳まれているということ。有限性に無限性が孕まれているのである。論理的に考えれば矛盾である。けれどもこの山においては、峰入りにおいては、山伏においては、矛盾していない。それが三関三渡の意味するところではないか。

ちょうど氷山がその一角を海上に現して大部分を海に沈めているように、世界は生の営まれる陸上の部分と、生に先立つものや死がねじれ交差する海面下の部分で成り立っている。そればかりではない。秋の峰で行者たちは、十界行と呼ばれる修行を行ない、私たちの心の成り立ちにも、海面下の部分があることを知る。人の心は十の世界で構成されるとして、行者はそれぞれの世界において、地獄の苦しみに喘ぎ、餓鬼となって飢え、畜生となってその身を野生に委ね、修羅となって相争い、最後には仏にいたるという段階をふむ。心は、「人間としての私」だけでなく、異なる心が累乗された多様体として成り立っていることを経験する。山伏たちは地獄や餓鬼、動物からの眼差しや、仏の眼差しからなる、はるかなる視線を知るのである。

山伏たちは、生の陸地から他界＝胎内の大海に潜り、再び陸地へ出生する。それは、ひとつの生のうちに折り畳まれた他なる存在とのつながりを教える。それが山伏の生きる知恵だというなら、山伏はその知恵を、山から学んだのではなかったか。春の訪れとともに、豪雪の月山にあふれるほどの緑が芽を出し、動物が目覚め、ありあまる山菜が産まれるのを見て思う。山伏たちが海面下の世界から生の陸地へ再生するように、生きとし生けるものが圧雪の淵から立ち現れる。自然とは死と再生を繰り返す大きな循環に付けられた名なのだと思う。そして自分もまた、いつかその一部として大地に還る存在なのだと。大学で学び得た「自然」についての視座は、山伏修行を通じて自ら「自然」になる＝生成することに行き着いた。

2―5　山伏修行を捉え直す

山頂に近づいてきた。九合目には山小屋がある。よく息を整えたなら、一気に行こう。修士課程の一年目が終わるころ、ゼミの先生だった中沢新一さんが他大学へ異動することになった。シェリングの研究は東洋大学の哲学科に学んでいたため修士論文が出せないなどの影響はなかったが、山伏修行の場はそのままいけばなくなるかに見えた。当時いくつかのＮＧＯやＮＰＯの活動に参加し、不耕起農法や里山保全、ワークキャンプの現場に足を運んでいた。研究を続けていきたいと考えていたが、自分の抱える主題に対して実践的に関わりたいという気持ちがあった。先述した自然哲学や学部生で研究した社会哲学を実践の次元に置くとどうなるだろうか。構想したのが山伏修行を中心とした体験を実施してゆくことだった。体験の場とそれを運営する組織を設立する企画書をしたためた。どうしてそのようなことになったのか。

いわゆる環境保全活動は「目に見える自然」を対象としている。外的自然に働きかけることは、外的自然を人間化することだが、この働きかけは相互性を有しており、行為主体である人間は自然化される。「人間の自然化」の過程では何が起こっているかといえば、外的自然についての情報を得ていたり、外的自然に対する反応が変化したり、様々な作用があるだろうが、人間の無意識に働きかけ、人間存在をつくりかえるようなプロセスもまた起こっているのではないだろうか。だとすれば、「目に見えない自然」、つまり人間の内的自然を保全する、あるいは活性化するというような方向性があるはずだ。そう考えたとき、連想されたのが不耕起農法における稲の野生化だった。不耕起農法では、冬季湛水といって、冬の時期の田んぼに水をためる。これにより田の小さなみみずの活動が活発化して土の表面にいわゆるトロトロ層ができ、雑草が根を張れないようになる。同時に、まだ冷たい水のなかで稲を発芽させる。それにより稲の株の分蘖《ぶんけつ》がしっかりとしたものになり、深く根を伸ばす。稲を野生化させるようなものといわれていた。稲にとって必ずしも快適でない空間、稲を育てる目的に特化した環境ではなく、様々な影響関係がある状況、別言すればノイズを孕んだ条件設定に稲を置くことで、稲の生長可能性を発揮させるよう促す。ここで翻ってみると、山伏の修行は同じことをやっているのではないか。シェリングの渦のように、無限に妨げられるからこそ無限に展開していく衝動がある。それは「人間における自然」といえるものではないか。山伏修行の場をつくろうとした動機のひとつだった。

別の動機もあった。山伏の修行をイニシエーションとする見方がある。イニシエーションとは、アルカイックな諸社会において多様に展開した儀礼で、各々において非常に重要なものとされた。参加するもののあり方を根本から変えてしまう、実存条件の変革をもたらすからだという。ところで羽黒修験の秋の峰は擬死再生の行とされる。行中に身にまとう白装束は自らを死者とみなすものであるし、秋の峰で最初に執り行うのは自らの葬礼である。男女の受胎を表す儀礼の後、新たな生命を宿した修行者は山中で胎児として成長を遂げ、自ら（の煩悩）を焼き尽くす護摩供を経、再生を表す儀礼によって、新たな赤子となってこの世に生まれ変わる。山は他界であるとともに母胎とされる。一度母から生まれた自分を否定して（擬死）、山＝自然から生まれ直す（再生）。世界各地のイニシエーション儀礼のなかで、日本列島に展開されたもののひとつが、羽黒修験の秋の峰ということができる。

先の企画書に記したような二泊三日の修行で実存条件が変わることはもちろんない。しかしイニシエーション儀礼のようなものがほとんど姿を消した今日、山伏修行を体験する場を開き、それに関わることは、意味があると考えた。同時にそれは、筆者自身の二十代において、現代に成人になるとはどういうことか、考えを深めるものでもあった。何を成人というのかよくわからない今日において、成人とは何か、自立とは何か、個とは何か。イニシエーション儀礼は、それに加入するものを、それまでの状況から分離させ、過渡期を過ごさせ、再統合する過程を経る。羽黒修験は、その過渡期に、山に籠る。そして山から再生を果たす。それは、成人の成立条件に山＝自然をはさむことである。この列島における「個」の確立を考えたとき、それは重要に思えた。

さらにいえば、「自然」への理解を深めたかった。「自然」は人間のための素材となり、道具となり、環境となる対象ではない。人間に従属するものでも、操作できるものでもない。質料性を備え、具体性を有し、人と摩擦を起こし、対立もし、圧倒もする存在である。「自然」のなかに、各行為者が各々の活動をしており、人間もまたそのなかのひとつである。それらの複雑で錯綜する関係性において、人間は存在しているのではないか。とすれば「自然」を別様に捉えなければならない。山伏修行は、操作対象としての自然でない、「主体としての自然」を内側から見ること——それになることを促すように思われた。「人間における自然」を考えていたのである。抽象化しえない複雑で錯綜する全体性に対し、その部分を抽出して記号化することで、分かったことにしたくなかった。理解というもの自体、多くはそのようでしかないのかもしれないが、それでは理解できないものがあり、そうではない理解の仕方もまたある。その全体性を感知し表現してゆくことは大切に思えた。

そうしてしたためた企画書には、山伏修行を捉え返し、「人間における自然」を展開させることや、その場をつくること、それを社会事業として行なう構想と、「日知舎」の名前を書きつけていた。ヒジリとは、この列島に古代律令国家が成立したころ、公的宗教としての仏教に距離をとり、私的な仏教を担った人びとのことである。最も民衆に近い宗教者でありかつ実践者。山にいったものは山伏となり、都市に向かったのが遊行者となった。平安中期以降は寺院や仏像の建立、道路や橋、灌漑やため池をつくる社会事業を菩薩行として行なうものたちの総称となった。ヒジリが現代に生きていたらどのようなことをするだろうか。

修士課程の終わる冬に羽黒山麓の宿坊のひとつを訪ねた。修行体験合宿でお世話になったその宿坊は大聖坊といい、坊主の星野文紘さんは、企画書を読み、微笑みながらやりたいことはやるのがいい。でもまず就職口を見つけ、働きながら少しずつそれをやっていくのがいいだろうと仰った。社会人として地域での仕事の経験を積みながら、山伏の修行の場を開いていこう。ボランティアで事務局を運営し、ゼミ生だけでなく一般参加を募り、二泊三日の山伏修行の体験合宿をはじめた。

2―6　社会人になる

山形でこうしたことがやりたいという拙い企画書を手に取り、受け入れてくれたのはＰＴＰという会社だった。ひと言でいえば地域おこしに関わっていたが、それに収まりきらない多様な事業を、極めて少人数で行なっていた。東京都と福井県の二拠点を往復しながら、様々な事業に携わり、一連の事務局業務も行なった。辞書片手に独語の哲学書とにらめっこしていた人間にとっては未知の世界。地域の人間関係のあわいなどわかるはずもなく、ただＰＴＰの福嶋輝彦さんと吉村恵理子さんについていった。二人の立ち振る舞いは、地域の「社会における自然」を探り、応答しているように感じられた。グローバリゼーションの進行する世界情勢を踏まえながら、一地域で実践的に何かをつくりだし、動かしていく彼らの傍で仕事を覚えられたことは貴重な経験だった。

そのなかで羽黒地域に通い、星野さんにお世話になって、地元の方々と交流を重ねた。二年目の冬、羽黒町観光協会の臨時職員が募集される旨を聞いた。本来は福井県に三年間いる予定だったため、どうしようかと思ったが、現地に行きたい気持ちが勝った。書類を提出し、面接試験を行ない、二〇〇九年に移住することになった。

観光協会の業務はデスクワークから山のガイドまでで、パブリシティやウェブサイト、ツアー制作などに携わった。観光協会の方々には大変お世話になったが、正直に振りかえれば、もどかしく思い悩む日々だった。異なる土地。前職とのギャップ。民間と行政との組織の相違。もちろん思い通りになどいかない。焦っていたのだと思う。しかし機は訪れるはず。それまでと辛抱強く地道な歩みを進めていった。

初めての冬が、途方もない雪とともにやってきた。掻いても、下ろしても、容赦なく、とめどなく降り続ける雪だった。人の力ではどうにもならない。除雪を怠れば家が潰れる。汗だくになる。やりたくない。やるしかない。冬の夜空にスコップを突き刺せば白い息が夜空に漏れた。そんな雪もやがて溶けゆき、春が訪れる。その清々しさは、過酷な日々を忘れてさせてしまうほど。緑ほころぶ春にも、日射し照りつける夏にも、紅鮮やかな秋にも、怪物のような雪は底流している。蒸発して偏在している。山野河海のあらゆる存在に、惜しみなく与える源となる。「あの雪があればこその春なんだや」

わかることばかりでない。同じ土地で四季を重ねることの深さがある。ひとつの言葉に、ひとつの葉に、ひとつの息遣いに、感知できる世界が広がる。異なるものが今ここを囲み、一歩踏み出すための時間というものがある。「地域活性化」以前を感知するようになっていった。

2―7　地域をおこす

機が訪れたのは二年目の秋のこと。上司から声がかかった。鶴岡市が国際交流基金へ提出する申請書の中身を書くようにということだった。羽黒町は二〇〇五年に鶴岡市に合併しており、鶴岡市はユネスコの創造都市ネットワークの食文化分野に認定を受けたいと考えていた。羽黒の山伏文化と精進料理をもとにした国際交流事業を実施することでその足がかりをつけようとしたのだろう。速攻で書きあげたそれは、出したのも忘れたころ採択の通知が来た。よし、時は巡ってきた。

そこからやるべきことは目に見え、準備を進めるなかで、周到に進めていけば成功するだろうと見込んだ。食材が生れる環境や生産者に関心が注がれはじめた時期だった。私たちの土地の食にはさらにその背景に精神文化としての山が控えている。行ってよかったで終わることなく、その成果をどのように地域に還元していくかを考えた。行き先はフランスとハンガリーに決まった。目の前の準備を淡々と進めていった。

事業は開催日程が変更され、食材は現地で調達するほか、乾燥させたぜんまいなどで賄うこととした。果たして事業は成功裡に終わった。帰国後報告会を開催し、成果を共有し今後に生かしていくための作戦会議を呼びかけた。みながスマートフォンを持っているような時代ではなかったため、状況がどう進んでいるかを一枚一枚タイプして打ち出し、新聞のように配布して歩き、話を交わし、事を進めていった。出羽三山精進料理プロジェクトという組織を立ち上げ、旅館の若旦那が代表、副代表に宿坊の若旦那・若女将が就任し、活動がスタート。羽黒山麓の宿坊街に代々伝わる精進料理といっても、羽黒地域の人びとでさえなじみがない。そもそも宿坊は出羽三山参りの道者が利用する施設であり、一般人が精進料理を食べられると思われていなかった。そこでまず羽黒地域の人びとにお披露目をし、次に鶴岡市を含む庄内地方の人びとに、精進料理の食事会とその背景にある文化を伝える会を催した。ついで山形県を対象に、さらに東京で、と活動の場を広げるとともに、高野山を始め西の精進料理の研修旅行にも足を運んだ。若女将は二日家をあけることが難しいという状況で、マイクロバスに乗り込んで一路東京や高野山を目指した。イベントが成功した夜の慰労会はそれは賑やかなものになった。

宿坊街は羽黒山麓に三十二軒（当時）が軒を連ね、門前町の様相を呈している。主である山伏たちはいわば一国一城の主。多くの宿坊は長男が跡を継ぐことから、女将さんは他地域からこの門前町に来ることが多く、女将さん同士は家が数メートルしか離れていなくても、お勝手同士は遠く離れていたといえる。精進料理プロジェクトは女将さん同士の横のつながりを促進するものとなった。世代を跨いだ交流も始まった。普通ならよその人を自分の台所にあがらせるなんてありえないなか、忘れられた精進料理の品をベテランの女将が若女将たちに伝える料理教室を開催する。そんなことが起こり始めた。そこまでやるのかと苦笑いされながら付き合ってもらったのは藍染の幟旗の自主制作で、宿坊街に吹き始めた潑剌とした風にはためいた。「社会における自然」は、これと手に取って示せるものではないが、たしかに感じとられていた。

「地域おこし」はむずかしい。メディアで取り上げられることは多い。しかし一時の高揚感のあと長続きしているものは本当に少ないのではないか。立ち上げた出羽三山精進料理プロジェクトは、代表が先頭に立って運営し、観光協会が事務局を担い、その後も継続して着実な取り組みが続いている。私は観光協会の任期終了後一年延長し、二〇一三年に退職した。その後一年間同プロジェクトの事務局を伴走しながら業務を引き継いでいった。代表と観光協会の担当者に任せ、自分は身を引くこととした。前年から事業を始めていた日知舎に本格的に取り組むこととなった。

思いのほか月山に時間を要したが、ようやく山頂に辿りつきお参りすることができた。山頂には小屋もあるし一休み。湯殿山への道は最初にガレ場の下り坂があるから気をつけていこう。ここでひとまず振りかえるなら、自然哲学を研究していたころは、「自然」を介して「自己」と「世界」とを位置づけていたのだと思う。しかしそこには「自己」と「世界」しかない。実践的な活動に踏み込んでいったのは、いわば「隣の他者たち」を必要としたからだろう。とりもなおさずそれは心の歩みにも影響を与えていると思う。

3－1　ターニング・ポイント

東日本大震災と東京電力福島第一原子力発電所事故が起こったのは国際交流事業の準備のさなかだった。羽黒は、宿坊の檀家制を通じて、福島を中心に太平洋沿岸地域と関わりが深い。その地の講の人びとにとっては、親戚よりも宿坊との関係が深いとも聞く。したがって原発を逃れた人びとが宿坊を頼ること多く、公民館でも受け入れが始まり、避難物資の集積も始まった。福島で講を組んでいる人びとのなかには農家も多かったが、その心中は想像を絶するものだった。羽黒に置き換えてみれば、山で食材を採集し、宿坊や旅館などに届け、宿坊や旅館でそれらを調理し、訪れた人に提供する、もてなす、という長い間続けられてきた日々の営みが、原子力発電所が爆発し、放射性物質が飛散し、大地に降り注ぐことで、一瞬にして破壊される。蓄積されてきた人と大地の関わりは根こぎされ、長きにわたり無効化されてしまうのと同じ。形容し得ぬ暴力というしかない。その傷跡は癒えることなく今も目の前にある。福島のある農家の方は、庄内の土地で農業を営んだ。風が違う。水が違う。日の移りが違う。それまでの技術が役に立たない。もちろん一度は新しい土地で再開するのだと懸命に試行錯誤をした。でもやはり、あの土地で農業がしたい。庄内に住みながら、福島の家を再建し、避難区域が解除された翌春に地元に戻り、除染された地域で農業を始めた。他方、なお鶴岡市に住まいする方もいる。あらたに住まいを借り、職をみつけて。原発事故はまだ終わっていない。この土地の暮らしはまだあの日と地続きである。そうした状況にいることで、「日本社会」という言葉を使わなくなった。同じ「社会」を有しているとか、営んでいるなどと、到底思えなかったからである。

原発事故で問われたことは何だっただろうか。問いを回避して持続させられたものは何か。

原発は爆発したが、資本の運動はなお持続している。それを駆動させる装置はいたるところにある。当時「東北」や「絆」などと書かれたシールが、この土地でも、被災地でも貼られていた。各々は善意だったろうし、連帯を証明したかったことだろう。だがそれは福島へ帰郷したり鶴岡に残った彼や彼女の境遇を慮るより、むしろ封印したのではなかったか。あの一枚一枚をひとつにまとめたなら、その塊は「日本国民」とか「日本社会」とか呼ばれるだろう。それが土地の営みを根こぎしたのではないか。そのような「社会」に生を踏みにじられるのはたくさんだと思った。

分岐点に差し掛かっていた。かつての薪炭林の果てに広がる月山の深い森を歩いた。何百もの年を重ねたブナやミズナラの原生林。朽ちゆくものはみなきのこを出している。ここに深々と流れる時間ははるかなもの、おおきなものがある。私は「社会」ではなく、具体的な自然の営みにおいてある。鶴岡市田麦俣に住まいするかんじき職人の遠藤康明さんはこういっていた。

「この大地は、いつになってもなくなんないわけ。残っていくわけ。やっぱり、人間は、大地がねえと生きていけねえさけや」

足下が大きく揺らいだあの日から降り立つ場所が「大地」だとしたら、そのときどのような一歩を踏み出せるだろうか。どのような気配りで踏み出されるだろうか。

原子力発電のことを考えてみよう。それは原子核を分裂させて高エネルギーを生み出す。ところで核エネルギーはそもそも地球上の生態圏にはなく、その外部であるところの太陽圏にあるエネルギーである。それは私たちが住まう生態圏の何ものも媒介していない。その一方で、このエネルギーは放射性廃棄物を発生させる。これを処理する技術を人間は有していない。地層処分されることになっているだけである。生態圏の外部にある核エネルギーを生態圏の内部に持ち込んだのが原子力技術であり、その存在論的な矛盾は、生態圏において決定的なリスクをもたらす。

核エネルギーは限りなく無媒介なエネルギーなのである。第二節で引いた田辺元の「種の論理」を思い起こしたい。生態圏において核エネルギーはまさに無媒介なもの、すなわち絶対者といえる。処理ばかりでなく、扱うこともできない。今も癒えない傷跡を残す、形容できない暴力を発現させるもの。そんなものはいらない。そこから歩き出すなら、無媒介者にどのように対峙しうるのか。媒介し尽くすことによって、それを実践すること。媒介される場をつくること。媒介されたものをつくること。論理は行為に媒介されてこそ生命を宿す。だから山から採集し、台所へ届け、食す。山に分け入り、一歩一歩のあゆみごとに世界をつくりだしていくのである。そのあゆみは放射線量の測定と併走して。

ヒトの始まりから、世界中で繰り返されてきた料理という営みに、変わることなく続くものがあるとしたら、それは料理がいくつもの異なる領域にある様々なものを媒介することにあるだろう。山伏修行は「山＝自然」に人が媒介される場であるし、採集は媒介行為そのものであり、後述するおえ草履などの手仕事は媒介されたものである。「山＝自然」に人間も含めた様々なものたちが媒介され、それらがさらに「山＝自然」を媒介する、そこに数多の転換が生起している。

そのような世界の媒介の知恵、技術、感受性などを継承し、あらたに展開していく取り組みを土地の人びとと始めた。仲間、友人、知人たちと集い、勉強会や研究会を開き、表現することを続けたのである。

3－2　分解者の方へ

日知舎では山菜やきのこを採集して流通させている。採集するのは月山で、多くはミズナラやブナに生える。こうしたきのこは木材腐朽菌と呼ばれ、年老いた樹木の中に入ってその木を腐らせて行く菌類。分解者といわれるゆえんである。ライフサイクルの長い期間、目に見えない微小な存在だが、いっとき目に見えるかたちとなって地上に現われる。子実体といわれるそれがきのこである。人間がタイミングよくそれに出会えば山の幸となるが、出会わなければ胞子を散らして土に還っていく。重要なのはこの目に見えない菌類が森林を成り立たせていることだ。森を構成する樹木は様々な要因で倒れたり朽ちることによって、その占めていた領域に不在をつくる。不在となったギャップに日が射し、実生が樹木へと生長していく。そのような樹木がいくつもあって森が森として更新されていく。再生産されていく。分解者がいなければ成立しえないことである。植物だけでなく、動物さえも、分解するものたちがあって初めて次の生命が生まれうる。別の存在にその占めていた場を明け渡すことによって初めて新しい存在は場を占めることができる。分解過程は再生過程でもある。

森を指して人はよく循環というが、とても人間的な言葉だと思う。森の中では循環と呼べる事態は起こっていない。ただ生まれては枯れ、腐って土に還る、都度の生成変化があるだけである。円を描いているように見えるのは、その人が一点に止まっているからだ。でなければ循環という見え方はしないし、その言葉も出てこない。定住する人間ならではの見方といえるだろう。森ははるかに精妙複雑になりたっている。

生態系の分解者である菌類を人間界にもとめれば、日知や山伏になるだろう。山という、他界であると同時に胎内でもあるもの、死と再生の場であると同時に過程でもあるものに深く浸り、眼に見えない海底から眼に見える地上へといたるその身ぶりはまるで菌類のようにみえる。朽ちてゆく倒木と失われつつある文化は似ている。後者に分解者がいれば、再生の過程がはじまるのではないか。そのように考えた二〇一二年から、日知舎は分解者として様々な事業を行なってきた。そのひとつが手仕事である。

3―3　生を編み上げる

「話聞きてってか」

受話器の向こうにハリのある声を聞いたのが志げさんとの出会いの始まりだった。志げさんは、鶴岡市大網という、庄内から月山の裾を回り湯殿山に入る手前の山間の集落で、「おえ」という植物を用い、見事な草履を編んでいらっしゃった。

志げさんが生まれたのは大網の七五三掛《しめかけ》で、出羽三山参詣路・六十里越街道にある月山・湯殿山への登山口のひとつ。集落は山肌に開かれており、即身仏で知られる注連寺からの緩やかな下り坂に家々と田畑と道が広がっていた。斜面は南向きで溢れんばかりの日射しが降り注ぐ。軒先からはるか月山を望み、霊峰の残雪が「種まき爺さん」のかたちになれば田植えが始まる、そんな土地に育った。しかし二〇〇九年、七五三掛は大きな地滑りで家々が沈下、志げさんも引越しを余儀なくされた。今は大網の別集落に住むが、家の一角の小さな「工房」で編み続けている。つくることのもつ意味が、災害を通して響いてくる。

集落を背に注連寺と本明寺を結ぶ十王峠という道を行くと、途中に大きな池がある。川がない地域ゆえ、志げさんの子ども時分はこの池で遊んだらしい。「おえ」は、こうした谷地や湿地に生え、背丈一・五メートルほどに生長する。草履ばかりでなく籠など日用品の素材となってきた。

志げさんは草履づくりを自分の「生きがい」だという。「覚えてる人がいるさけ」。自分が草履を編んでいることを覚えている人がいるからつくっていると。草履は、そうして待っている方々にあげたり、鶴岡市街地の荒物屋に卸していた。ご近所の利用者の草履の磨り減り具合から編み方を変えたり、縁や鼻緒を丈夫にしようと稲などの別素材を混ぜたり、創意工夫を繰り返されていた。ご本人は「いたずらしてんなや、自分の好きなものをや」と仰っていた。

頭に帽子や手ぬぐいをかぶられていることが多いが、あるとき「汗かき観音」と書かれた手ぬぐいを頭に巻いていた。狙っているわけでないだろうし、誰かの贈り物かと考えがめぐり、言葉にならなかった。今思うと本当に観音菩薩に会ったのかもしれないと思う。

二〇一二年時点でおえ草履を編む人は志げさんを含め二人いらっしゃったが、数年のうちに志げさんお一人となった。この素材で草履を編むこと自体、おそらく全国でも稀だと思うが、志げさんが編めなくなってしまったら、その手仕事は文字通り地上から姿を消してしまう。志げさんにおえの刈り取りに同行させてもらい、天日の干し方、素材の扱い方を理解し、編み方を飲みこんだ。山菜と同じ考えで商品化する方向を模索した。あたらしく商品として位置づけるために試行錯誤を繰り返し、鼻緒に東北ゆかりの素材である会津木綿を使い、庄内刺し子を施した。流通させることによって、土地固有の手仕事をつくる機会が生まれ、つくるという行為そのものが生まれるのだと。そこには素材となる植物が生育する環境や、素材を扱う上での天候や時間との関わりなど、媒介の知恵や技術が孕まれている。採集する沼地には、アカハライモリ、モリアオガエル、ツチガエル、アオイトトンボ、キイトトンボ、オオルリボシヤンマ、アキアカネなどの様々な生きものと、その捕食者や、そのまた捕食者たちが生息している。そこに自分も入り込み、日の移りや湿度の変化、地滑りの記憶や志げさんの存在、ここで編まれてきた気の遠くなる時間などの様々なものが絡まり、もつれあうひとつの流れのなかで、モノがつくりだされている。無限に産出する自然のはたらきが、質料性を帯び、形態化し、重力に妨げられて、おえ草履に編まれる。そのまるごとを繰り返してゆく。森のように、都度生成変化するように。分解者のようなものづくりが、媒介されたものをつくることが、今自分のすべきことであり、種を類へと開く個的実践なのではないか。そのような思いで二〇一四年に販売を始めたおえ草履は、幸いにして知人に求められることから始まり、海外からも注文をいただくようにもなった。山間の沼地に生息するモノたちの世界と商品の流通する世界は同じ平面上にある。私がしていることは、おえが生長し、枯れて土になる時間をいくらか遅らせているにすぎないが、草履としてのあらたな時間をつくりだすことは人間の経済的な営みにおいて収入を生みだすこととなる。志げさんの手仕事から受け継いだものを、これからに向けて編み直しているのである。

おわりに

気がつけば湯殿山にもお参りしていたようだ。無事に三山を登拝することができた。大儀、大儀。さて出羽三山に倣い現在・過去・未来と書き進めてきた。どんな道だっただろうか。まずは「自然」についての素朴な違和感を抱き、社会哲学や自然哲学の研究を通じて考えを深めた。山伏修行を重ね、「自然」になっていくという過程を経た。それは同時に社会的実践に向かい、地域おこしに取り組んだ時期でもあった。そのときも「自然」への問いは「人間における自然」や「社会における自然」といったかたちでつねに考えられており、行為から捉え返してその具現化が試みられていた。その後大きな社会でなく、小さな各々から生を織り上げてきた。モノをつくるようになった。モノは別の誰かに渡しうる、交通の次元でもある。そのようにいえるだろうか。冒頭でも触れたが、このような文章が、心の問題を抱える方々にとって何になるかは全く心許ない。ただ山と山が峰続きになっているように、離れていてもそこに道は通いうる。何か通じるものがあったらと思う。

ところでお気づきのようにこの文章は未来について書かれていない。道中、はて山伏に未来というものはあるかと立ちどまった。よく考えてみると、山伏にあるのは現在だけなのではないか。森がただ生成変化しているように、過去も未来も折り畳まれた現在だけがある。そこで筆を置くことにした。今していることは十年前から変化しながら続けていることであり、これからもそうしていくだろう。かといって固執しているわけでもなく、異なる土地で別の何かを始めることもありうるだろう。

各地には、私からみると分解者のような人びとがいる。土壌微生物のはたらきに似て音こそ立てないが、分解＝再生過程を進めているようにみえる。微生物的文化実践とでもいえるだろうか。各々の持ち場で各自の実践をしている。知らないだけで無数のそれがあるのだろう。離散しながら、ときに連絡しあい、ときに共鳴し、瞬くこともある。星座のように見えてくる。地中の星座が、暗闇を進む手がかりである。それに照らされる森を見てみたいと思う。

参考文献

芳賀竹志『月山　山菜の記』崙書房、二〇一二年
赤羽正春『採集　ブナ林の恵み』法政大学出版局、二〇〇一年
カルロ・ギンズブルグ（竹山博英訳）『神話・寓意・徴候』せりか書房、一九八八年
髙山守・松山壽一編『シェリング著作集第1b巻　自然哲学』燈影舎、二〇〇九年
田辺元（藤田正勝編）『種の論理』岩波文庫、二〇一〇年
島津弘海・北村皆雄編著『千年の修験　羽黒山伏の世界』新宿書房、二〇〇五年
『来たるべき蜂起』翻訳委員会+ティクーン著『反-装置論　新しいラッダイト的直観の到来』以文社、二〇一二年
中沢新一『日本の大転換』集英社新書、二〇一一年

コラム　収穫祭

鹿野友章

本書でたびたび紹介されているように、私たちは農耕のフィールドワークでお世話になった岩田さんのお宅を訪ね、収穫祭に参加しました。そこに集まった人たちと共に、おもちをつき、ときに歌い踊り、自然の恵みをいただいたのです。このような収穫祭については、さまざまな文献があります。

民俗学者の折口信夫は「大嘗祭の本義」の中で、「まつり」という言葉の語源について検討し、「まつり」とは本来、神の命令どおりに行ったことを神に報告する、という意味であったと述べています。収穫祭とは、神に指示されて行った農耕の産物を神にお見せし、豊作を報告することのようです。それを大々的に行うのが、天皇家が行う新嘗祭であると折口は言います。新嘗祭とは、天皇がその年に収穫された新穀などを神に供えて感謝を示し、そのお供え物を天皇みずからも食す儀式のことです。折口の論考によって、日本古来の儀式の意味を理解することができ、収穫祭が、人と人や、人と自然だけでなく、人と神をもつなぐ祭典であることがわかります。

収穫祭は、宗教と関連するものでもあります。宗教学者のエリアーデは『大地・農耕・女性』の中で、収穫に先立ってその年に最初に生まれた子羊を犠牲にし、その血を大地に注ぎ、その肉を共同で食べ、その肉の一部を大地の精霊にも捧げるなどの儀礼の例を挙げながら、死者と田畑の豊穣の関係について考察しています。死から植物の生命が再生し、それが人間社会をも再生させることを、さまざまな伝統的風習を紹介しながら考察していて、現代の私たちが忘れかけている農耕儀礼の力強さや神聖さを見直すきっかけとなります。

さて、世界の収穫祭といえば、ビールの醸造シーズンの幕開けを祝うドイツのオクトーバーフェスト、そしてハロウィンが挙げられるでしょう。芸術文明史家の鶴岡真弓は『ケルト　再生の思想』の中で、ハロウィンの起源がケルト伝統の季節祭である「サウィン」にあると述べています。サウィンの祭りの夜に、祖先の霊や親しかった死者を家に招き入れ、もてなし、静かに供養するのです。「トリック・オア・トリート」で有名なお菓子は、その年に収穫された貴重な小麦を、祖先や死者たちのために焼いたものなのです。私たちはハロウィンやもちつきを通して、亡くなった懐かしい人たちともつながり、不思議なことにその死者たちから生きる力を与えられるのです。

このような事実を知ることで、収穫祭のもつ多層性が感じられ、今年の収穫祭がさらに楽しみになってはこないでしょうか。

折口信夫『折口信夫全集3　古代研究（民俗学篇2）』中公文庫、一九九五年

本コラムで紹介した「大嘗祭の本義」が収録されている。

折口信夫（森田勇造現代語訳）『大嘗祭の本義　民俗学からみた大嘗祭』三和書籍、二〇一九年

「大嘗祭の本義」の現代語訳。原書を読みながら、言葉の難解な箇所を参照することができる。

柳田国男『日本の祭』角川ソフィア文庫、二〇一三年

日本の代表的民俗学者である柳田国男が、祭りについて講義形式で語る名著。

小倉学『祭りと民俗』岩崎美術社、一九八四年

能登半島の豊かな祭祀を具体的に紹介しながら、祭りの民俗学的考察をしている。
岡田莊司編『事典　古代の祭祀と年中行事』吉川弘文館、二〇一九年
祭りの起源や歴史についての総論の後に、新嘗祭をはじめとする日本の伝統的な祭りの詳細がまとめられている。
新井恒易『日本の祭りと芸能』ぎょうせい、一九九〇年
祭りから、田遊びなどの芸能がどのように生まれてきたのかを考察している。
M・エリアーデ（堀一郎訳）『大地・農耕・女性　比較宗教類型論』未來社、一九六八年
母なる大地と農耕との関係について宗教学的立場から考察したエリアーデの代表的古典。
鶴岡真弓『ケルト　再生の思想　ハロウィンからの生命循環』ちくま新書、二〇一七年
ハロウィンの起源を読み解く。ケルトの豊かで美しい文化や祭りが詳細に紹介されている。
植田重雄『ヨーロッパの神と祭　光と闇の習俗』早稲田大学出版部、一九九五年
聖マルチン祭とヴォータンの関係など、ヨーロッパの主要な祭りと信仰との関係について述べている。
河合隼雄（河合俊雄編）『神話と日本人の心』岩波現代文庫、二〇一六年
アマテラスやスサノオをはじめとした日本神話についての考察の中で、農作物の起源などを紹介している。
C・G・ユング（S・ギーザー編、河合俊雄監修、猪股剛他訳）『C・G・ユングの夢セミナー　パウリの夢』創元社、二〇二一年
カーニバルや農耕祭についての心理学的考察がなされている。性、死、豊穣の結びつく理由がわかる。

第四章

心理面接の中にあらわれる自然

自然と心の繋がり、偶然性と自然の力

村田知久

1　はじまり

海や山、木々や森、草原や星空などが広がり、太陽や雨や風が差し込み、動物や虫など、さまざまな生物が息づいている。自然とは、生命のありのままの姿であり、生にも死にも溢れ、日々、命が動いている。そして自然には、大抵、人間は含まれてはいない。

人間は自然と距離があるからなのか、私たちは自然に触れると、心を強く、深く、揺さぶられる。そして心が動き、癒されることや、生きた実感に満たされることや、死ぬような恐怖を感じること、獰猛さや野蛮さから距離を置きたくなることなど、体験はさまざまである。ただいずれも自然の力の大きさを痛感させられる。

一方、私が仕事をしている心理面接でも、心が揺れ動く。相談に来られる方々は、悩みや症状をどうにかしたくて来談しているので、何とか心を動かそうとしている。しかし悩みや症状が複雑になればなるほど、心は緊張し、固く閉ざされ、相談に来られた方自身も自分の心に触れることが難しくなっている。ましてや新しい自分の心へと変化していく道は簡単にはいかない。相談に来られた方とセラピストは、共に揺れながら、時間をかけて螺旋階段のような過程を巡りつつ、共に心を動かし悩み、歩んでいくことが多い。それは自分の中にある、心の奥深くにある自然に触れて、揺り動かされることが、新しい自分への扉を開くことになると思えるからである。

その触れることの難しい心の奥深くの自然を探求する一つの試みとして、二〇一七年、自然の中でフィールドワークをする話が持ちあがり、心理師たち数名で修験道の修行を体験してみようということになった。自然や山を修業の場とする修験道では、自然の中で生まれ変わる、死と再生の儀式が毎年行われているという。確かに心理面接でも、悩んでいた方の心が再生へと向かっていく過程を歩むことがある。この生まれ変わりの過程を、出羽三山の修験道体験を通して捉えなおすことが、心理面接にも生かせるのではないか、という試みである。私は、この話を聞いた時、すぐに修験道体験の参加を決めた。

というのも、私はこの頃、仕事場が子どもとの心理面接から、閉鎖病棟のある精神科病院での大人との心理面接へと変わっていった時期だったからだ。それは私にとって新たな挑戦でもあり、また病棟の方々とお会いしていく中で、自分の臨床家としての在り方を確認したい思いにかられていた。さらに子どもと違い、大人とお会いしていると、実際に逝去される方が出てきてしまうことも関係していたと思う。加えて私が海に行くことを大切にしていたり、夜に見る夢に虫や動物がよく出てくるなど、自然への興味が強いこともどこか繋がっていたと思う。

さまざまな理由が重なりながら、私は自然の中でフィールドワークを始め、この修験道体験だけに留まらず、その後四年間の中で、羽黒修験の秋の峰、高尾山の滝行、比叡山の回峰行体験、月山のキノコ狩りや屠殺体験と、さまざまな角度から自然との関わりを深めていった。

そしてフィールドワークと心理の仕事を繰り返す中で、以前にも増して、自然と心との間で、何とも言い難い不思議な繋がりを、強く感じるようになっていった。

本当に時折だが、心理面接室に自然が入り込んでくる。面接室は密室なので、普通は自然が入るはずはない。しかし偶然であれ、面接の中に自然が入り込むと、実に不思議で面白いことが起きてくる。普段はなかなか動かない心や、症状や問題の中心を、自然はそっと揺り動かし、いとも簡単に本質に触れていく。その時、面接室内では、狐につままれたようにポカンとした時間が一瞬流れていく。何とも言えない不思議な面白さと同時に、何かくだらない余計な力が抜け、別の力に満たされてくる。それは一瞬のちょっとした出来事や場面だが、心理面接の全体の流れや方向性にとって非常に有意義で治療的なことが起きている。

これは一体、何が起きているのだろうか、自然の力なのだろうか、癒しなのだろうか、と驚かされる。

そして、もし面接室が、自然との距離を近づける通路や空間になることが出来たら、もし面接室が自然の一部になることが出来たら、きっと相談に来られた方々の心は動き、癒され、生や死の実感に包まれ、ありのままの姿に近づくのではないのだろうか、と考えてしまう。

　ここで、これまでのフィールドワーク中での自然との関わりや、数人ではあるが面接室に自然が入り込んだ場面を振り返る中で、自然と心の繋がり、偶然性と自然の多面さ、余計な力が抜けて別の力に満たされることなどを捉えなおしてみたいと思う。それは、現代における心とのつき合い方や、自然とのつき合い方、人間と自然との共存のヒントにも繋がっていくようにも思う。

2　フィールドワーク

修験道と出羽三山

　修験道とは、平安時代に体系化され、草木や国土や全てのものを神仏とする信仰である。山の中に入り、山や自然を崇拝し、それらに近づくことや一体化することを修行としている。元々は縄文時代に発生した、自然信仰や山岳信仰が始まりである。確かに昔々の人々が、天にも近い、巨大で広大な山々を見て、畏敬の念を抱いたのも納得してしまう。自然への感謝や敬意は、共同体で受け継がれた、人々の素朴な思いと言えるのではないか。それは原始的とも言えるが、人間と自然との暮らしの中で生まれた、人々のありのままの心の動きでもあるのだろう。

　その流れを修験は汲んでいる。中でも羽黒修験は、五九三年に蜂子皇子が開祖した羽黒山、月山、湯殿山の出羽三山を行場としている。三山には各々の意味があり、現在、過去、未来という三世を体現し、自然に出来た曼荼羅になっている。そして、この三山の位置づけは、各々の風貌とも見事に合致している。羽黒山は低山であり、建造物と自然とが共存し、この世らしく、歩きやすい。一方で月山は一九八四メートルと三山の中では一番高く、傾斜や岩場もきつい。霧も発生しやすく、視界が遮られる中で出会うお花畑や岩場は、天国にも地獄にも見えてくる。湯殿山は、湯が沸き出て流れていく巨大な岩が特徴的である。茶褐色の岩肌からは、温かい湯がとめどもなく流れ、常に濡れている。その様は、どこか出産をも想起させる。どの山も味わい深いが、不思議なもので足袋には石畳の羽黒山より、月山がしっくりとくる。

十界修行

これら三山を行場として、十界修行を執り行う。十界とは、地獄界、餓鬼界、畜生界、修羅界、人間界、天上界、声聞界、縁覚界、菩薩界、仏界である。まず修行をする行者は、白装束を装い、名前や地位をなくし、死を迎える。そして地獄行では、唐辛子や薬味などに燻され、煙と痛みの中で勤行を行う。餓鬼行では、断食、断水をし、畜生行では、水の使用を一切せず、水浴や口をゆすぐことすらせず、動植物に近づいていく。さらに修羅行では、天狗相撲をとる中で、自らの修羅を目の当たりにする。そして人道行では、山駈し懺悔を行いながら、欲への思いも火葬し、天界の悟りの入り口へと立っていく。最後に声聞、縁覚、菩、仏の四聖という、因果を聞き、恩を覚り、奉仕し、成仏へと歩んでいく。

この十界を通して、行者は草にも木にも、虫にもなっていく。草木や国土や全てに宿る仏と一体になり、自然や宇宙の真理を悟る中で新たな自分として再生をしていく。無論、修験道には、超自然的な力の獲得を目指す行者も多い。行者には、各々の修験道や自然とのつき合い方があり、各地方の行者が集まるのも、出羽三山の懐の深さとも言えるだろう。

直会《なおらい》

そして非常に興味深いのは、多くの方が何度も九日間の山籠もり行、秋の峰での修行を繰り返していることである。つまり行をしたら、死と再生の答えがパッと出る訳でもなく、何か一直線に自然を理解する訳でもない。そもそも修行の最後に、直会《なおらい》という人間に戻る儀式が待っている。俗世界に戻るために、最後の晩に大いに飲んで食べて、語り合って宴を催し、俗人である人間に戻っていく。一見、自然に近づいた修行をご破算にするかのような不思議な行為と言える。

しかし、この人間に戻る儀式こそ、自然と人間のつき合い方のヒントのようにも思う。現代人である我々は、完全に自然と一体となることは不可能と言わざるを得ない。だからこそ、人間であることを受け入れ、最後には人間に戻ることを選択していく。しかし、人間は自然と一体にはなれないとあきらめるのでもなく、反対に自然と一体になれたと妄信するのでもなく、人間と自然の間の行き来を繰り返していく。その行き来とは、実は螺旋階段のような動きであり、一見、いつも通りの出来事に何とも言えない深みや力を感じることや、不思議な出来事が時折起きる。それは、どこか人間だけの意識的な余分な力が抜け、別の力に満たされることや、偶然が訪れるようなこととも似ているように思う。これが、自然の力なのだろうか、心が生まれ変わるということなのだろうか、一体、何が起きたのだろうか、と考えてしまうのである。

ここで、私自身が、そのような自然を色濃く感じた四つの山の中の出来事を挙げてみたいと思う。

月山

修験道体験での初めての月山は、ヒョウや雨や強風の中だった。下山の際、私は、雨具のフードを左手で抑えながら岩場を降りていて、躓いて頭から落ちていった。ふと力が抜けて前方に倒れながらも、頭の目の前で大きな岩を感じた。咄嗟に右手を岩につき、まるで片手前宙返りのようになり、私の体は綺麗に弧を描き、そしてお尻が月山の穴ポコに見事にはまった。幸い大怪我にならず、右の掌だけがジンジンと痛み、青痣になった。自分の集中力のなさを自戒しながらも、咄嗟に反応した自分の体の動きと、お尻が抜けない恥ずかしさと、お尻と穴ポコがぴったり過ぎることに驚いていた。同時に月山が助けてくれたようにも感じた。

さらに、出羽三山や修験を知りたいと、九日間の秋の峰の行へと入っていった。行中、名前や地位を捨て、死者となり、返答は全て「うけたもう」と物事や自然の一切合切を受け入れていく。そして不規則な睡眠や飢え、疲労の中で、私は徐々に自分の拠り所や足場が揺らいでいるのを感じていた。自分の気がつかないうちに、色々なものに引っ張られ、さまざまな物事の境界が移ろいやすい状況になっていった。何が心理学で、何が宗教か、思考は徐々に止まっていったようにも思う。だんだんと何がなんだかわからなくなっていった。しかし行中の終わり頃、ふと私の中で、「私は臨床心理で生きていく、これが私なんだ」という実感や私の存在が大きく沸き起こり、何かに満たされ、足場が確かなものになった。その実感が沸いた時、真横にある蠟燭の炎が大きく立ち上がった。なぜ急に私の存在が大きくなったのか、何とも説明し難い。単なる一時的な混乱状態だったのかもしれない。単なる私の思い込みかも知れない。しかし、その時、そばにあった炎が、不思議と私の気持ちと呼応するかのように、一段と高く伸びたように見えた。

キノコや熊、木々

また、修験とは別のフィールドワークだが、月山での採集生活を知るためにキノコ狩りをしている最中、私はキノコや熊の爪痕に魅了され、仲間とはぐれてしまうという経験をした。方向はわかっていたつもりだったので、最初は、道なき道を歩くことにさほど恐怖はなく、どこかでキノコや熊と共にいる気持ちになっていた。しかし五分、十分と歩いても、周囲には仲間はおらず、大声やホイッスルを鳴らしても応答はなく、加えて携帯の充電はほぼなく、途中で切れてしまった。

私は、いよいよ焦り、方位磁針を頼りに、声をあげながら一直線に月山の中を突き進んだ。私よりも背の高い木々や枝があっても迂回をすることは、もっと危険を生み、方向がわからなくなると思い、恐れた。そして、何より仲間の元に戻ることが先決であり、目の前の木々や枝を踏みつけて突き進んだ。その場で振り返る余裕などなかったが、きっと私が歩いた後ろは、折れた木々、ペシャンコの枝が続いていたと思う。また野生生物と出会ったら、威嚇し一歩も引かない、と鬼気迫っていた。何度も高い草や枝をかき分け、時折出てくる朽ちた大木を熊かと思い身構え、焦りながら、斜面を降りて沢を越えることを二回、三回と繰り返した。途中、沢を下ると下流に辿り着けるのではないかと誘惑にかられたが、一方向を一直線に一時間ほど、ホイッスルを鳴らしながら、仲間を呼びながら、歩き続けた。

偶然と幸運から、整備途中の小さな林道に辿り着き、地元の方に出会えた。地元の方からは、「あんた、こんな所から出てきて、怖くないの？　地元の人も来ないよ」と言われた。私は「いやいや、怖いです」と事情を説明し、無事に生還し、仲間のもとに辿り着けた。

その晩、興奮からかほぼ眠れず、目を閉じると見える風景は、空も見えない背の高い木々たちであり、私が突き進んだ風景だった。そして木々たちは、私の瞼に焼き付いたように、朝まで、何度も何度も登場した。木々やキノコや、山は、ちょっとした隙に人間を飲み込めるようにも感じた。そして、私は、木々と枝をペシャンコにしたから、無事に戻ってくることが出来た。私は、自分がキノコや熊や木々たちのような自然では決してなく、自然の中に居続けることは出来ない小さな人間なのだと思い知らされる。

鶏

さらに、屠殺体験では、鶏を解体させていただいた。鶏の首を切って血を抜き、羽をむしり、腹を裂いて内臓をとり、筋肉に沿って刃を入れ、各部位が見慣れた鶏肉に変わっていく。そして、私は鶏の屠殺をして以来、毎回ではないが、鶏肉を食べた時に奇妙な勘違いをすることがある。口の中で鶏肉を噛もうとする時、あの時の鶏の首に刃を入れた感触が生々しく口の中で広がる。刃を押し戻す肉の弾力、肉の柔らかさ、毛穴のザラザラしたつぶつぶ。この感触が口の中で蘇る時、最初、私は鶏肉に火が通ってないと本気で思い、鶏肉を吐き出した。しかし、十分に火は通っており、単なる私の勘違いであった。

鶏を私が殺したのだが、解体しながら、まだ温かい肉を触ると、どこかホッとする気持ちがなぜか動く。私が食べるために鶏を殺したのに、鶏の生の温もりを求めているなんて、なんて都合の良い話だろうか。鶏を殺しながら、鶏に触れ、生を求める矛盾の中、現実の鶏は冷たくなっていく。この矛盾した鶏との交流が生まれてから、時折だが、口の中であの丸々と太った鶏を感じる。既に多くの時間が流れ、口の中にある鶏肉は別の鶏なのに、居ないはずのあの鶏が蘇る。鶏との交流は、時折だが今も続いており、多分これからも続いていき、ムニュっと顔を出してくれるだろう。そして交流を繰り返しながら、また私のお腹の中へと戻っていってくれるように思う。同時に、私は鶏でも自然でもなく人間であることが、深く濃く浮かび上がっていく。そして、これからも私は、食べるために何かを殺して生きていく。

自然との関わり

これまでの自然との関わりを振り返ると、事故に繋がりかねない出来事もあり、私の集中や注意不足を自戒しなければならないのは大前提だ。また出来事の多くは、単なる偶然や幸運や、私の思い過ごしのようにも思う。

しかしふと、山や自然に少しでも近づけたのかな、もしかしたら助けてくれたのかな、とどこか考えてしまう。自然が受けとめてくれ、そして自然が後押しをしてくれたのかな、とつい頭をよぎってしまう。

ただ同時に不用意に自然に近づき過ぎると、自然は人間を簡単に飲み込めるのだとも、ありありと思いしらされる。それは、普段は意識せずにいる私の側面である。私は、歩く道に茂る草木を踏みつけ、食べるために動植物の命をいただいて生きている。さらには私の両親、私の祖父母、祖先の生や死があって、はたまた多くの国や人からの助けや争いの末に成り立っている。しかし普段は、何かの繋がりや、誰かの血や、何かの生や死を感じることはない。あたかも普通に鶏肉を食べ、当然のように自分の居場所とし、何事もなく安全に生活を続けている。しかし、どうも自然を前にしていくと、誤魔化しようのできない私が浮かびあがってくる。

あらためて自然とは何者なのだろうか、何を含んでいる存在なのだろうか、と思わされる。実に多面的であり、非常に興味深く、常に人間の側にいるとも言えるが、人間が一体になることはありえない。興味はつきない存在である。

心理面接室の中にも、本当に時折、その自然が顔を出すことがある。次に心理面接の出来事を元に、自然について考えてみたいと思う。

3　心理面接中に自然に触れた方々

心理面接中、偶然にも自然に触れた五人の方々の場面を挙げてみたいと思う。五人の方には私の独断で仮名をつけさせていただいたが、それぞれの場面場面で、私は、偶然の不思議さや自然の凄さに呆気にとられ、助けられ、感動をした。そして余計な力が抜けていく感覚を味わい、五人各々の心や本質に触れたように感じた。その面接場面を言葉にしてみたい。

静人さん

一人目の方は、静人さん、四十代の男性で、学生時代にいじめを受けたようだった。当時、静人さんは、突然、「外国の△△に行ってくる」と奇声をあげ始めた。その後も、突飛な発言が増え、学校の成績は急降下してしまった。それから二十年以上、何かの声が続き、私と話すと静人さんはいつも天井の右隅を見ている。もしくは聞き入っている。約二十年に渡り色々な治療は受けるものの、あまり効果はみられないようだった。

静人さんは、ある異性が自分とつき合っていると話し、その異性がいかに素晴らしい人であるかを自慢する。しかし、同時に快く思っていない人たちが、自分たちに危害を加えに来ると、常に怯えている。そして二十四時間いつも声が聞こえているのは、かなり疲れると言い、「いい加減にしてほしい」と表情を曇らせる。四六時中、ほぼ休まる暇がないようだ。

私が静人さんに会いに行くと、色々な考えや、何かの声と思われる内容や、静人さんが作った漫画などが書かれたノートを見せてもらう。また静人さんは、目の前で聞こえている声の内容も説明をしてくれる。静人さん自身が話していると、右隅からの声が少し小さくなるらしい。しかし、静人さんは右隅の声のあまりのうるささから落ち着かず、集中が出来なくなってしまうことも少なくない。私が出来ることは、静人さんの話をよく聞かせてもらうことや教えてもらうことくらいだった。

そんな中、静人さんのノートの中に、〝雨が降るとホッとする〟と書かれているのを見つける。私がうかがうと、静人さんは「そうなんだよね。雨が降っていると癒されるんだよね」と話す。そして一緒に雨の景色を眺めた。その日は大雨だが風はなく、ただただ大きな雨粒が一定のリズムで落ちていた。そんな大雨の日なので、人影も見えず、その場は雨しか動いていない。最初、私は雨の様子や雨音の大きさに、雨音が何かの声になりやしないかと、過度に色々と考えて、力んでしまった。でも、それはくだらない考えで、静人さんと一緒に雨をずっと見ていると、なんだか私の力も抜けてくる。そして私は、静人さんに少しでも癒される時間があることを本当に嬉しく思う。また同時に、起きていることを、起きているままにしておけることにも感激する。自然は凄いよな、当り前だが、人間である私の余計な考えやくだらない力なんて、自然には到底敵うわけがないよなと感じる。自然にしてみたら、特に恩恵をもたらしたいわけでもないだろうが、私は勝手に自然に助けてもらったと感じてしまう。ただ難しいのは、その後、雨が降った時もあったが、右隅からの声もうるさいのか、この時ほどの癒される時間は訪れなかった。ただ単に定期的に自然に触れさえすればいいという訳ではないらしい。

なぜあの時は、雨が降っていることがあんなにも落ち着いた時間を作ったのか。お互いがゆっくりと雨を見ていられたのか、わからない。けれども雨を見ているような時間や空間が、静人さんと会う中でほんの僅かでも同じように作ることが出来たらなと考えてしまう。雨は、私たちをただただボーとさせてくれ、互いが個々として素朴に成立している瞬間や可能性を広げてくれたように思われた。

光さん

二人目の方は、光さん、享年十代の男性だった。生まれながらに疾患を持っており、継続して病院での治療を受けながら、時折、入院もしていた。数か月で退院はするものの、体力の問題や慢性的なだるさがあり、登校は安定せず、登校してもクラスには入れないことがあった。そのため、なんとか登校が出来た時は、私のいるスクールカウンセラー室に「休憩。一休み」と言って、顔を出して過ごしていた。そして光さんは、体に力が入らずにだるく、体がキリキリと痛いと繰り返し話していた。

光さんは、登校が安定せず、引っ込み思案な面もあり、周囲とはなかなか馴染めなかった。ちょっとした会話をしたり、ノートを借りたりすることが出来る相手はいたようだが、一人でいることが多いように見えた。しかし本当は、お調子者で、おしゃべりで、変なこだわりは強くて理屈っぽい所があり、本が好きな人だった。さまざまなジャンルを読んでおり、博識でもあった。光さんは、本を読む時には、同時に二〜三冊を読み進める癖があった。私は「器用だね、物語がごちゃごちゃにはならないの？」とよく質問をしていた。光さんは、同時に何冊か読むくらいが丁度いいと笑っていた。

夏休み前の日、いつものように光さんは苦悶の表情で、だるいんだよねと来室された。そして女性の夏の服の話から、好きな女性のタイプに話題が移っていった。光さんは、自分の好みの女性を言い、私の好きな女性のタイプも聞きたがった。さらに女性の気になるしぐさや服装など、きわどい話で盛り上がっていた。

するとと半分開いていた窓のカーテンが揺れて、蜂が部屋に入ってきた。よく見ると、蜂は二匹いて、私たちの目の前を飛びながら交尾をしていた。二人で、凄いもの見たねと笑いあった。

夏休みに入り、光さんの病状は急変し、逝去された。病気の性質上、予期することはどうしても難しかったらしい。数日後、私は、光さんが亡くなったと聞き、頭が真っ白になった。光さんにとってどんな最期で、どんな人生の物語であったのか。光さんが亡くなられてから十数年以上経っているが、未だに考えている。私は、光さんに苦痛や死の影が忍び寄っていることに、もう少し耳を澄ますことが出来たのではないかとも考えてしまう。

同時に光さんと最後に会った時、異性の話題で盛り上がった最中、蜂の空中交尾を見たことを強烈に思い出す。何かが不思議と符号し過ぎていたように思う。あれは何だったのだろうか。当時、私はこの不思議な合致にただただ驚き、喜んでいた。光さんの病気や死の影などとは反対とも言える、生命の誕生や光、偶然みたいなものに二人で立ち会えたようで手放しで喜んでいたのである。そのため、現実に起きた光さんの死と面接室での生のコントラストが強すぎて、うまく現実が捉えられなかった。面接室では生に溢れていたのに、あんなに生き生きとしていたのに、と思ってしまった。

しかし、後で知ったのだが、蜂は空中交尾を終えると、女王蜂は交尾後に巣に帰るが、雄蜂は交尾後に息絶えてしまう。この雄蜂は、働き蜂とは違い、働かずに交尾するだけで生まれて死んでいくという。私が生命に溢れていたと思い込んでいたことは、実は死にも繋がっていたのである。私は、命や自然の動きについて無自覚であった。強烈な光の後ろには、濃い影が出来るように、生の背景には死が存在している。

最後の面接の日、光さんと一緒に蜂の交尾を見た時、私は不思議な合致にただ喜ぶだけでなく、結果は訪れたとしても生と死の両方を一緒に味わえたらなと思い返してしまう。私が光さんの体調の変化に気がつけるとは全く思わないが、生き物の命について、もう少し話したかったなと思ってしまう。今、死を迎えた光さんと物理的には話せないが、私は蜂を見ると光さんとの出来事を思い出す。そして同時にたくさんの物語を器用に読んでいた光さんに、別の物語が続いていたらと思ってしまう。

あらためて蜂は、その先にたとえ死が待っていようとも、今、その瞬間に充実した生へと進むことを体現してくれていたようにも思う。自然は、生にも死にも両方に通じていることを強烈に感じさせる。

清子さん

三人目の方は、清子さん、二十代の女性で、家族や周囲の勧めで私の勤める病院へ入院してきた。清子さんは、真面目で実直で、成績も優秀で、周囲とのトラブルもなく、小学校、中学校、高校と順調に過ごしていた。しかし、大学時代の後半あたりから、徐々に大学を休みがちになっていた。それでも何とか大学を卒業し、周囲が羨ましがる企業にも就職をした。一見、順風満帆に見えたが、清子さんはだんだんと痩せていき、体は衰弱をし、周囲からはいつも元気がないように見られるようになり、入院するまでに至った。

入院生活では、病院食と休養で体の機能は少しずつ戻っていったが、問題の本質は体の機能の改善ではなかった。そのため、主治医は心理面接を勧めたが、清子さんは「意味はないと思う」とあまり乗り気ではなかった。ひとまず私と話し始めたが、清子さんは苦笑いが多く、全体的にそつなく、他人事のように受け答えをし、困っていることは何もないかのように淡々と話していた。しかし、体の極度な衰弱や痩せている体型に関しては、「少し気になるかな」と言葉少なに答えた。

そして面接していく中で徐々にわかったのだが、清子さんは、周囲の評価や視線を過度に気にし、全ての物事を計算して、何事も合理的に頭で考えて、安全に、慎重に正しいことだけを選択し行動をしていた。清子さんは元々、小さい頃から自分に自信が持てずにいたが、持ち前の真面目さと頑張りで、周囲からの評価や賞賛を得ていた。それは清子さんにとって、自分の居場所を作る必死の努力でもあった。しかし社会人になり、さらに評価を意識し、失敗することや冒険することを恐れ、より安全に、より慎重に、より完璧を目指していった。そして以前にも増して、さまざまな失敗や、不必要で不純な物を悪しきこととして避けるようになっていった。そうして清子さんは、いつの間にか自分の気持ちや心の揺れさえも、必要がない物として扱い、喜怒哀楽の感情も乏しくなっていった。その動きに連動するように、体も必要最低限の栄養をとるだけになり、毎日が過ぎていったという。清子さんに残ったものは、周囲からの評価と、最低限の心と体だった。

このような清子さんとのある日の面接の時、私と話している途中に、清子さんは急に大きく頭をうしろに反らす。清子さんは頭を反らして避けようとしたものの、額に虫がコンッとあたる。清子さんは「虫があたって」と言い、私も「うん、見てた、当たった」と答えた。もちろん単なる偶然とも言える。しかし見た目や理屈、計算などを重視する清子さんが、なんとか避けようとしても、意味不明に見える原始的な虫との衝突が偶然にも起きた。この時、私は内心では嬉しくなってしまった。そして、そうだよな、何事も計算だけではなく、清子さんが自分の中の原始性や実感と衝突すること、触れていくことだよなと感動した。

虫の種類は見逃してしまったが、虫によっては、人の二酸化炭素や体温に寄ってくるなどの走性を持っている。清子さんは、そつなく、なんら失敗もなく、全てが正しく完璧な振る舞いをされる。それには、人間臭さがなく、どこか生命感を失われているとも言えるだろう。しかし虫は、清子さんが人間であり、呼吸をし、体温があり、人間臭があることを知っている。虫は、清子さんが今を生きている人間の証として、体当たりをしてくる。そして虫が、清子さんを彼女の心の中で眠っている人間臭さや、原始的な野蛮さへと導いてくれているようにも思われた。

四人目の方は、瞬さん、三十代の男性で、高校時代から不登校になり、その後も学校でも家でも安心した居場所を作れずに過ごしていた。そして次第に突飛な言動や、「私は〇〇の末裔だ」などと言い、混乱した状態になってしまった。病院に通い始めると、ほどなくして一度は安定した。しかし、ストレスが多くなり、服薬を忘れてしまうと、徐々に被害意識が強くなることや、周囲へ過度な要求をすることもあった。また警察沙汰も多く、入退院を繰り返していた。十数年、色々な治療は受けるものの、あまり効果は見られず、入院中も自傷や暴言暴力などが続いていた。

私が最初に会った時も、瞬さんの姿はどこか野生的で、目は見開き、ランランと輝いていた。会い始めた頃、何度か、私の顔の間近まで近づき、ジッと目をのぞき込んでいた。後でわかったのだが、瞬さんにとって目の動きや目の色はとても重要で、敵か味方かなど、目の奥の何かを見分けていたらしい。

面接を重ねる中で、たびたび、瞬さんが衝動的になり過ぎてしまうことや調子が悪いこともあった。しかし基本、瞬さんはよく話し、色々な考えや心の内を話してくれた。そして瞬さん自身はいつも孤独で、とても心細く、色々な出来事や怖さに翻弄され苦しんでいるとわかった。そのため、私が出来ることは、瞬さんの話をよく聞かせてもらうことや翻弄される苦しみや突然聞こえてくる声について一緒に考えることくらいだった。

ある時、瞬さんの調子はかなり悪く、私の顔を見た途端、嫌悪感をむき出しにして、さまざまなことを随分叫んだ。興奮は増すばかりで、私に怒りを向け続けた。私の存在自体が瞬さんを混乱させ、脅かすだけかと思い、私が「今日は帰ろうか」と話す。すると瞬さんは「おいて行くな」と言った。私も瞬さんの訴えに一理あるなと思いその場に留まるも、困ったなと戸惑っていた。そして瞬さんは、私に何かを話すよう求めた。私は、私自身が戸惑っていることと、瞬さんに何か大変なことが起きているると感じているというような内容を伝えたと思う。そんな状態が数十分続いた。

途中、瞬さんは、窓から漏れ聞こえる風の音に耳を傾けていた。そして瞬さんは、「○○から攻めてきたのか」と私に聞いた。風の音などから何か声を聞き取ったらしい。私はよく聞き取れず、すぐに反応が出来ずにいると、瞬さんはさらに怒っていた。私は戸惑いながらも、もう一度、窓から漏れ聞こえる風の音に耳を澄ました。つられて瞬さんも、もう一度、風の音を聞いているよう、〝ひゅぅぅ〟と風の音が聞こえる。ほどなくして、瞬さんが「あっ、病院か」と、呆気にとられたように話した。私も頷く。そして、ほんの少し場が落ち着く方向に流れた。瞬さんは私にお礼を言った。しかし今度は、徐々に瞬さんから私へのかなり過剰な現実離れをしたお礼が続いていった。極度の緊張状態や嵐のような状態はおさまってきたが、何かが違った。

お互いに風の音に耳を澄ませていた時、その瞬間は穏やかだった。場もわずかに静かになった。多分、瞬さんはその時は風の音を、そのままの風の音として聞こえたのだろう。そのため、「あっ、病院か」と、瞬さんは我に返って素朴に反応している。しかし、瞬さんは、その場に留まることや物事をそのままにしておくことの怖さを抱えている。単に風の音を聞くだけで良かったのだが、その時間は短く、私へのお礼へと過剰に傾いていった。瞬さんが、自分の心の揺れや色々な出来事を、突然の何かの声に頼るのでもなく、また誰かを神格化することでもなく、そのままおいて置けるようになれたらと思う。風は、ほんの一瞬ではあったが、お互いがありのままの状態になることを助けてくれたようにも思う。

春さん

五人目の方は、春さん、十歳未満の男子で、落ち着かない、忘れっぽいと言い、親子で相談に訪れた。春さんは、小さい頃は引っ込み思案な大人しい子だったようだ。そして小学校に入学した頃から、落ち着かなくなることや、時にはボーとしていて忘れっぽくなることが増えたらしい。そのため、心配した両親は、まず病院を受診し、早々に診断と服薬を受けていた。

私が春さんに会ってみると、しっかりと目を見て落ち着いて話し、自分のこと、家族のこと、祖父母や親族のことなどをよく説明してくれた。さらに春さんは、自分が良くなるためには、お薬を飲み、相談室に通わなきゃいけないと、緊張した面持ちで話してくれた。大人みたいな物言いや振る舞いが印象的であり、私は春さんに対して、何かを背負い込み過ぎているようにも感じていた。

当初、春さんは、どこか冷めており、プレイルームの玩具への批判や否定を繰り返した。ある時、春さんは「やる気ないでしょ」と私に食ってかかってきた。しかし私が「なにをー」とたまたま落ちていた小さなスポンジブロックに飛び乗り、バランスをとって見せた。すると春さんも面白がって、一緒にブロックに飛び乗り、お互いを支え合ったりして、バランスをとって遊んだ。これをきっかけに春さんとは仲が深まり、遊びが広がりを持ち始めた。そして徐々に自分を自由に表現するようになった。数年間が経ち、落ち着かないなどの話題は一切なくなり、服薬もいつの間にか中止された。

小学生が終わりを迎える頃、落ち着いてきた春さんを見て、両親からは相談終了の話があがった。また同時に春さんには、中学三年間分の参考書が段ボールに詰められて一度にプレゼントされた。春さんは来室するなり、「世界の破滅だよ」と漏らした。その日、私たちは儀式的とも言える遊びをした。砂の入った木の箱、箱庭を床に置き、一・五メートルぐらいの高さから箱庭に向けて、玩具の線路でジャンプ台を作った。そしてビー玉を転がし箱庭にダイブさせた。ビー玉が箱庭に入れたら生きられるが、もし入れなかったら地獄行きとなる。何個も何個も、ビー玉をダイブさせた。二人で必死にビー玉を応援することを、何度も何度も続けた。「頑張れ、頑張れ」、「地獄に落ちるな」、「もう一回だ」と二人で叫んだ。私は遊びながら、叫ぶたびに涙が出そうだった。それぐらいお互い真剣に必死にビー玉を、自分たちを応援した。

面接も後二回となった日、二人で床に座って、ボーと大きな窓から景色を見ていた。春さんは「まだ続けようかな」とつぶやいた。私も内心、それが一番良いと思っていた。しかし、その時、大きな窓に物凄く強い風が吹き、窓が大きく揺れた。怖いくらいの風だった。私たちは、二人で驚いて顔を見合わせた。そして春さんは、「風も、もう行けと言ってるや」と話した。私も不思議と引き留める気持ちがなくなり、「そうだね」と答え、次回の最終回を約束した。最終回では、しんみりとスッキリとした気持ちで、お互いに「またいつか」と言い合って別れた。

私は、風がなかったら、「中学生でも通えるよ」と間違いなく言っていた。そして春さんも多分、中学生も来室する気持ちに傾いていたように思う。お互いに面接の最後に向けての準備をしていたが、気持ちはどこか揺れていた。しかし偶然にも、強い風が吹いた。春一番の時期の為、ごく普通の出来事とも言える。でも、それは怖いぐらいの風で、私はビクッと背筋が伸びた。きっと春さんも。そして、春さんが自分の人生を生きていく覚悟を決め、私も春さんを送り出すことに不思議と迷いはなくなっていた。風の偶然さと不思議さ、何とも言えない自然の凄さを感じてしまう。そして風は、厳しくも力強く、私たちの背中を後押ししてくれたように思う。

4　自然と心

自然と心の繋がり

どの方との出来事も単なる偶然とも言える。その場に、ちょうど自然が存在し、ほんの少し触れることになった、これが起きたことだとも思う。

しかし、もう一歩、踏み込んで言葉にしてみると、五人の方々の心に触れることを自然が助けてくれたように思う。フィールドワークを思い返すと、より一層、私には、自然との間で、五人の心の本質の動きが浮かび上がっているように思えてくる。いずれも、その瞬間にしか出会えず、また味わえないことが、偶然にも起きている。それは個人や人間のコントロールの及ばないものであり、さらにタイミングも重要であり、いつも同じことが起きる訳でもない。自然は、自由に動きまわり、人間の心の中に何かを起こすのかもしれない。

あらためて振り返ると、最初の静人さんと私は、雨を見た。雨という自然を見て、耳を澄ましていた。それは自然からの癒しだとも思う。自然は、人間の心に平穏をもたらしてくれる。しかし人間側が受け取る準備が整っていなければ、何も起きはしないだろう。癒しや平穏は小さくなり、目の前のことに飲み込まれていってしまう。ただ癒しを待つだけでなく、私たちが、まずは自分たちの心を整える準備が必要だと突きつけられる。

光さんと私は、蜂の交尾を目撃した。それは自然の繁栄の動きだとも思う。しかし、それは次の世代への交代でもある。自然の中では、人間の力や感情とは関係なく、命が動き続けていく。人間の力は小さく儚いからこそ、人間はその時その時を味わうしかないとも思う。そして光さんとは生と死の立場は分かれてしまったが、私たちは、共に自然の繁栄を目の当たりにし、今後、私は次の世代に何かを残すことが課せられたとも思う。

清子さんは虫に当たり、私は虫に当たる清子さんを見た。それは自然の野生の動きだとも思う。自然は、人間の都合とは関係なく動き、野生に溢れている。人間は自分が生きていくために、自然の野生と向かい合い、切り開いていく人間側の野蛮さも必要になるだろう。自然は、私たちにぶつかり稽古のように体当たりをし、今後、私たちも野生溢れる野蛮人になる大切さを教えてくれるように思う。

瞬さんと私は、風の音を聞いた。しかし、次第に瞬さんは、過度に私を持ち上げることや、何か特別な意味へと解釈していった。それは自然にある神秘性だとも思う。自然の神秘に魅せられ過ぎてしまうと、今、目の前に起きている現実からも離れて行き過ぎてしまう。お互いがそのままに居ることとは、自然の神秘に魅せられることや、自然と一体となるだけではなく、私たちが小さな人間として、今、目の前の現実の場所に留まる力が必要だと思わされる。

最後に春さんと私は、風が起こす窓の揺れを目の当たりにした。そして私たちは、自分たちの心の甘い揺れを感じ、同時に自然が持つ厳しい揺れに身が引き締まった。それは自然と人間が影響し合うような、相互的な併存関係だとも思う。自然の動きだけを鵜呑みにするのではなく、人間側の動きだけで行動するのでもない。自然に学び、受け入れ、人間として自然のある世界へ出ていく。今後、人間として辛いことや悩むことがあっても、自然と繋がり、人間と繋がり、何とか乗り越えていけると思わせてくれる。

これらは、もちろん、私個人が都合の良いように自然の側面を受け取り、解釈し、自然の代弁者かのように振る舞う危険性を含んでいる。現代人である私は、昔々の人のように自然と完全に一体化することはありえない。昔々の人のように、太陽が昇ったら涙を流しながら拝み、皆既日食があったら死を覚悟することはない。また私が、自然からの特殊なお告げやメッセージを聞くこともない。単に自然に魅せられているだけなのかもしれないとも思う。

しかし、自然によって、誤魔化しようのない、そのままの心の姿が浮かび上がったようにも思えてしまう。そして自然の持つ、癒し、繁栄、野生、神秘の多面さと共に、自然と人間が共存し合える可能性を考えてしまう。

多面的でさまざまな魅力を持つ自然は、私たちの意識の力を越えた心の本質に、心の中の自然に近づき、揺り動かしてくるように思えてくる。そして人間の心のありのままの姿へと導いてくれているようにも思うのだ。人間は不思議と心がありのままの姿になると、静かに満たされていく。私で言えば、もう一度、虫や風や雨、蜂や自然を感じたいと窓を開けたくなり、五人の方々や相談に来られた方々と話したいと面接室へと足を運びたくなる。とても静かだが、確かな気持ちゃ力が沸いてくる。

もしかしたら、自然は、簡単に人の心の中に入って来られるのかもしれないと思わせる。さらに人の心の奥深く、魂の水準まで迫って来ているのではないかとさえ感じさせる。確かに、昔々、自然は神様だったのだから、人の心の魂の水準まで辿り着けるのも当然なのかもしれない。

「ことば」

昔々の人々は、今よりももっと自然と交流し、さらに言葉も交わすことが出来たようだ。イヌイットの伝承にこんな話がある。

はじまりのとき、動物と人間のあいだには、ちがいがなかった。その頃はあらゆる生き物が地上に生活していた。人間は動物に変身したいと思えばできたし、動物が人間になることもむずかしくはなかった。たいしたちがいはなかったのだ。生き物は、ときには動物であったし、ときには人間であった。みんな同じことばを話していた。その頃は、ことばは魔術であり、霊は神秘的な力を持っていた。でまかせに発せられたことばが霊妙な結果を生むことさえあった。ことばはたちまちにして生命を得て、願いを実現するのだった。願いをことばにするだけでよかったのだ。しかし説明したらだめになる。昔は万事がそんな風だった。

昔は、動物と人間との間には違いはなく、生き物として、自由に魔術や命を含んだ「ことば」を交わしていた。人間と自然との間に距離は感じられない。さらには、人間の姿や形にも縛られず、草や木や動物などのあらゆる生き物に自由に変身が出来たようだ。どんな生き物にもなれ、あらゆる生き物と「ことば」を交わし、通じ合う。それは「みんな同じことば」でわかりあうのだろう。しかし、起きたことを説明する言葉は、「ことば」の中にある生命を止めてしまう。私たち現代人にとっては難しいかもしれないが、少しでも、あらゆる生き物と通じ合う「みんな同じことば」を探すことが、より自然と交流することになるのかもしれない。

ユング心理学には共時性という「意味のある偶然の一致」をさす言葉がある。今回、取り上げた出来事は、ある種、共時性とも呼べるものかもしれない。しかし、共時性という言葉を使って、今回の出来事を語ると、私にはどうにも座りが悪く感じてしまう。もう少し違う「ことば」を探したくなる。そして、生き物としての「みんな同じことば」を探すとしたら、自然を主語に置いた方が、座りが良い。少なくとも、人間を主語に置いた言葉は、動物や自然には届きそうにない。虫が、雨が、風が、山が、自然が主語になり、「ことば」の中の大きな「いのち」が微かに動き出す。

もちろん、人間は自然にはなれない。それでも、私は人間ではない物の主語へ、足を踏み入れたい。私をそっと脇に置くことで、生き物としての「みんな同じことば」と大きな「いのち」を感じていきたい。なぜなら、自然に近づくことは、あらゆる生き物が、自由に、ありのままでいる素朴な姿へと繋がっている。だからこそ、私は、矛盾を抱えながらも、「みんな同じことば」を探していきたい。

これは、修験道において草木や自然などの感情のない非情の物にも仏性があるとすることにも通じ、ユング派分析家のギーゲリッヒの「夢を内側から見る」ことにも通じるだろう。

いずれも人間や自我の側からの視座ではなく、その物自体への没入が必要になる非情からの視座である。人間以外の何かの生命や自然に近づくことは、私という自我から始めるのではなく、あらゆる生き物としての「みんな同じことば」を探すことになる。それは、人間から離れ、もっと自由に、生も死も含んだ生き物のありのままの姿へと繋がっている。私は、ちょっとだけ人間から離れて、大きな「いのち」を味わってみたくなる。そして、また小さな存在である、人間の「私」や、個人の「命」に戻っていく。

心理面接と自然

そもそも心理面接中に自然に触れたら、相談に来られた方の何かがパッと解決する訳ではない。また相談自体が、自然に触れることを目的として始まった訳でもない。

ただ私は、自然が入り込む瞬間は、相談に来られた方の心や治療にとって、とても有意義だと感じている。それは心理面接自体が、開かれた空間や態度を大切にし、心に隙間が生じ、心に余白が生まれることを大切にしていることと関係していると思う。

たいてい心理面接は、言葉を使うことが多い。相談に来られた方は、どの方も、何かの言葉を話す時、無数にある言葉の渦の中から、何かを選び取っていく。勿論、何度も言葉を言い換えたり、付け足したり、色々と工夫や時には矛盾も起こるのだが、それでも片方の何かを選び取り、他方の何かを捨てていく。そして選び取った言葉の中には、その方らしさの個性や心が浮かび上がってくる。そうして、だんだんと自分の心の在り方に気づき、悩みの本質が見え、何かを摑み取っていくことがある。

しかし同時に、相談に来られた方も、どうにも言葉では表現できない心の動きや何かに出会うことがある。どうにも、今の自分の視座からでは見渡せず、言葉が出てこない時がある。そういう時、深層心理学を専門としている私は、夜に見る夢や描画や箱庭などで、相談に来られた方の心に触れようと試みる。相談に来られた方の心の中で、本人自身も気がついていない部分、まだ光が当たっていない場所を一緒に発見し、確かめていくことで新たな視座に出会おうと思うのである。それは前述の自我の側からではない視座、非情からの視座である。ユングで言えば無意識とも言える。無意識は、普段は意識をされていない分、どうにも言葉にし辛い。しかし少しずつ光が当たる中で、新たな視座が立ち上がり、言葉にも繋がっていく。その時、これまでと違った、自分の新たな心の在り方に気がつき、抱えていた悩みも何か別の物として、捉えなおしていくことがある。

それは相談に来られた方からしてみたら、いつもの心の筋ではない、新たな心の筋であり、予期せぬ筋である。予期せぬ筋は、意識から遠い無意識の中に隠れていることが多い。そして無意識に触れるためには、開かれた空間や態度、心の隙間や余白が鍵となる。常に意識だけを張り巡らせていては、無意識は流れてこず、入り込めない。

今回で言えば、五人の方々との面接の中で、ちょっとした隙間や空白に、人間ではコントロールが出来ない、予期せぬ筋の自然が顔を出してくれたように思うのだ。自然は心の隙間から、心の中に入り込み、中心にある魂を揺さぶってそっと流れて出ていく。私は、そこに自然の動きと、心の中心の揺れ、新たな心の筋や方向性を感じる。

ただここで難しいのは、相談に来られた方やセラピストである私が、隙間任せ、無意識任せで、何もしなくて良いかというと、それも違う。お互いに悩みに向き合い、言葉を使い、意識を働かせながらも、どこかで心を開き、無意識や何かが入り込むのを迎え入れている。なんとも矛盾した在り方だが、両方が必要になる。あらためて心とは矛盾した存在なのだとも思う。意識だけでは立ち行かず、無意識だけでも心許ない。かといって意識と無意識と明確に区分が出来るとも言い切れず、また対立とも違うように思う。人間だけでも、自然だけでも、なかなかうまくは行かず、人間と自然を区分したり対立させてみてもうまく行かない、そんな風にも言えるかもしれない。

それは意識と無意識が併存しているような在り方だ。両者が併存する在り方は、心理面接では基本とされるが、とても難しい。相談に来られる方とセラピスト、自分と相手、意識と無意識など、両者がお互いのままに併存する。本当に難しい在り方であり、矛盾しているとも言えるが、そこには今まで抱えていた悩みやこれまでの心の在り方を、揺さぶり動かす何かが隠れている。

この両者が併存する在り方は、第三章の成瀬が言う、「シェリングの自然哲学」や、「自然と人間がめぐる、二元論でも一元論でもなく、二元論でも一元論でもあるような道筋」とも言えるだろう。どうも心の在り方、さらには心と人間や、自然と人間とは、どこか似ている。いずれも矛盾した動きの中にこそ、ありのままの姿が浮かび上がる。

5　自然と私とが、お互いのままに併存する方々

自然と人間が、お互いのままに併存する方々は、見渡すと色々な分野でも見られる。どの方

も、自分に問いかけ、自然にも問いかけ、矛盾の中で自然と私のどちらも大事にされている。

芸術の分野では、自然とともに、その瞬間、その場と空間でしか味わえない作品を作っている内藤礼さんという芸術家がいる。内藤さんは、「私は、光や水、風といったものにより、次の瞬間に何が起こるかわからない偶然性そのものである自然の生気（アニマ）を探求しています」と言う。そして作品を作る時は、自分を表現するのではなく、自分を背景にするそうだ。作品全部を知っている、もしくは作っている自分が存在するという矛盾を抱えながらも、自分を背景にすることを取り組み続けている。そして作品を作る過程では、膨大な量の言葉を用いている。作品の可能性が閉じないように、絵で描き込むよりも、言葉を使う方が縛られずに取り組めるという。そして日常にある当り前のことを取り上げたいと、作品に取り組んでいる。数々の作品たちは、私たちのすぐ横には、自然の生気があるのを呼び起こしてくれる。

例えば、豊島にある内藤さんの「母型」は、ドーム型の白くて広いコンクリートの建物の天井に、大きくて丸い穴が二つ開いている。建物の中に入ると、穴から入る風や雨、光が差し込んでくる。そして風や雨や光を受けたリボンが揺れ、さらに目を凝らすと微かな糸が見えてくる。また床には、水滴が一粒一粒出てくる場所がある。その水滴は、少しずつ膨らみ、床の微かな角度と共に、まとまり、生き物のように動き出す。時間や偶然性と、自然の動きとともに、作品の表情が微かに変わっていく。

また「死者のための枕」は、両手におさまりそうな小さな枕であり、シルクオーガンジーという絹が使われている。それは消え入りそうな程に透けており、どこか柔らかそうで、重さは全くないようにも見える。そして枕の透けた先に、枕自身の影が何よりも色濃く際立っている。影の方が実体なのではないか、とさえ思ってしまう。まさしく「死者のための枕」だと思わされる。

確かに内藤さんの作品には、内藤さんが見事にいない。作者が背景になった分、人間以外の微かな淡いものが動き出し、より一層、私たちは心の奥を揺さぶられ、動かされる。

衣食住の生活の分野では、自然と共に暮らす方々が多くいる。山形在住の山伏でもある成瀬は、「自分と自然との浸透圧をなるたけゼロに近づける」と言う。いつもどこかで山を感じ、「石ころになる」ことを大切にされている。そして、今まで出羽三山で転んだことはないが、「転ばないと思ったら、明日が転ぶ日かもしれません」と笑う。小さな石ころになっているかのような成瀬の足取りは、自然の中を流れるように歩き、いつの間にかそこに居る。しかし同時に、人間として山や海で採れる食べ物の命をいただいている。そして山仲間だけが通じる不思議な言葉を使いながら、山や川や、木々やキノコの場所を知り尽くし、より自然を理解し、自然に近づいていく。

山形県の大鳥の熊狩り名人の工藤朝男さんや、北海道の知床半島のルシャ川でヒグマと暮らす漁師の大瀬初三郎さんは、「熊の気持ちが手に取るようにわかる」と言う。二人とも見た目も熊とよく似ている。そして雄熊が雌の匂いに喜び、雪で遊び、エサを探して苦労していることを、まるで自分のことのように全身で語る。それは、自然の熊が話しているかのように見間違う。しかし同時に人間として、熊と人間との境界やルールには厳しく、決して一線を越えることはない。そして熊や自然や命のことを知り尽くし、山や海で生き物の猟をしていく。

エスキモーの神話では、「ナヌークの贈り物」という少年が一人前の狩人になる話がある。大雪の中、少年は氷の王者であるシロクマ、別名ナヌークを追いかけて行く。少年は祖父から、「いつか若者になったら、いのちをかけてナヌークとたたかわなければならない日が来ること」を教えられている。雪の中、少年はナヌークの後をついていくと、強い風の中からナヌークの声が聞こえ、少年に語りかける。ナヌークは、昔、人間とナヌークが「同じことば」を話していたこと、さらに氷の世界で生きていくためには、その「ことば」がなくてはならないと話す。そしてさまざまな命の連鎖のことを教えてくれる。「少年よ、消えていくいのちのために祈るのだ。おまえのおじいさんが、祈っていたように。おまえのその祈りこそが、わたしたちに聞こえる人間のことばなのだ」と。そして「われわれは、みな、大地の一部。おまえがいのちのために祈ったとき、おまえはナヌークになり、ナヌークは人間になる。いつの日か、わたしたちは、氷の世界で出会うだろう。そのとき、おまえがいのちを落としても、わたしがいのちを落としても、どちらでもいいのだ」と話す。気がつくと、吹雪はやみ、月日は経ち、少年は若者になり、本物の狩人になっていく、そういうお話だ。

「消えていく、いのちのために祈る」ことが、ナヌークと人間の共通の「ことば」になる。それは、あらゆる生き物としての「みんな同じことば」へと繋がることでもあるだろう。そして、どちらが死んでも命が連鎖していく。それは、ある特定の個人ではなく、大きな「いのち」としては引き継がれ、繋がっていく。祈ることが、引き継がれた大きな「いのち」を蘇らせ、人間も自然の中で生きていることや、生かされていることを実感させてくれる。

ただ同時に、「いのちをかけて」、お互いが戦うことも含まれている。お互いが生きるために、食べるために、私である特定の個人の「命」をかけて生き抜いていく。自分をかけた命がけの戦いである。そして、大きな「いのち」と自分の「命」の両方を知ってこそ、本物の狩人になっていく。

6　自然とは、心とは

どの方々も自然と人間の矛盾を抱えながらも、自然と私のどちらも大事にし、自然と共に暮らしている。そこには、個人の「命」と個人の「言葉」と共に、人間だけのものではない「いのち」や「ことば」が宿っている。自然と関わることとは、矛盾と関わることでもあるのだろう。そして、心と関わることも、やはり矛盾との関わりとも言える。自分の奥底の心や魂と関わる時、自我的な自分中心だけでは、どうしても推し進められない。いずれは無意識にも触れることになり、予期せぬ筋に出くわすことになる。自我的な我々現代人としては、なかなかそのことに慣れないだろう。それでも、意識を使いながら、無意識にも開かれていく。それは矛盾を抱えながらも、意識と無意識を併存する道を探し続けていくとも言えるだろう。この困難な過程を歩むことが、螺旋階段のように深みを持ち、新たな心の在り方へと繋がっていくと思う。

あらためて自然と関わることと、自分の心や魂と関わることとは、本当に似ていると思う。

だからこそ心や魂と関わろうとすると、自然が顔を出すこともあるし、自然と関わろうとすると心や魂も顔を出すことがあるのだと思う。そして心理の仕事をしている私の、自然への興味も尽きないのだと、あらためて思わされる。これからもさまざまな矛盾が併存する道を探して、目の前の当たり前のことを大切にし、遊んだり、悩んだりしながら、偶然にも、そこに自然も顔を出してくれたら、それは本当に幸運だと思う。

最後に、私がこの文章を書いている最中に見た夢を紹介したいと思う。

二〇二一年八月二十六日の夢

私は、たくさんの木々と落ち葉の森の中を一人で歩いている。私の体に何かがついている。蜘蛛の糸がどこかでついたみたいだ。私は、どこかで蜘蛛の巣に触ってしまったのかなと思い、その糸を取ろうとするが、なかなか取れない。ふと横を見あげると、大木と同じ位の大きさで、大木と同じような形で、全てが蜘蛛の糸で出来ている巨大な蜘蛛の巣がある。私は蜘蛛の糸にあたらないように、かがんで大木状の蜘蛛の巣を見あげる。大き過ぎて、上の方はよく見えない。私は「うわぁ、なんて巨大な蜘蛛の巣なんだ。これはすごいな」と思う。蜘蛛の幹と思われる辺りでは、蜘蛛の糸が渦のようになっており、落ち葉が絡みついている。蜘蛛の巣の中には、何匹もの蜘蛛がたくさんいて、この蜘蛛の巣は、共同の巣のようになっているらしい。

蜘蛛の糸に気がつくと、何かが見えてくる。そこには何十匹、何百、もしかしたら何千もの蜘蛛が、自分の出せる糸を出している。そして他の蜘蛛の糸とも繋がり、はたまた世代を超えてご先祖の蜘蛛の糸も引き継ぎ、そして次世代に糸を託しながら、少しずつせっせと紡いで出来たと思われる共同の巨大な蜘蛛の巣が、ここにある。

私には、この蜘蛛の糸が、獲物を捕らえるための罠というよりも、微かに見えるような、見えないような、おぼろげな存在、心のようにも思えてくる。この巨大な巣は、自然の動きのようでもあり、まるで心の動きのようでもあり、命の動きみたいなものにも、思えてくる。

この蜘蛛の糸の大樹に出会い、そこに繋がる扉を開いてくれた多くの方々に感謝したくなる。そして、自然と心が生き生きと動いている臨床に取り組む姿勢を自分の中にあらためて感じる。しかし、蜘蛛の糸はおぼろげで、もう見えたという気になると、見失って迷子になってしまうのかもしれない。みなさんも、くれぐれも森や山での単独行動はしないように、ご留意ください。

（本稿に出てくる臨床素材は、個人が特定されないように事実に改変を加えています。）

引用・参考文献（順に）

島津弘海＋北村皆雄『千年の修験　羽黒山伏の世界』新宿書房、二〇〇五年
ユルゲン・タウツ（丸野内棣訳）『ミツバチの世界　個を越えた驚きの行動を解く』丸善出版、二〇一〇年
三橋淳総編集『昆虫学大事典』朝倉書店、二〇〇三年
中沢新一『人類最古の哲学　カイエ・ソバージュ（1）』講談社選書メチエ、二〇〇二年、二三－二四頁
W・ギーゲリッヒ、河合俊雄編著（田中康裕編）『ギーゲリッヒ　夢セミナー』創元社、二〇一三年
内藤礼（聞き手中村鐵太郎）『母型』左右社、二〇〇九年
内藤礼「自然の中の作品。作品の中の自然。」マウジン、二〇一一年（https://webarchive.musabi.ac.jp/maujin/2011/archive/naito_rei/）
公益社団法人直島福武美術館財団（下岡尊文、横溝舞、逸見陽子編）『豊島美術館ハンドブック』直島福武美術館財団、二〇一一年
内藤礼『死者のための枕』国立国際美術館、二〇〇二年
NHKスペシャル「ヒグマと老漁師～世界遺産・知床を生きる～　大瀬初三郎」二〇二〇年
星野道夫『ナヌークの贈りもの』小学館、一九九六年

コラム　石原シノさんの姿

聴き手　猪股剛
文　長堀加奈子

このコラムでは、他とは少し趣向を変え、石原シノさん（九十一歳）へのインタビューを通じて、昭和初期の農家の生活について思いを馳せたいと思います。

シノさんは農家の末娘として生まれました。末娘だったのでシマコと名付けられましたが、長兄が出生届を出す際に名前を忘れて咄嗟にシノと届け出たそうです。ですから、実家でシノさんはシマコと呼ばれていました。しかも届出の性別が間違っており、戸籍上はしばらく男性として過ごしました。

シノさんが生まれ育った集落では、嫁に来る人は大変だ、といわれていたそうです。なぜなら、非常に勤勉な一族だからです。「働きっぷりはよかったねえ」とシノさんは語ります。田植え期には朝三時に起きて、日の出とともに田植えを手伝っていました。しかし戦争がはじまり、お米はお正月にしか食べられない希少品となります。かぼちゃなどを栽培して糊口を凌いでいました。十五歳で終戦を迎えたシノさんは、二十歳で石原家にお嫁にいきます。姉妹は勤め人のところに嫁ぎましたが、一人くらいは農家へと長男が嫁入り先を決めたそうです。結婚するまで、夫と会ったことはありませんでした。

石原家では実家ほどは働かなかったと語るシノさんですが、その一日の忙しさは現代を生きる私たちの想像を絶します。田植え期に早朝から作業することは先述の通りですが、日中は実家ではしなかった肥し撒きをするようになり、牛や鶏の世話もありました。畑作業もあったので、夕方にはきゅうりやトマトなどの野菜の収穫をし、夜には繕い物などの夜なべをします。それでいてお金だけは夫が翌朝農協で受け取ってしまうそうです。農業のほかには養蚕もしていました。春から晩秋よりさらに遅い晩晩秋までは蚕のお世話で、日中桑の葉を刈り、深夜に何度も起きて蚕に桑の葉をくれなくてはなりません。姑がやるので、嫁の身としては夜中でも起きざるを得なかったといいます。夫は流しのアコーディオン弾きをしに夕方から出かけてしまうので、シノさんは子育てと農業と養蚕と夜なべ仕事をして、さらに七十歳までお勤めをしていました。当時、専業主婦はいなかったそうです。シノさんの当時の楽しみは「若妻会」の慰安旅行で、その時には子どもを姑にあずけて集落のお嫁さんだけで自由に過ごすことができました。

シノさんは、当時を「日曜も祭日もありやしない」といい、農業が機械化した今は「毎日日曜日、正月。本当だよ」と笑いながら語ります。それでも当時、休みたいなんて思ったことがないそうです。

「おかしな話みたいなんだけど、本当なんですよ」と何度も笑いながら当時を語ってくださったシノさん。おそらく、インタビューの中では語られなかったご苦労も多々あったのだと偲ばれます。お話を伺って、かつては生きることと働くことがとても近くにあったのだと感じました。

第五章

動き続ける現代の心

日本昔話「おむすびころりん」をヒントとして

猪股　剛

はじめに――都市に生きて自然と関わる――

日本昔話には「おむすびころりん」というよく知られた物語がある。本章では、この昔話を辿り、それを心理学的に読み説きながら、現代の私たちの心の動きに思いをはせてみたい。

なぜそんなことをするのかと言えば、古くから続く物語には、私たちの心の生活の根源的な型が見られるというC・G・ユングの元型論を、私が下敷きにしているからである。では、なぜ数ある昔話の中から、「おむすびころりん」が選ばれたのかと言えば、コロナ禍の現代において、都市に生きる私たちが自然との接触を渇望し、同時に、自然に還ることができずにいるとき、都市に生活しながらも自然と接触するヒントが、この物語の中に隠されているように感じるからである。

著者である私は都市で生活し、一般にカウンセリングと呼ばれる都市的な相談活動を生業とし、さまざまな症状や悩みを抱えながら都市で生活する人々のお話を聞いている。そして、彼らの心に関わりながら、その人生が更新されていく作業に携わっている。このような作業を私たちは心理療法と呼んでいるが、それはシャーマニズム的な儀礼や魔術的な治療や宗教的な告解の影響を受けながら、二十世紀になってはじめて成立したものである。心理療法は、そうした一昔前の儀礼や人々の暮らしからたくさんのヒントを得て生み出されたものであり、同時に、その一昔前の人々のあり方が成り立たなくなったときに、その喪失の痛みを抱えながら生み出されたものである。そういう意味でも昔話にもう一度立ち返って心について考えてみたいと思う。

都市に生活していると、たとえ自然に還るという標語を掲げても、実際には心底から自然の生活を送ることはできない。最近はキャンプやグランピングも流行して、都市から離れて自然に触れ、一時の解放を味わい楽しんではみるものの、普段の生活はやはり都市的なままである。生活だけでなく、私たちの考え方や感じ方や、その心のあり方は、自然を信頼して身を預けるところからは遠ざかっている。一方で、二〇二一年現在、長く続くコロナ禍にある私たちは、ウイルスから身を守るために引きこもる生活を強いられ、同時にそこからの解放を模索して、その解放の先として、より一層、自然を求めている。都市で生きながら自然を求め、しかし自然と一体の生活は営めない。自然と接触しながら、それでも都市で生き続けるために、私たちは何をどのように考え感じていったらよいのか。私はそのヒントを探している。

そのために、「おむすびころりん」を心理学的に読むだけでなく、都市から離れ、狩猟・採集・農耕の生活を営む人たちのもとを訪ね、その方たちの話を聞かせてもらい、その活動の一端を体験させてもらってきた。渋川や前橋や秩父で農耕と農耕文化を経験し、庄内地方や北海道で狩猟・採集とその文化を知り、富山や鶴岡でもの作りを経験してきた。どの体験でも、いつも繰り返し土地の人たちに温かく迎えられた。彼らの衣食住はいずれもが豊かで、一つ一つの体験が生き生きと新鮮なものだった。そうした場所を訪ねて活動する度に、私は毎回そのままその土地に居続けたいという思いに駆られてきた。その方がよほど精神的に豊かで、人間らしい生活が送れるように感じていた。しかし、私は都市で生きる者であり、一人の心理療法家として都市で生きる人々にお会いしている。私が一人で自然豊かな場所で暮らしはじめても、都市で生きていくヒントは、残念ながらつかめないだろう。そのように自覚しながら、いつも繰り返し、豊かな狩猟・採集・農耕生活から身を引き剝がして、都市に帰ってきた。自然に還るだけでは、都市の心は本当の意味で豊かには展開することはないからだ。たとえば、心理療法を必要とするクライアントたちが、生まれ故郷に帰ったり、転地療法的に住む場所を自然に近いところに変えたりすることはあるが、それだけで、心の状態がよくなることはない。

そんなことを考えていると、トーマス・マンの『魔の山』を思い出す。それは素晴らしい小説だが、学生時代に読み終えたとき、大きな衝撃として心に刻まれたのは、主人公のハンス・カストルプが、山の上での七年にもわたるサナトリウム生活を辞して街に帰ることになった顚末である。肺結核を病んだ上での隠棲生活とはいえ、山の中への転地療法と、サナトリウムにいる人々との心の交流はとても豊かだった。そこでは、人間について、自然について、歴史について、そしてたましいについて、深く広くたくさんの人々との対話が展開され、ハンスは多くを学ぶことができた。彼の七年間はとても豊かだった、はずである。それは、心の旅、あるいはたましいの遍歴とも呼べる時間であった。しかし、精神的な病に悩んだ末に頭にピストルの玉を撃ち込んだ友人の自殺を機に、山の生活の終わりが唐突に訪れる。しかも、ハンスは、その物語の最後に、山を降りて、兵士として戦場に出て行く。作者であるトーマス・マンは、ハンス・カストルプの山の中での生活を「自由のための冒険」であると言い、「錬金術的冒険」であると評しているが、この終局を見てしまうと、それは再び戦場に出るための休息期間でしかなかったようにも思えてしまう。この『魔の山』という作品への返答は、心理療法を営む者に課された宿題のように私は感じ続けてきた。

おそらく、現実に自然に還るだけでは、そこで療養して再び都市に戦いに帰るだけである。心の病に役立つものはほとんどない。更にトーマス・マンは心に隠棲する錬金術的な冒険さえも役に立たないと言っているように思える。では、自然に還っても無駄で、心に還っても無益で、ただ解決されない課題を抱えながら、私たちは途方に暮れるしかないのだろうか。そもそも、何もかもが役には立たず、すべては無駄なのだろうか。そういう諦念の雰囲気の中に、コロナ禍の現代はあるように思う。精神的な悩みを抱えたものは皆、抜け出すことのかなわない悲観の中に取り残されている。

だからこそ私は、答えのない道を進むために、「おむすびころりん」という昔話の読解を通じて、山と都市のあいだを、自然と人工のあいだを、心の中を、もう一度歩いてみたいのである。

「おむすびころりん」

現代の私たちの心の生活にとって、この昔話はたくさんのヒントを含んだものだと思われるが、その内容は素朴である。「鼠浄土」や「鼠の餅つき」などさまざまな呼び名があり、少しずつ異なる物語のヴァリエーションがあるが、まずはその典型の一つをここに紹介したい。

むかしむかし、あるところに、はたらきもので、こころのやさしいおじいさんとおばあさんがありました。おじいさんはいつものように山へしば刈りに行きました。おひるになって、すっかりお腹がすいたおじいさんは、「さて、おばあさんが作ってくれたおむすびを食べようかのう」と、切り株に座ったところ、おむすびの入ったつつみから、おむすびが一つ転がり落ちてしまいました。おむすびはころころころりと山を転がり落ちていきます。「こりゃ待て、こりゃ待て」。おじいさんはおむすびを追いかけます。転がり続けたおむすびは、大きな木のそばの穴の中へ入ってしまいました。おじいさんはその穴をのぞいてみますが、真っ暗でよく見えません。すると穴の中からは楽しそうな声が聞こえてきました。「おむすびころりん、こんころりん。おむすびころりん、すってんとん」

「おやおや、これはおもしろい」

すっかりうれしくなったおじいさんは、おむすびをもう一つ穴の中に入れてみました。するとまた歌が聞こえてきます。

「おむすびころりん、こんころりん。おむすびころりん、すってんとん」

穴の中からはさらに楽しそうな声が聞こえてきます。穴の中の声が気になったおじいさんは、穴の中に入ってみることにしました。「えいっ」、とおじいさんは穴の中をころころころりと転がり落ちていきました。

「おじいさんころりん、こんころりん。おじいさんころりん、すってんとん」

また楽しい歌が聞こえてきます。穴の底まで落ちてみると、そこにはたくさんのねずみが住んでいました。ねずみたちはおじいさんが落としたおむすびをおいしそうに食べていました。

「おじいさん、おいしいおむすびありがとう！　どうぞゆっくりしていってください」とねずみたちが言いました。

「おもちはぺったんこ、こがねはざっくりこ」

ねずみたちはみんなでごちそうをつくって、おじいさんの前に並べました。「おじいさん、さあどうぞお腹いっぱいめしあがれ」。そしてみんなで踊りを踊ってくれました。ごちそうと鼠たちの踊りにおじいさんは大喜びでした。

「おもちはぺったんこ、こがねはざっくりこ、おみやげはどっさりこ、またまたおいで」とねずみが歌って、おみやげまでどっさりいただきました。

おじいさんはおみやげの箱を持って家に帰りました。家で箱をあけてみると、箱の中にはたくさんの小判が入っていました。それからおじいさんとおばあさんはいつまでも幸せに暮らしました。おしまい。


このあと、となりのおじいさんの話が続く版もある。そのお話では、欲深いとなりのおじいさんが餅も小判もすべて独り占めしようとして、鼠たちを追い払うつもりで穴の中で猫の声色で「にゃーおー」と鳴く。すると、鼠たちが大慌ての大騒ぎになって、同時に鼠の穴は崩れてしまう。そして、おじいさんは土の中に埋もれて亡くなってしまう。

さて、「おむすびころりん」の物語は、たくさんの昔話と同じように、「むかしむかし」という言葉で始まる。これは、時間的に「遠い昔」のお話であると私たちに教えてくれるものだが、心理学的な「むかしむかし」は、時間軸を遠く遡ることを意味しているだけではない。「むかしむかし」とは、一つの呪文であり、この言葉が唱えられると、そのあとには何が起きてもよいことになる。つまり、この言葉によってファンタジーの空間が開かれる。私たちが通常生活している世界には、さまざまな決まりごとがあり、いろいろな慣習があり、科学的に解明された理もある。しかし一旦「むかしむかし」が唱えられたなら、もはやそうした決まり事はすべて力を失って、何が起きてもよい自由な世界の扉が開かれる。さらに心理学的な言い方をすれば、「むかしむかし」という言葉と共に、私たちは「心の奥底」に転がり落ちていく。そこは私たちが普段意識することのない心の深層で、その深層には、自分と常に関わりを持ちながらも、言語化して把握することの難しいものが多様に生き生きと存在している。

この物語で、その深層にまず現れるのは、「はたらきもので、こころのやさしい」お爺さんとお婆さんである。この言葉はとてもこころよい響きを持っていて、こんな言葉を耳にすると、そうしたお爺さんやお婆さんに会いたくなってくる。実際この数年のフィールドワークで、七十代、八十代、九十代の方々のお話を聞かせてもらってきたのだが、振り返ってみると、実際にみなさんが「はたらきもので、こころのやさしい」方であったように思う。農作業をしている方でも、熊撃ちをしている方でも、もの作りや採集をしている方でも、みなさん同じように「はたらきもので、こころやさしい」お爺さんやお婆さんであったと思う。そのように居られる秘訣は、私にはまだわからないのだが、昔話を読み解くに当たって、この「はたらきもの」にどういう意味があるかと問えば、言葉通りの意味以外に、「心の中で常に働き続けているもの」という含意がある。つまり、働き者であるお爺さんとお婆さんによって表されるものは、私たちの心の中でいつも知らず知らずのうちに活動し続けているものである。そして、「こころのやさしい」にどういう意味があるかと言えば、実際の心の優しい人がそうであるように、さまざまな物事に対して心が柔軟で、新しい出来事でも不思議な出来事でも、それに寄り添い感じ考えることのできる状態にあることを表している。つまり、豊かで柔軟な心の活動性が、この物語では語られようとしている。

少し物語から離れるが、私はこのようなお爺さんお婆さんの姿から、フィールドワーク中にインタヴューをさせてもらった石原のお婆さんの姿を思い起こす。彼女は、インタヴュー当時九十一歳だったが、老いを感じさせることもなく、かくしゃくとして、彼女の生きてきた半生を二時間に渡って話して聞かせてくれた。石原さんは、二十歳で嫁いで以来、七十年間ずっと農耕に関わる生活を送ってこられた。嫁いだ先は、稲作と畑と養蚕を生業としていた。話を聞いていると、とにかく朝から晩まで毎日働き詰めである。たとえば、春の朝は、まだ明るくなる前の三時に起床して、苗床を用意して、日が昇ると同時に田んぼに駆けだして、みんなで一斉に田植えを始めたという。フィールドワークで私たちも田植えに参加したが、二時間もすれば腰が痛くて疲れてしまい、五人で一反の半分も植えることができなかった。だが、石原さんたちは一日で何反もの田植えを終えて、しかも午後からは畑で作物の手入れをして、朝昼晩の食事を作り、洗濯や掃除までやり終えてしまう。そのうえ夜になると、蚕部屋に上がって桑の葉をお蚕さまにあげる。夜中に桑の葉を食べて成長するお蚕さまたちのお世話をするために、夜の十二時にも、深夜二時にも起きて桑の葉をあげに行ったようである。しかも、農耕に関わる限り、いわゆる休日というものはない。どこにも休息がない。一体どうやったらそんな生活が可能なのか、私には想像も付かないのだが、石原さんはとても楽しそうに、その働き詰めの生活を話してくれた。私は思わず、「今の私たちは、とてもそんな風に生活することはできません。午前九時から午後六時まで働いて、土日の週休二日がある現代の生活は、石原さんにはどんな風に見えますか」と聞いてしまった。すると彼女はとてもにこやかに、「みなさん、毎日が祝日ねぇ」と言われて、その場に居るみんなで声をあげて笑ってしまった。

「むかしむかし」、「はたらきもの」で、「こころやさしい」お爺さんお婆さんという存在は、こういう豊かさの中に存在しているようである。今の私たちが同じように働いても、同じような豊かさを体験することはできないのかもしれないが、このような深層の活動性に思いをはせるところから、新しい物語は始まるように思う。

しば刈りと場所――所有をめぐって――

こうして、いよいよ物語は動き始める。まず「おじいさんは山にしば刈りにいく」。このしば刈りが、民俗的に何を示しているのか、それにはさまざまな議論がある。文字通り木を切りに行ったと理解されることもあるが、山に入って山からものをいただいてくるさまざまな活動を指しているとも言われる。つまり、山菜やキノコを採集する営みや、兎や鹿や熊を狩る猟など、山から何かをいただいてくること全般を「しば刈り」と呼んでいるというのである。

春の山菜採りには、心躍る楽しさがある。あれが、お爺さんのしば刈りならば、毎日おにぎりを持って山に行くのも悪くない。雪が溶け、新緑が美しく、まだ春先の風の冷たさが感じられる。流れる川の水には雪解け水が入り込んでいるため、触れるとキンとして身が引き締まる。そんな中に、土をかき分けて山菜たちが芽吹いている。どの山菜も独特の芳香を放ち、しかもいずれも土の力強さを芯に秘めている。そんな山菜をていねいに摘んでいると、山の恵みを享受して、温かい気持ちになってくる。こころのやさしい、はたらきものに、自分も成れるような気がしてくる。しかも、その恵みをその日のうちに持ち帰って調理して、採集した仲間と共にいただくと、その山の恵みには、えも言われる地力と旨味があって、からだ全体が歓び、心が沸き立つ。それほどに春の山のしば刈りは、豊かさで私たちを迎えてくれる。

しかし、人間が立ち入り、そこに住まい、何かをいただくことのできる山というものは、そもそも現代の私たちの都市生活からあまりにもかけ離れている。たとえば、私たちの土地に対する感覚は、しば刈りにいけるような場所を内包してはいない。ただ出かけていき、そこから豊かなものをもらってくるという素朴な大地との関係は成立しがたい。なぜなら土地は誰かが所有しているもので、そこから何かを採ってくることは違法だと感じられてしまうからである。再び物語から少し離れて、土地と人間の関係について、少し考えてみたいと思う。

私は大学のころに、演劇に携わり、舞台作品を作っていたことがある。友人と二人で劇団を立ち上げ、参加者を募り、「京都・古典・劇場」という劇団名で活動を始めてみた。この名称から想像すると、和物の芝居ばかりを制作しているように思われるだろうし、実際、当時もそのように誤解されることが多かった。しかし、そのころ実践したかったことは、「京都」という多層的な歴史ある町で、世界中の「古典」に表現されている人間の営みを舞台として現代に表してみて、そのうえで、鑑賞者も表現者も「劇場」という一つの場所に集って、人間の営みについて共に対話してみることだった。演劇やパフォーミング・アーツに関心を持つ多く人たちは、表現したい内容を持って、その内容を世に問う作品を制作するものだが、当時の私たちには表現したい内容があったわけではない。ただ演劇というメディアを通じて、過去から現在に至る人間の営み全般について対話する「場」を現出させてみたかった。それを「京都・古典・劇場」と呼んでいたのである。

何の経験もないまま素人が劇団を立ち上げたのだから、当然さまざまな障壁に突き当たることになった。その中でも、最も大きな問題の一つが、とにかく「場所がない」ということであった。何をするにしても場所がない。練習のために発声をするにしても、身体を動かすトレーニングをするにしても、戯曲の読み合わせをするにしても、そしてもちろん、舞台作品を発表するにしても、シンプルに場所がない。もともと場所の問題は、ある程度は想定していた。定期的に同じ場所を確保することは難しいと思っていた。だが、流浪するつもりになれば、何とかなるだろうと楽観的に構えていた。幸い当時は学生として大学に所属していたため、空き教室を使用したり、学内のどこかの通路や広場を使ったり、いざとなれば鴨川の河川敷に行っても、大文字山に登ってもよいと思っていた。そうすれば、何とか場所は確保できるだろうと考えていた。いま思えば、大学に依存した学生らしい考えだったと思う。そして、そのお気楽な考えは、すぐに打ち砕かれていった。表現するには、どうしてもある程度固定された場所が必要で、雨風をしのげる場所が必要で、しかも活動を許されている場所が必要であった。しかし、そのような場所は本当にどこにも存在しなかった。

なぜそのようなことになるかと言えば、土地や場所とは、すべて誰かが所有しているものだからである。この日本の土地は、隅から隅まで誰かの持ち物である。私有でなければ、国有という国の持ち物である。他人の土地には自由気ままに入り込んではならない。そんなことは、知識としてはもちろん知っていた。しかし、演劇という表現活動を始めるまでは、そのことを実感できてはいなかった。

もちろん、私たちが、道をただ通り過ぎていく分には、誰からもお叱りを受けることはない。しかし、試みに、同じ場所に一時間ほど居座ってみるといい。少しずつ不審な顔で見られるようになってくるだろう。「場所を占有してはいけない」と咎める視線を感じ始めるかもしれない。同じ場所に長くいると、その周囲にいる人との関わりが生まれてくる。土地に留まれば、関係が生まれ、関係が生まれれば身元をあらためられる。しかも、私たちは、あやしげな台詞の練習をしたり、不思議な身振りの練習をしていた。すると、たちどころに誰かに注意されることになる。「しずかにしろ、邪魔だ、どこかへ行け」。路上は公共の場だが、公共とは自由な場ではなく、多様な表現が許される場ではない。このうえなく統制された標準を守らなくてはならない場所である。

活動を始めると、それが身に染みてわかってくる。先ほど記したように、私たちは「長く続く対話の場」を作り出す方法として、演劇というメディアを選び、パフォーマンスを実践しようとしたのだが、そもそも、そのはじまりの場が見つけられず、対話の場を作り出すことができず、途方に暮れることになった。土地が誰かに属したもので、私的に公的に占有され、対話の場として開かれていないことに出会ってしまった。しば刈りに行ける場は見つけられなかった。そんな中で、わずかながらに私たちに場所を与えてくれたのは、寺社仏閣であり、いわゆるアジールの場だった。私たちの初公演は京都東山にある法然院の一室だった。つまり、この世的なあり方から一歩踏み出すと、所有の問題にとらわれずに済んだ。宗教者になれば、場は開かれるのかもしれないとも夢想した。しかし、そもそも場はなぜ閉じているのだろうか。土地とは、そのように所有されるものだったのだろうか。すべての人に開かれる場は、信仰に頼らなければ、生まれないものなのだろうか。

『ゼロから始める都市型狩猟採集生活』の中で、その著者である坂口恭平さんは、「はたして人間は土地なんて所有していいのだろうか?」と問いかけている。坂口さんは、もともと建築家を目指していたというが、そもそも自分なりの空間を自分の手で制作してみたかっただけで、土地や家を所有したかったわけではなく、建築家になることを止めたという。そして、むしろ路上生活者のミニマルな生活のあり方に共感して、ゼロ円で生み出せる建築としてのダンボールハウスに注目していく。つまり、土地を占有しなくても自分なりの空間を作り出す方法を考えていったのである。そして、路上生活者のあり方は、まるで「都市型の狩猟採集生活」であると坂口さんは論じていく。生活のために必要な「衣・食・住」は、いずれも「手軽に採集できる」。それは一般には「ゴミ」と呼ばれているものらしい。服は大量に捨ててあり、それを拾えばよい。「代々木公園」でも「南千住の玉姫公園」でも定期的に古着などが配布されるともいう。また、さまざまな場所で開催されている炊き出しに出向けば食には困らず、賞味期限切れのものを上手に分けてもらえる場所を見つけることもできる。そして、住まいとしてはダンボールハウスという一時的な住み処を作れば、十分に快適だ。路上生活は、資本主義社会においては貧困と呼ばれる生活形態だが、坂口さんの著作を読んでいると、むしろそれがとても豊かなものに変質していく。所有にこだわらず、「〈都市の幸〉を駆使しながら、創造力を限界まで使い、自力で生きよう」とすれば、都市で狩猟採集生活をすることは可能だという。

都市ではないが、鶴岡で農業に携わりながら知憩軒と名付けられた民宿を営む長南さんにも、これに近いお話を聞かせていただいた。彼女は無農薬の野菜を育てながら、それをすべて自分で調理して、訪れる人に提供してくれるのだが、七十歳を超えた今でも、毎日朝早くから夜遅くまで働いておられる。そうして精力的に毎日の仕事に取り組めるのは、「お金がなく貧しいから」だと彼女は言う。貧しさは、細やかさを生み出し、専有から共有への転換になるらしい。あるいは、自分は貧しくても土地は豊かで、その豊かさは、自分が作ったものではなく、何十年も何百年もかけて、今までの人たちが作ってきたもので、自分はそれを受け継いで、それをまた次に受け渡しているのだという。貧しいのは、嘆くことではないらしい。むしろ、目に見えないものを感じながら生活していくためには、貧しいことは大切なことらしい。長南さんの生活は農耕を主としているが、都市型の狩猟採集生活をしている坂口さんの姿にきれいに重なる。坂口さんの生活や長南さんの生活をヒントにすれば、もしかすると現代でも、土地を所有せず、土地を開放して、表現の場や対話の場がおのずから現出してくるかもしれない。そんなこと想像してみたくなる。都市でも、山にしば刈りに行くことはできるのかもしれない。

考えてみれば当然のことだが、土地はそもそも自然のものである。それは大地として私たちの前に広がっている。フィールドワークでさまざまな土地を巡ったが、自然の豊かな土地に差し掛かると、必ずといって良いほど縄文時代の住居遺跡がある。川が流れる山の端や、草木が茂る入り組んだ海辺には、人々が暮らした遺跡がある。秩父の奥地でも、鶴岡の山の中でも、北海道の海辺でも、彼らは自然豊かな地域に住居を定め、自然の恵みと共に暮らしを営んでいた。土地は自然のもので、人間たちは豊かな土地に一時的に逗留させてもらい、自然を人間化することなく、土地と素朴に関わっていた。もちろん所有するという発想もなかった。人間は、ユニオ・ナチュラリス *unio naturalis*〔自然との一体性〕の状態にあった。

弥生時代に入り、次第に土地は人に所有されるものとなっていく。自然を切り拓き、自然を制御するように人間は生活を転換していく。藪を切り開いたり、湿地に土を入れたり、土地を開拓し開墾して、人間が住める場所に作り変えていく。作り変えれば、土地は自然ではなく人工のものとなり、作り変えるために手を加えた人が、その土地を私有したくなるのは当然だろう。私たちの生きている二十一世紀では、その開拓がほぼ終えられ、土地はすべて誰かの所有物になっている。

土地だけではない。たとえば、本来は所有されることなく、豊かに共有されるものであったものに、水がある。水も、やはり都市生活の中では管理されるものとなっている。稲作文化を調べていると、農耕地帯でも水を管理し奪い合うことがあったことを知る。田んぼに関わる人々なら誰もが知る「水番」という言葉がある。田んぼに水を引き込む際に、地域共同体では厳格に順番が決められている。だが、その決められた順番を破って水を自分の田んぼにいち早く引き込む水盗人がいるらしい。それを防ぐために、一晩中水路を見張って「水番」をしたのだという。これは俳句の季語になるほど稲作文化に特徴的な風物であったらしい。水は、都市生活以前に、すでに農耕生活においても、共有が難しいものであったわけである。そして、現代になると、私たちは水を飲むのにも、当然のようにお金を支払うことになる。B・ブレヒトの戯曲『セチュアンの善人』には、水を売り歩く「水売り」が登場するが、水のような所有不可能なものさえも所有して、それを資本主義的な交換経済の商品に変えてしまうことが、当時はまだ少々笑いを誘う喜劇的な要素として描かれていたが、現代ともなると、水の売り買いは、想像上の喜劇ではなく、当然の経済活動となっている。私たちは、水道代を払わなければ水は飲めず、ペットボトルの水を買うために出費をする。

歴史を振り返ると、このように水や土地を所有する段階に私たちは至った。それでも、路上生活者のような自由に目が開かれると、しば刈りのような狩猟採集生活が再び可能になる兆しが生まれる。都市型の狩猟採集生活は、もちろんしば刈りそのものと同義ではない。だが一度「自然との一体性」から離れて、土地や水を所有するようになった私たちでも、しばを刈ることはできるのかもしれない。坂口さんや長南さんの話を聴いていると、そのように感じ、その可能性を「おむすびころりん」という昔話は示してくれているように思う。所有されない交流の場がそこにはあるのかもしれない。その様子をもう少し物語の先を追って検討してみたい。物語の中には、しば刈りという狩猟採集の行動様式だけではなく、農耕的なもの作りの要素も描かれ、所有を通過しながら、あらためて人間が自然と関わる様子が描かれている。次にそれを象徴している

「おむすび」と「切り株」について考えてみたい。

おむすびと切り株──自然と人工の狭間に関わる──

現代美術作家である鴻池朋子さんは、「人間がものをつくり生きていくということは、自然に背く行為であり、根源的な暴力」であるという。彼女は、動物たちの毛皮から作品を作り、自然に徹底して入り込みながら制作する作家だが、その彼女が語る言葉だからこそ、人間が行う営みである「もの作り」がそもそも暴力だと言われても、説得力がある。暴力という言葉は過激だが、確かに人間という存在の大きな特徴の一つは、自然から自分自身を切り離すことにある。自然との一体性から暴力的に離脱して、人間の自由を獲得し、そうやって人間に主体性を確保する。それが、人間が人間になるために欠かせない自立の行為である。

本書のギーゲリッヒの論考にもあるように、この暴力は、単に食糧を得るために行われる狩りではなく、ましてや娯楽でもない。そこで狩ることになる動物は、自分と関わりのない生物ではない。自然と一体であったころの私たちにとって、それは、自分の兄弟や親に等しい存在で、場合によっては私たち共同体を支える神のような存在である。つまり、暴力を振るわれて狩られる動物の中に、人は兄弟や親を見つけ、世界を支える自然なる神を見つけて、自分と深く繋がりのあるものたちを殺害し、その血の暖かさや匂いをその身に受け取り、何かを殺さずには生きていけない自分を知り、そして逆に、自分も殺されることのある死すべき存在だと認識する。

狩猟で熊撃ちをして生活している方々のお話を聞いたとき、いつか山の中で突然熊に出会って殺されることがあっても、それは仕方のないことだと思うと言われていた。これだけ山から恵みをいただいているのだから、自分が山に捧げられるのも本望だと言う。その言葉には、自然との交換関係を越えた奥行きがあった。自分が狩ったものの中に自分にとって欠かすことのできない身近なものたちを発見していたことが、もしかするとその奥行きの理由なのかもしれない。

「おむすびころりん」でも、この暴力は象徴的な形で示されている。何気なく語られているものではあるが、山でのしば刈りに疲れてお昼御飯を食べようとするお爺さんは、「おむすび」を取り出して、「切り株」に腰掛ける。この「おむすび」も「切り株」も、人間独自のもの作り行動の所産であり、自然から距離を作り出す行為によって生み出されたものである。

「切り株」とは、切断されて年輪が剝き出しになった木の根や幹を指す。自然の木は、すでに切られている。そして、木が切られた場所には、それが切られたおかげで、空から光が差し込む。そこは、人間にとって見通しがきく場所になり、人間が集まって休息することができる場所にもなる。だからお爺さんは、切り株の上でお昼御飯を採ろうとするのである。切り株のある場所はもはや自然の場ではなく、人間が手を加えた場所である。自然が暴力的に切り取られ、そうすることで生み出された場所であり、人間はそこで安心して食事をすることができる。つまり、暴力によって人間は自然を破壊し、自然を道具に変え、自分が自由にいられる場所を作り出したのである。人間の自由と安全が確保されたことが「切り株」によって明示されている。この土地は、個人によって所有されたわけではないが、人間が自然から解放された場の象徴でもある。

同じように「おむすび」も、実は人間の暴力の産物である。自然の土地を稲作のために開墾して、そこに水を引いて米を作り、作った籾を脱穀し、玄米を精米し、それを水に浸けて炊いて、炊き上がった米を手で握って、そうやって初めてできあがるのが「おむすび」である。自然の恵みをそのままいただく狩猟や採集とは異なり、人工的な作業を積み重ねた上で、はじめて手にすることができる。このような「もの作り」の作業そのものが自然に対する暴力であり、自然からの自立の行為となる。

「切り株」も「おむすび」も、人間が人間となるために必要な「もの作り」である。そして、それは人間を自然から自立させてきただけではなく、その行為を通じて、人間は心理学的に人間になる。木を切ることで取り入れられる空からの光は、人間によって導き入れられた意識の光となる。段階的な作業を経て作られていく「おむすび」は、人間が計画して、たゆまぬ努力の末に生み出すものであるが、その創造行為には持続した意識性が必要である。みずからの手でみずからを育てる。「おむすび」作りはそういう意識を生み出す作業になる。光も食も、それまでは自然そのものであり、自然が動物に与えるものであったが、それを人間が自分の「もの作り」によって、再創造する。そうやって人間は、自然からの心の自由も獲得する。

そう考えてみると、切り株に座りおにぎりを食べるお爺さんは、都市に生きる私たちに近い存在なのかもしれない。これまでは、都市に生きる私たちが所有を捨て、山にみずからを埋もれさせていかない限り、自然と共にある狩猟採集生活は成立しないように思えていた。しかし、この「切り株」と「おむすび」に関する考察が、もし了解可能なものならば、もしかすると、物語の中でしば刈りに行ったお爺さんも、実は自然との一体の状態にはなく、自然から距離を取り、切り株とおむすびを手にした人間で、都市の生活を始めた者なのかもしれない。

さて、この「おむすび」は、言葉の響きの通り、「結ぶ」という行為を内包している。それは人の手によって生み出された人工的なものだが、それが三角の形をしているのは、「山」という自然のご神体を表しているとも言われている。つまり、おむすびは、食糧という人工と、神の宿る山という自然とを「結ぶ」象徴的な意味合いを持つ。「結界」という言葉があるように、「結ぶ」行為には、神聖な意味があり、それは二つの世界を結び、人間と自然とを、あの世とこの世とを結んでいる。

同じように「切り株」も、場の再創造であると同時に、人工と自然を結びつけるものでもある。木を切り、光を取り込み、空間を広げるという意味では人工の作業であるが、そのように光が取り込まれた切り株には、キノコが自生し始める。キノコは木材腐朽菌として切り株に生息して、ゆっくりと時間をかけて木を分解して土に返していく。切り株は、人工であると同時に、その人工から生まれる新たな自然の温床でもある。そして、そこに生えるキノコをいただくのが、採集生活であり、お爺さんのしば刈りである。これもギーゲリッヒの論考に記されているが、日本の心の特質には、構造的に全く別種のものを、並列させ共存させる傾向がある。人工と自然が併存しても、そこに衝突や葛藤が生まれない。その功罪は別途論じる必要があるにしても、新たな世界が今までの世界を凌駕するのではなく、結界を作りながら人工と自然が併存するのが日本独特の心性なのかもしれない。

さて、こう考えてみると、おむすびも切り株も、一様には理解できない動きを孕んでいる。それは、人工と自然の間を行き来しながら、その意味合いをその都度変えていく。鴻池さんは、「人間は一匹の動物として一人一人全部違う感覚で世界をとらえ、各々の環世界を通して世界を眺めている。それらは一つとして同じものがない。同じ言葉もない。同じ光もない。芸術がそのことに腹をくくって誠実に取り組めば、小さな一匹にとって世界は官能に満ち、やがて新たな生態系が動き出す。イリュージョンを言語にすり替えず、日々出会うものたちをしっかりと手探りし、遊び、粛々と自分の仕事をしていこう」という。イリュージョンを言語にすり替えない、という提案は面白い。どこまでがまぼろしで、どこからがリアルなのかを確かめたくなるのが、イリュージョンというものだが、急いで言語に切り替えなくてもよいという。一つ一つ、その時その場で、その現象に手探りで関わっていくと、幻とリアルを共に含み、人工と自然を共に含む新たな生態系が生み出される可能性があるのかもしれない。

昔話のお爺さんはしば刈りに行ってこの作業に取り組み、鴻池は一つとして同じ言葉も同じ光もないことに腹をくくって制作を始める。心理療法家である私は、この作業を心で行なおうとする。ユングはよく、魂に耳を傾けたソクラテスの姿を引用する。「人は魂に耳を傾けているのでしょうか？　私たちが言葉を話していると、魂は何も語りません。それは存在すらしません」。「今、発言権を持つのは、それ（魂）であって、あなたではありません」とソクラテスは言ったらしい。そして、「この『素朴さ』がソクラテスの偉大さなのです」とユングは言う。魂なんて現代ではイリュージョンでしかない。でも、山に入ってしば刈りをするとき、たいてい黙して作業する。耳を傾け作業する。自分の暮らす街の雑木林に入って、ただ耳を澄ますといいのかもしれない。雑木林がないならば、裏道に無造作に置かれているプランターの植物たちの前に腰を下ろして見てもいい。数百年前の原生林を求める必要はない。自分が発言することを控えて、耳を傾ける。大事なときに発言権を持っているのは、自分の欲望ではなく、まだ意味が確定しない自然と人工の狭間にあるものだと知ればいい。素朴であればいい。

おむすびが転がり、鼠と出会う――不可解さとの出会い――

さて、ここで物語は大きく展開する。人工物であり、自然物であり、その二つを結ぶ役割を果たす「おむすび」が、お爺さんの手元から転がり落ちていく。転がり続けたおむすびは、大きな木のそばの穴の中へ入って、お爺さんがその穴を覗くと、その中は真っ暗でよく見えないのだが、穴の中からは楽しそうな声が聞こえ、「おむすびころりん、こんころりん。おむすびころりん、すってんとん」と歌っている。

おむすびが転がって地下に入るとは、一体どういったことだろうか。このおむすびは、いま話してきたように、二つの世界を結ぶ役割を果たすものである。そのおむすびが、お爺さんの手を離れて転がって、穴の中に入っていく。この地面に空いた穴は、地下に続き、あの世に続く。

人類学者のティム・インゴルドは、「生者が世界の中で前に進むときには地面の上に先行者が残した軌跡を辿るのに対して、死者は隙間を通って、行く手を糸で縫うように進まねばならない」という。大地の上に人間がいるとき、その空間を上から俯瞰して、地図を描くように大地に線を引いて、その線を辿りながら行動することができる。生者は、点と点を線で結んで、それを関係づけて理解して進む。しかし、地下に入り込むと、その暗い空間は俯瞰することができず、線を描いて理解することもできない。地下の世界を進むには、糸を辿るように進む必要があるとインゴルドはいう。先は予測できない。「幽霊となった旅人は、自分が表面の全くない世界にいることに気づく。すべての小道は今や軌跡ではなく糸である。全貌は決して見渡されることは」ない。

フィールドワークでしばしば刈りに森に入り、キノコを採集した。木々に囲まれた山の中にいると、森というものの見通しの効かなさを実感する。それまで、人が踏み固めた道のある山しか知らなかった私は、自分の周りに広がる同じような風景の繰り返しに驚かされる。玄人の採集者たちは山の中の木々や尾根や沢を一つ一つ見分けることができるらしい。しかし素人には目印になるものを見つけ出すことができない。森の中を通っていく線を作り出すことができない。もちろん上から見下ろす地図を想い描くこともできない。しかも、少しでも日が陰ると、太陽の方角がわからなくなり、光が差し込む方向が不明確になって、方角も見失ってしまう。まさしく、キノコ採集の森は、地下の迷宮の構造を持っているかのようで、進むべき道がわからず、ただ糸をたぐり寄せるように進んでいくしかない。しかも、素人である私たちには、その糸が何処につながっているのかがわからない。ああ、この感覚は面接室の中で、クライアントの話を聴いているときの感覚だ、とほのかに感じる。ただ迷うしかない状況におかれて、それでいて、森のキノコ採集は、宝探しのような楽しさもあって、あちこち歩きながら、直観を頼りにさまよってしまう。都市生活で培った直観は、実は山の中ではあまり役に立たない。それでも、直観に従ってさまよい歩くのが楽しくもあり、ときおり見つかるキノコが自分に語りかけているような気さえしてきて、地下迷宮を歩く死に近い怖さを感じることはない。

しかし実際には、採集の際に山で遭難する事故はあとを絶たないらしい。遭難の知らせが入れば山岳救助隊が動き出すわけだが、上からの見通しのきかない森の中で遭難者を見つけ出すのは、山を知り尽くた者たちにも難しいらしい。おそらく遭難者が辿った糸を見つけ出さなくては、その居場所が見つけられないのだろう。しかし、森の中で一本の糸を見つけ出すのは容易なことではなく、それは偶然の産物のように思われる。実は、私たちが採集のフィールドワークをしているとき、仲間の一人が遭難しかけたことがあった。彼は、周りに誰もいないことに気がついたとき、とにかく道路に辿り着かなくてはならないと考えて、自分に見えた糸をたぐって進み続けたようである。私たちは彼を見つけ出すことができなかったのだが、たまたま彼が糸を辿っていった先に林道への出口があり、そこにたまたまバイクで通りかかった地元の方がいて、その人に助けられることになった。彼が摑んだ糸が、別の人の糸と交わったわけだが、あの広い森の中で二つの糸が交差するなんて、偶然にしか思えない。

このような山の中の糸たぐりを表すために、猪谷六合雄という人物の体験を取り上げてみたい。彼は日本近代スキーの草分けと言われ、現代人が失った「自然」を内部にかかえた自然人であると評される。猪谷は闇夜に山を下ることがあるらしく、それを次のような文章で書き留めている。「実際に勘の良いときには厚い靴底を通して、（中略）人の踏んだところと踏まないところがはっきりと感じられたり、足先がちょっと石に触っただけで、その石が安定かどうかの判断がつく。また手や顔に当たる冷たい微風や、急に変わってくる谷川の音の調子などで、崖の上に出たことや道の曲がり目がわかったり、林の中で見上げる空に、微かに浮いて見える梢の形などから、およその道の方向が直観できたりするようなことがある。（中略）もしも途中で一度でも懐中電灯などをつけたら最後、すっかり勘が悪くなってしまって、かえって歩けなくなる」という。闇夜では目に頼った認識から離れざるを得ない。そうすると、必然的に感覚的な直観に頼りながら進むしかなくなる。足の裏側の感覚や、風を感じる肌感覚や、水の流れを知る聴覚など、さまざまなものを駆使して闇夜の中を進んでいく。これがおそらく糸を辿るような進み方なのだろう。しかし、それがわかることと、それを行うことには、大きな差がある。

月山を訪れ、本宮での黄昏時の祭事に参加した後、たった百メートル先にある山頂小屋に帰るのが私には至難の業だった。あたりは完全な闇夜、雨も降る中、同行五人の中の一人が持っていた懐中電灯の光を頼りに進むものの、自分の足元は全く見えない。一歩一歩探り探り慎重に歩き、その短い距離を歩くのに通常の何倍もの時間と労力をかけた。そのことを思い起こすと、糸を辿って進むのは、都市的な人間にとって並大抵のものではないと思う。おむすびが転がり落ちていく穴の中を、猪谷六合雄のように進むのは、容易ではない。

だが、おむすびが落ちた穴の中からは、鼠たちの歌うリズミカルで楽しげな歌声が聞こえてくる。「おむすびころりん、こんころりん。おむすびころりん、すってんとん」。

二つの世界を結ぶおむすびは、地上と地下のあいだをつなぐように穴に落ち、地上的な線形の理解を、地下の糸形の行為につないでいく。しかも、この歌が聞こえてくるところで、それは、鼠と人間という別様の二つの存在も結びつけてくれる。鼠たちの歌声に誘われて、お爺さんは、穴の中が真っ暗で何も見えないことを忘れてしまったかのように、そこに飛び込んでいく。「おじいさんころりん、こんころりん。おじいさんころりん、すってんとん」と歌われると、まるでお爺さんとおむすびが同じようなものに思えてくる。転がり始めると人もおむすびもあまり変わらないのかもしれない。もしかするとお爺さんも二つの世界を結ぶ者なのだろうか。いや、お爺さんはもしかすると、おむすびとなって鼠たちの食べ物となるのだろうか。そんなことを考えてみたくなる。地下に落ちると、私たちの通常の意味づけは消えてしまい、ただそれはいずれにしても転がっていくだけなのかもしれない。糸をたどり、直観を頼り、その上で最後は、暗闇を恐れず穴に入って転がってみる。それが私の探している道行の勘どころかもしれない。

ところで、ここで地下世界に現れた鼠とは一体何だろうか。通常の現実では、鼠は米倉を荒らす害獣である。つまり、おむすびをお供えする対象ではなく、むしろ米を守るために駆除しなくてはならない対象である。しかし、昔話はそんなことは語っていない。

鼠は、多産で、すばしこく、十二支の先頭に位置する。たくさんのものを生む繁栄を表すと共に、何か新しいものの現れを示す。鼠はどこかにたくさん生息しているように感じられるが、また、急に出会うと驚かされもする。豊かにたくさんあることと、新しすぎて意味をとらえることができないことが、鼠という動物象徴に共存している。たとえば、私たちが都市に暮らしていると、地下鉄の構内を走る鼠を見かけることがあり、見かけると驚かされるが、都市の地下には鼠がたくさん暮らしていて、何か新たな出来事を準備しているのかもしれないと考えてみたくなる。鼠こそが都市で生きる術を心得ていて、都市生活の新たな方法を準備して、それを知らせに地下鉄の構内から、突然飛び出してくるのかもしれない。この鼠に思いをはせることが都市生活のヒントになるかもしれないと仮定して、鼠のもたらす新しい不可解さについて、少し検討してみたい。

鼠の新しさを不可解なものとして扱った物語に、F・カフカの「歌姫ヨゼフィーネ、あるいは二十日鼠族」がある。その中で歌われるヨゼフィーネの歌は、誰にも理解できない歌であり、そもそもそれが歌であるのかさえ判別できない。それは、聞き取られることのない鼠のチューチュー鳴きだとも言える。聞き取ろうとしても、それが何かがわからず、ましてや意味など把握できない。

ユングは、このような不可解さこそが、隠れた可能性を探す心理療法の仕事の始まりであるとしている。彼は、次のように語る。「私の事例の大多数では、意識的な精神の資源が枯渇している（あるいは、通常の言葉で言うと、患者たちは「行き詰って」いる）。私が隠された可能性を探さざるを得なくなるのは、主にこの事実からである。私は患者に何を言うべきか知らないのだ。『アドバイスをしてください。どうしたらいいですか』と言われても、私もわからない（中略）。そのような場合に、その後、私の注意は特に夢に向けられる。これは、救済は必ず夢によって生じるという考えに私が縛られているからではなく、万物の必然的な形成過程を示す神秘的な夢理論といったものを私が携えているからでもない。非常に単純に、困惑しているからである。他のどこに助けを求めたらよいのかわからず、それを夢の中に見つけようとする。夢は少なくとも、何かしらを指し示すイメージを私たちに提示してくれる。何もないよりはずっといい。私は夢についての理論を持たず、夢がどのように生じるのかを知らない」。ユングがここで語っているのは鼠についてではなく夢についてだが、困難に出会ったときには、その不可解さに身を置くことが唯一できることらしい。あれこれと画策せずに、自分が答えを知らないことを認めて、現れてきた不可解なものに頼る。それ以外に方法はないらしい。

あるいはまた、カフカの鼠族を解釈したW・ベンヤミンは、この不可解さを「逃走のための担保」であり、同時に「希望のための担保」であるという。鼠の歌は「未完成であると同時に日常的で、慰めを与えてくれると同時にばかばかしく思える世界」から響いてくる。「その歌の中には、貧しくて短かった幼年時代の何かが、失われていって二度とふたたび見つけ出せない幸せな何かが、しかしまた、活動的な現代の生活の何かがある。すなわち、この歌の中には、この生活のささやかな何かが、理解を超えていて、それでいてしっかりとここに在り、決して滅ぼされることのない活気という何かがある」という。つまりこの不可解さには遠い過去と活動的な現在の両方がある。一方はもはや遠すぎて理解できず、もう一方は現在において活動的なために、対象化できず、やはり理解できない。おむすびが転がって行く先に現れた鼠たちは、豊かで楽しげで、昔からそこに居るようにも見えるし、今はじめて現れたようにも見える。言葉にならないものは不可解だが、だからこそ、そこに可能性や活動性がある。私たちの通常の意識では理解の及ばない潜勢状態にある現象を、鼠たちは提示してくれている。だからこそ不可解さは、逃走や希望のために取っておかれている担保だ、とベンヤミンは言う。

ユングは、また別の文脈で、不可解なものを理解するもう一つの方法として、老齢を挙げている。「老齢というものは、みなさんもご存知のように、困ったものです。ですが、それはことの半分に過ぎません。老いていくさまざまな場面で、自分自身との馬鹿げた同一性を作り出している身体機械が、ゆっくりと壊れていきます。それはしかし、実際には大きな成果なのです。老いによって、身体に取り巻かれた狭隘さから解放され、心は世界の無限なヴィジョンへと開かれていきます。（中略）私たちが、世界を誤った側から見ている可能性はないでしょうか。私たちの観点を変えてみることが答えにつながるかもしれません。逆側から見るのです。つまり、世界を外側から見るのではなく、内側から見るのです」。年老いることは世の中の生存の原理から離れて、生存の原理では理解できないものと関わる際に有効である。ユングの言うように、老いは不自由なものであるものの、身体的な狭隘さから私たちを解放し、無限という領域に私たちを開放し、世界を別の側から見る機会を与えてくれる。つまり、お爺さんも、鼠と同様に、既存の意味から解放された新しい可能性を知る者だと考えられる。お爺さんが魅力的なのは、その方の生きてきた知識や経験のためだけではなく、彼から新しい自由がほのかに醸し出されているからなのかもしれない。転がりながら出会う鼠とお爺さんは、不可解ながらも、このように新しさと古さを共存させ、私たちに未来の方角を教えてくれている。

幸せとは何か ――意味からの解放――

最後に、お爺さんはお腹も満たされ、お土産をもらって家に帰る。すると、いただいたお土産にはたくさんの小判が入っていて、お爺さんとお婆さんはそれから幸せに暮らしたという。

小判とは、貨幣という意味を持つだけでなく、黄金であるという点で、貨幣的な価値を超えた永遠なる価値を持つものである。錬金術では、この黄金は既存の金属ではなく、人間の心の作業によって生み出される宝であると考えられる。錬金術師は、通常の黄金を錬成しているのではない。もの作りをしている自分が、その対象物の中に入り込んで、自分と物質とが一体となってできあがってくるのが錬金術の黄金である。だからこそその黄金は卑俗なる黄金と呼ばれる。この考えに従えば、鼠の浄土で土産に渡される小判は、通常の黄金ではなく、お爺さん自身がおむすびと共に鼠の穴に入り込んだからこそ生み出されたものである。この黄金は、新しい黄金であり、お爺さんと鼠が一緒に生み出した可能性だとも言える。

物語の中にも、実はそのことがほのめかされている。小判を手にしたお爺さんとお婆さんは

「幸せ」になったと言われている。だが、そもそも幸せとは、目に見える物質によって定義しえるものではない。幸せとは何かという議論は、愛とは何かという議論と並んで、おそらく人間がながらく抱えたまま、答えの出せない難問の一つだろう。定義ができないまま、数千年のときを経ていると言ってもいい。つまり、幸せは実体としては示し得ず、概念化できない。その幸せと物語の中で直結している小判は、物語の中で示されているようでありながら、実はいかなるものなのかは明示されておらず、幸せを生み出したものが実のところ何なのか、私たちにはわからない。

しかしもちろん、人はそれを物質的なものだと取り違えてしまうことも多い。最後に登場するとなりのお爺さんは、小判を独り占めしようとして、地中に埋まってしまう。このお爺さんを欲深い悪者だと理解して、欲をかくなという道徳的な教訓が昔話から引き出されることも多い。だが、このお爺さんは、もとのお爺さんの一つのヴァリエーションであり、私たちの心に住むもう一人の自分の姿である。それは道徳的に抑圧すべきものではなく、豊かでたくさんあることを志向する私たちの通常の姿である。私たちは量的に何かがたくさんあることを自然に喜ぶ傾向を持っている。たくさんのものがあり、多様な種類があり、多産であり、繁栄することを自然に喜ぶ心性が、私たちにはある。豊かであることを志向している内に、小判がたくさんあることを求めて、欲望に正直になって、猫の鳴きまねさえして、多産の象徴そのものである鼠を追い払ってしまうのだから、何とも逆説的である。

貨幣はあくまでも地上の交換経済に置いてこそ意味を持つものであるが、先ほども確認したように、糸を辿って進むような地下世界では、実は何の意味も持たない。しかし、たくさんであることを求める心が埋められてよいわけでもない。狩猟・採集・農耕で多くの人たちの話を聞いてきたが、どの方たちも、自由で自然な生活を送りながら、それでいて貨幣との関わりに、いつも慎重に気を配っていたように思う。どんなに自然からの恵みを中心に生活していたとしても、現代で生きていくには現金収入を欠かすことができない、とも言われていた。しかし、貨幣に欲望が集中すると身動きが取れなくなる。その二律背反の中に生きている。彼らの話を聞きながら、自然と共に暮らしながら、現金収入の道も同時に共存させるのが、都市と自然の両方に生きる上で欠かせないことのように感じられた。だが、それはやはり一つの分裂を自分の中に抱えた相当に困難なあり方のように思われる。先ほど紹介した猪谷は、「安価な生活は頭では理解できても実践はたやすいことではない」という。彼自身は「貧乏をあまり恐れなかったような気がする」というが、現代文明は逆に人々に貧乏を恐れさせようとしているともいう。貧乏を恐れないことはそれだけで現代文明への批判であるとも言っている。「昔の山小屋に泊まると必ず蚤に責め立てられた。その対策には二通りある。蚤を絶対に退治することと、蚤に喰われても平気になることだ。貧乏対策も同じである。絶対に貧乏しないことと、貧乏になっても平気でいられるようになること、である」。このように考えると、貨幣と関わりながら、貨幣の欠乏を恐れないあり方を、私たちはより積極的に学ぶ必要があるのだろう。それはもしかすると、病と関わる領域にもそのまま当てはまることかもしれない。つまり、病にならないのではなく、病になっても平気でいられることを積極的に考えてみることも必要なのかもしれない。特に、心の病の場合は、病から完全に解放されることが目標ではないように思われる。

さて、物語の中の小判は、幸せを形作る効果を持ちながら、量的に計れる貨幣そのものではなく、定義できないものであった。幸せの基盤として光り輝くものが、ほのかに感じられながら、そこにはある。だが私たちは、それとどのように関わることができるのか。そのことを考えていると思い起こす、ある路上生活者の見た夢がある。

「浜辺を歩いていると、たくさんの貝殻があちこちに落ちている。近づいて見ると、貝殻に見えていたものは、財布だった。空の財布だと思って手に取ると、財布にははち切れんばかりの、たくさんの紙幣が入っている。びっくりして、誰かが落としたのだろうと思い、それを元に戻す。周りを見ると、貝殻だと思っていたものはすべてが財布。その砂浜には遠くまでずっとたくさんの財布が落ちている。すると、人の声が聞こえるような気がする。『こんなにたくさんの財布が落ちているの、みなさんどうしますか、どうしたら良いと思いますか』と声に出して言ってみると、たくさんの人が大笑いする声が聞こえてきて、目が覚める」。これは何とも苦しい夢である。浜辺の貝殻は、豊かさそのもののように見えるが、それが貨幣に変じてしまうと、手にして良いのかどうかわからなくなってしまう。自然の贈与的な世界と、人間の所有の世界の狭間がここには現れているように感じられる。

鼠がお土産にくれる小判と、この海岸に落ちている貝殻たちは、いずれも一種の豊かさを指している。しかし、昔話で、お爺さんがお土産を受け取り幸せになるのに対して、このクライアントは貝殻が財布であることを知り、財布がとてもたくさんの紙幣で満たされていることを知ると、逆に、それを受け取ることができなくなる。この差はどこにあるのだろうか。小判も貝殻も、はじめは中身が何かわからないまま受け取られる。しかし、小判がしば刈りやおむすびや切り株や暗闇の道行きや歌や踊りといった物語の展開の末に立ち現れたものであるのに対して、貝殻の方は、ただはじめから海辺にたくさん散らばっている。それは関わりと展開の末に現れてきたものではなく、はじめから自然の恵みのようにそこに置かれている。もちろんそれは自然から直接もたらされ、無垢な意識で私たちが受け取る恵みなのかもしれない。それはおのずから立ち現れて、私たちはただ素朴にそれを享受すればよいのかもしれない。

しかし、その素朴さはユングのいうソクラテスの素朴さとは違うように思う。みずからのこだわりを横において、さまざまなものに耳を澄ます大人の素朴さではない。貝殻の姿で登場したものは子どものような素朴さでは手に取ることができた。だが、それは財布に変わり紙幣に変わっていく。子ども心にはキラキラ輝く宝物が、大人の心には貨幣に代わってしまう。現実でも大人になると、自分にとっての宝物がわからなくなり、多くの人に価値を認められるものが宝物のようになってしまう。私という大人の意識が関わると、素朴な自然の恵みが、人工的な社会の豊かさに姿を変える。昔話でも、お爺さんは子どものようにおむすびの真似をして、穴の中を転がっていく。しかし、お爺さんが豊かさだけを手にしようとすると、子どもの遊び心は消えて、欲深いとなりのお爺さんだけが心に居座る。おむすびが転がり出すような感覚がなく、地下から聞こえてくる楽しげな歌もない。子どもから大人になるのが問題なのではない。大人の中に、子どもの素朴さを活動させる場所が与えられていないことが問題なのかもしれない。いや、それも違うかもしれない。夢の中では、どうしたら良いと思いますか、と問いかけているのは、子どものように素朴に耳を澄ますことに近いだろう。だが、貝殻に耳をあてて、貝殻から聞こえてくる音に耳を澄ますことはできず、最後に聞こえてくる笑い声は、楽しげなものとしては受け取れず、笑われているように感じられてしまう。

こうして比較してみると、昔話の小判と、夢の貝殻と貨幣のペアの差異は大きい。後者ではイメージが二極化してどちらかを選ばなくてはならなくなっているようにも思われてくる。必要なのは、ここでも不可解なままに、起きてきたことを受け取り、それが意味になる前に心の中で運動することなのかもしれない。「おむすびころりん」には、山があり、穴があり、地下には鼠の浄土がある。意味づけから解放され、まだ確定しない意味の中で運動していく場がある。それは、心理療法で言えば、開かれた面接空間であり、開かれた心の姿勢なのかもしれない。

網野善彦は『無縁・公界・楽』の中の一章「山林」に、次のように記している。「戦国時代、『山林に走入る』とは、駆け込み寺に走入ることを意味した。……中世前期には山林そのものがアジール」であった。「中でも有名なのは高野山である。戦国期、ここは「遁科屋」が存在した。それはいかなる罪科人も、この門の中に足をふみ入れれば、その科を遁れうるという建物といわれ、高野山のアジール的性格を物語る最もよい証拠とされている」。そして高野山に限らず、そもそも「ある種の山林そのものが、少なくとも中世前期、さらには古代末期、「無縁」の場としての性格を持ち、アジールの機能を果たしていた」という。アジールとは、現在の支配的な力が及ばない場であり、ある種の自由の場であるが、同時にすべての関係や縁や意味づけが取り払われて、それまでの意味づけ失う場所である。つまり山に走入るとは、意味の定まらない運動に入り込むことそのものである。必要とされているのは、自然や山そのものではなく、意味から解放される場であり、方向を見失い糸に頼って進むことになる空間なのかもしれない。「おむすびころりん」にはそうしたアジールへの扉が開かれている。

このアジールという言葉は、ドイツ語の音韻をそのまま使った用語だが、英語に直せば、それはアサイラムと言われる。この響きになると心理学を営む私たちが思い起こすことになるのは、現代において精神病院と呼ばれるものが、二十世紀の初頭までルナティック・アサイラムと呼ばれていたことである。つまり、直訳すれば、精神病院は月に犯された人々のアジールであり、狂気に陥った人々がすべての関係や縁や意味づけを取り払って、新たに活動を始める自由の場ということになる。もちろん、歴史上のルナティック・アサイラムは、そのようなアジールの機能を果たしてはおらず、むしろ収容施設でしかなく、十八世紀までは牢獄に近いものでさえあった。しかし、山にも精神病院にも、実はアジールの機能がある。その機能はおそらく今でも現出しえる。それを必要とする人々が、そこに入り込む。人工と自然のあいだで二者択一に陥りそうになる私たちが、そうした場を必要としている。

そう考えてみると、実は先ほどの夢のはじまりに登場する「浜辺」も、アジールの生まれる場である。網野は、浜や中州や河口はアジールの都市が成立する場であると繰り返し説いている。そこは水に近すぎて暮らすには安定しない場所である。だが、むしろそのために、土地は所有から遁れ、「非農業民の集住地となっていたと思われる」と言い、浜辺は「無主」「無縁」の場であり、そこにこそ都市が成立する契機があると説いている。東京も大阪も、自由都市として名高い堺も鳥羽も、いずれも浜辺に生まれた都市である。浜辺は、都市が成立する可能性態にある土地であり、都市とはアジールを現出させる動きをもった場である。

どうやら、私たちは鼠の小判と幸せのつながりを、このような都市が成立してくる可能態として理解する必要があるようだ。あるいは、心の裏山を内包し、土地が自由へと開かれ、ころころ転がりながら、さまざまな意味づけを抱えて遊べる場が鼠の浄土だとも言えるかもしれない。意味を確定させると、小判は、よいお爺さんとわるいお爺さんとで意味の異なるものになるだろうし、貝殻と貨幣は別々に分かれて二者択一の対立を始めてしまうだろう。幸せとは何か、私たちには捉えることができない。幸せを巡って私たちにできることは、それがあるかのように感じられる場にいて、その場を歩き回り、少しずつ感じ、少しずつ理解していくことだけかもしれない。心の作業は、キルクムアンビュラティオという円を描く運動で進んでいくとユングは言っているが、中心がわからないまま円状に運動すると、いつも同じところをぐるぐると周り続ける不毛や徒労を感じるだろう。だが、その運動態において取り組み続けることで、私たちに次第に何かが実感されてくることはある。

「『それで、あなたは何をしてくれるのですか?』」という質問を頻繁に受けるが、私は何もしない。私にできることは、待つこと以外に何もない。神へのある種の信頼をもって、忍耐と不屈の精神を伴って、生じている葛藤から、その特定の人のために、その運命によって定められた解決法――私に予見することはできないのだが――が現れるのを待つことだけである。その間、私が受身的に無為に過ごすわけではない。葛藤のあいだに無意識が生み出すあらゆるものを、その患者が理解できるように、私は援助する」とユングは言う。理解できないものに取り組む際に私たちにできることは、ユングが言うように「待つこと」である。しかし、その待機は、無為の待機ではなく、「積極的な待機」であり、ぐるぐると円環運動を続ける待機である。

本論の冒頭に、都市に生きる方法を、都市に生きながらも自然と関わる方法を問いかけ、それに答えることをみずからに課したのだが、その答えを明確に提示することはできなかった。しかし、あえて言えば、「おむすびころりん」を読むことを通じて私たちが到達した点は、都市という生成の運動の中に身を置き、そこにある現代の心の運動を感じて、いま動いている現象に入り込み続けることである。そこには、意味から解放されながら、新たな意味を生み出す運動が生じる可能性がある。

もう一度ギーゲリッヒの言葉に耳を澄ましてみよう。「意識は今、その目標が困難なしには達成できないことを、目的地には果てしなく長く、苦しく、辛い道のりを歩まなければ到達できないことを、受け入れることができる」。そして、同じくユング派のジェームズ・ヒルマンは、「患者 patient」と「忍耐 patience」は同じ語源に属し、「病理 pathology」とも語源を同じくすると言う。「どちらも息の長いものであり、錬金術師たちが言うように、『忍耐の中にたましいはある』。病理の根絶という現代的な意味での疾患の撲滅が心に適用されてしまうと、緊張と苦しみを取り払い、じっと我慢する忍耐を取り払い、そしてついには、たましいを取り払うことになってしまう」と言う。私たちは、患者と忍耐と病理が同じ語源であることを知りながら、困難な目標を前にして、まだ意味にならない現在の現象に、長く取り組んでいく。それこそが、おそらく、幸せというものの現出の可能態となる。大げさに騒ぐことなく、アジールを現出させながら、ぐるぐると忍耐強く不可解なものの周りを巡っていけば、おむすびは「すってんとん」と転がってくれるに違いない。

参考文献
トーマス・マン（関泰祐、望月市恵訳）『魔の山』岩波文庫、一九三九－四一年
坂口恭平『ゼロから始める都市型狩猟採集生活』角川文庫、二〇一六年
鴻池朋子「ちゅうがえり」石橋財団アーティゾン美術館、二〇二〇年
C. G. Jung, *Letters* 2, To Hugo Charteris, 9 January 1960, [Original in English]. Routledge.
ティム・インゴルド（工藤晋訳）『ラインズ』左右社、二〇一四年
高田宏『猪谷六合雄　人間の原型・合理主義自然人』平凡社ライブラリー、二〇〇一年
F・カフカ（池内紀編訳）『カフカ寓話集』岩波文庫、一九九八年
C. G. Jung, *CW16*, §84, Routledge.（林道義編訳「心理療法の目標」『心理療法論』みすず書房、一九八九年）
C. G. Jung, *Letters* 2, To the Earl of Sandwich, 10 August 1960 [Original in English]. Routledge.
網野善彦『無縁・公界・楽　日本中世の自由と平和』平凡社選書、一九七八年
C. G. Jung, *CW12*, §37（池田紘一、鎌田道生訳『心理学と錬金術』人文書院、一九七六年）
J. Hillman, *Suicide and the Soul*, Harper Colophon Books.（樋口和彦・武田憲道訳『自殺と魂』創元社、一九八二年）

コラム　音楽家ジョン・ケージの茸と毒

植田　静

二十世紀現代音楽界の偉人ジョン・ケージ（John Cage, 1912-1992）は、金に困った時期に飢えを凌ぐべく野の茸を採ったのをきっかけに、野生植物を食べる習慣を積極的に取り入れた。時間さえあれば山を歩き、偶然の贈与を享受していた。その習慣が高じて彼は真菌学者となり、ニューヨーク菌類学会の創立に関わったり、クイズ番組で優勝するほどの茸博士ぶりを見せたりしていた。しかしそんなケージでも――いや彼にいわせれば、知れば知るほど――野生茸が毒か可食かを見分けるのは難しいという。食べて確認するしかないのだという。

彼が野生植物を食べる主義を貫き、死にかけたエピソードは複数知られる。水芭蕉を実験的に食べ、入院したエピソードは著書『Silence』の最末尾で語られている。その時彼の血圧は五十まで落ち、胃洗浄までされたのだ。しかし、そういった体験は「私たちに対象を直接的に、それそのもの、としてみることをもたらしてくれる」とケージはいい、彼の音との対峙同様、出遭いの本質なのであった。食べる行為と身体的反応を通して、知的変換のないレベルで茸をみることを彼は尊んだ。

ケージは採ったその場で食べて毒の有無を確認したらしく、中毒を起こし森の中で何時間も倒れていたこともあったという。食用茸だって加熱して毒性を消して食べるのに、その場で食べるとは、彼は茸の毒の在り方に殊更に惹かれていたのだろうか。毒はどこからきて、ボイルされ何処へ去ってしまうのか「全く神秘的だ」と、毒の漂いに思い焦がれるケージの様子が、武満徹との対話の中に見られる。

かの有名な「四分三十三秒」(一九五二)も沈黙に目を向ける名目で、沈黙――つまりは意識されていなかっただけ、意識の外にあった音――に聴覚を向けることへと導かれる音楽である。この時聴き取られる音は人それぞれである。彼の「不確定性」の音楽でも、聴衆一人一人が音に対しそれぞれの意味を作り出していく自由を追求する。「ひとつひとつの音は固有のものであって、ヨーロッパの歴史や理論を備えているわけではない」という言葉からも分かるように、彼はそれそのもの、「あるがまま」を聴取らせることに努め、本質的な思考へとそれぞれを導こうとした。私たちが自分で考えていくための仕掛けや問題提起を追求し続けたのである。

長い間地中にいて、ある複雑な条件が奇跡的に合わさらなければ顕現しない貴重な茸のように、一つ一つの音や私たちは「極めて真剣で熱心であることを求められる状況のうちに存在している」とケージはいう。この彼が自分自身について「茸に身を捧げることで自分は音楽について多くのことを学べるという結論に達した」と、決意を明確にする。そして、「もちろんそれが美味しいことにかわりはないですが」ととびきり個性的な笑顔でいうのだ。

引用・参考文献

秋山邦晴・近藤譲（対話）「拾得物としての音楽　聴取・引用・思考喚起」『ユリイカ　特集＝ジョン・ケージ』一九九四年一月号、青土社

ジョン・ケージ、ダニエル・シャルル（青山マミ訳）『ジョン・ケージ　小鳥たちのために』青土社、一九八二年、一九〇－一九一頁

ジョン・ケージ（小沼純一編）『ジョン・ケージ著作選』ちくま学芸文庫、二〇〇九年

Cage, John, *Silence: Lectures and Writings*, Marion Boyars, 2009, pp274-276.

Cage, John, *A Micological Foray*, Atelier Editions, 2020.

武満徹「ジョン・ケージ」『音、沈黙と測りあえるほどに』新潮社、一九七一年、九八－一〇二頁

映像資料

「John Cage Mushroom et Variations」1985

https://www.youtube.com/watch?v=kZNAoa4jYJ0&t=4931s

ケルンの教会でケージが七十五分間の「Mushroom et Variations」のテキストをケージが読み上げます。最後に英語のインタビューがあり、非常に興味深い内容となっています。テキストは易経から導かれ、ある制限内で方向付けられたチャンス・オペレーションズで書かれたもので、文献 *A Micological Foray* の中に全文があります。

「ジョン・ケージ「きのこ的生活」一九八九年京都賞受賞ドキュメント」二〇一三年

https://www.youtube.com/watch?v=el8JZ51R6A8&t=695s
ケージが来日した際の映像で、ユーモラスで素敵なインタビューもあります。

「Indetarminacy 1」2011
https://www.youtube.com/watch?v=_JOMHUrgM_s&t=1001s
タイトル「Interdetarminacy(不確定性）1」「Indeterminacy: New Aspect of Form in Instrumental and Electronic Music」(The Smithsonian Folkways Recordings 1992）というアルバム収録、長年連れ添ったチュードアの演奏とケージの朗読の作品です。

「ジョン・ケージ　音の旅」二〇一二年、ACCENTUS MUSIC
Allan Miller & Paul Smaczny 撮影。音楽作品の記録は膨大にありますが、ケージという人とその音楽の大まかなイメージを掴むのに良いドキュメンタリーＤＶＤだと思います。途中、鈴木大拙との写真や、レノン／ヨーコ、日本の奏者のインタビューも登場します。

「macaroom-cage out | Will John Cage's music become 'pop'?」Kiishi Bros. Entertainment, 2017
https://www.youtube.com/watch?v=ehineZsVGu4
現代音楽作曲家、川島素晴監修のもと、日本の電子音楽ユニット macaroom がケージの楽譜を忠実に実践しながら、「世界をじっくりみてみる、耳を澄ましてみる」プロセスが描かれています。

第六章

野生からの呼び声

心理療法と身体、殺害、そして踊ること

西山葉子

一　夢

私が誰かを殺した。目の前に一塊の生肉がある。畳に直置きされていて、私はその前に正座している。私はそれを隠さなきゃ！　完全犯罪にするにはどうしたらいいかと思い、右往左往する。

これは、ある二十代の女性のクライアント、加奈さんが見た夢である。加奈さんは「なんでこんな夢を見たんだろう?」と、不安そうにこの夢を心理面接の中で報告した。夢の中で、目の前の一塊の肉を殺した誰かの肉だと思った加奈さんは、それを一生懸命隠そうと右往左往する

が、はっと目覚めた後に、「あれは鶏肉じゃないか。なんで気づかなかったんだろう」と思ったそうである。

誰をどう殺したのかは明確でないようだが、加奈さんがこの夢に衝撃を受けているのは明らかで、ちょっと慌てたように早口に様子を語られた。殺すという行為の衝撃は、「死」や暴力という日常とは異なる次元のものの到来として私たちを揺さぶり、それは面接を終えた後もしばらく余韻となって残った。

なぜ夢は、「殺害」というこんな思いがけないことを見せるのだろう？　生肉って何だろう？

加奈さんは、「普段は頑張っているんだけど、ちょっとしたことがきっかけで朝起き上がれなくなって会社に行けないことがある」と抑うつ感を訴えて心理療法の場を訪れた。「何だか心に穴があいているような気がする。なんで生きているのかわからない」「一人でいるのが苦しい」と訴え、その心の穴を埋めるために、時に恋人以外の男性と関係を持ったり、「本当には欲しい訳じゃないのに」買い物をしすぎてしまったりする。理由もなく落ち込むことがあり、そのような時はリストカットもしてしまう。「なんでしちゃうんだろう？　やめたいのにやめられない」と力なく笑う加奈さんは、「何をしても、たとえうまくいっても、何か積み上がっていく感じがしない」とも言い、自分という感覚が希薄で、漠然と空虚な感じに苦しんでいるように見えた。また私が何か尋ねても、「自分の気持ちがよくわからない」「何がしたいのかわからない」という返事がしばしば返ってきた。彼女は本当にはどこにも、自分自身にすら、つながっていないように感じられた。自分も含めたすべてのものが等価でバラバラな感じや、重みがなく、実感や手ごたえの持てない感じ、何をしても現実の出来事が加奈さんをすり抜けていってしまうように感じは、聞いているこちら側にも焦燥感をもたらした。まるで地面も果てもなく、無限宇宙を一人漂うような孤独感や不安感を起こさせた。

それは大地がない不安定感とも言えるだろう。大地とは「地に足をつける」「母なる大地」という言葉が意味するように、私たちの足元に在る土台である。その上にしっかり立ち「着地」することは、身体《からだ》だけでなく心も、心のより深い層も含んだ全体としての「私」が支えられ、現実に根付くことを可能にする。加奈さんはこの大地に根付いた身体という実感に乏しく、そのような身体とのつながりが見出せないように見えた。

ところで、私は、もう若くない歳になってひどく体調を壊した時に、「このまま体が老いていったら、いつかクライアントの話を聴けない臨床家になってしまうのではないか。人の話を受け止める身体《からだ》がなくては、臨床家として機能できないのではないか」と思ったことをきっかけに、『舞踏』というダンスの稽古に通うようになった。しっかり大地を踏みしめられる現実感を持った身体がなければ、深い層の心の話を受け止められないような気がしていた。稽古参加の問い合わせの際に「ダンスの素養もなく、運動らしい運動はしてないのですが、参加できますか」と尋ねたところ、「そういう人にこそ来てほしいと思っています。(ダンスでは)動きたくなって、それを動くために身体はつくられていくものなんです。動きたくなるまで動かなくていいですよ」と電話の向こうのまだ見ぬ舞踊家の櫻井郁也氏は答えた。ダンスなのに動かなくて良いとは何だか面白そうだなと、不安が期待に変わるのを感じながら電話を切った記憶がいまだに新鮮である。

それからダンスと関わっていくうちに、踊るということが、心理療法の場面でクライアントの語りに深く耳をすますことや受け止めることと通じていく営みであると感じるようになった。ダンスと心理療法という二つの作業の行き来によって、世界が、日常とは異なる次元にあるさまざまなレベルの深い心の層が折り重なって在るのだということ、それらと私たちを結び付けているのはどうやら身体ではないかと私は考えるようになっていった。臨床心理士の岩宮恵子は、「人が本当に自分の核と結びつこうとするときにたましいの中から生み出される物語には、日常の常識的な世界とは違う異界の視点が不可欠である」と、心理療法と心の多層性との関わりについて述べている。[1] 心が変わっていく時には、異界との関わりが必要になってくるのである。その時、身体《からだ》は結び目として重要な役割を担っているのではないであろうか。

心理療法では、クライアントの語ることのみならず、夢や描画、遊び、声や言葉の持つ力やしぐさ、そして沈黙が、その人の深みからこちらに語りかけ、二人の間で動き出す。それは言葉にならない想いであったり、クライアント自身も驚くような声や言葉となって出てきたりする。それらの動きに耳をすまし、受け取ろうとし、同時にその動く方へと曝されながら、こちらも動いたり、話したりする。この時、私はまさに、クライアントに差し出されたものと、二人の間で起きつつあることと、それらと共に踊っているように感じるのである。できるだけクライアントの今を刻み、紡ぎ、これからまた歩み出すクライアントの礎となるように。その時、面接室は、日常とは異なる理《ことわり》を持つ場所となり、時間の流れ方をしている。稽古で踊ることもまた、身体《からだ》を通じて日常とは異なる次元へ私をつなぎ、何かが生成すると同時に、そのことが私を大地に着地させ、新たな基盤となる。そして私がより深く、より自由でありのままに、クライアントとの間に生じるもの・ことに耳をすまし、開かれていくことを助け、支えてくれていると感じている。

今や、踊ることと心理療法の面接をすることは、私のライフワークとして車の両輪のようになっている。

この論考は、踊りを軸として人の心へ深く歩みを進めようとしていた私が、農耕、狩猟のフィールドワークとクライアントの夢イメージに導かれ、野生のいのちのつながりと心理療法の深みを模索する試みである。

二　農業体験と狩猟採集体験

農耕のフィールドワーク

はるな山麓農カフェを営む岩田紀子さんは、築百年の養蚕古民家を蘇らせ、自然農法により梅やお米を作っておられる。岩田さんの田んぼで、私たちは田植えに始まり、草取り、稲刈りから餅つき（収穫祭）まで、実際の労働のほんの一部ではあるが、農作業の手伝いをさせていただいた。

前日までの雨がやみ、田植えを楽しみにしていた私が最初にぶつかったのが、天候によってスケジュールが大きく左右されるということだった。当日いくら晴れていても、田に水が溜まりすぎていては、まだ小さな稲は流されてしまう。だから水が引くまで待たねばならない。岩田さんの采配で、待つ間に梅の実採りをさせていただきながら、すぐに田植えにとりかかれないことに首を傾げていた私だが、理由を知って愕然とした。どれだけ自分が天候などおかまいなく、予定した通りに物事が進むことを前提として生きているか！　農業なのだからよく考えれば当たり前のこんなことすら気づかないほどに、都会の「コントロールする時間」の感覚が絶対のように思い込んでいるのだ。天候という身近な自然ですら、私たちは遠く隔たっている。農業は全く自然時間であり、こちらの意欲などあろうがあるまいがお天道様次第である。その時その時できることを、その日その年の天候や自然の流れと対話しながらやっていくしかない。さぞ思い通りにならずに大変だろうと思いきや、いつ会っても岩田さんご夫婦はそれを楽しんでおられるように見えた。また、農耕の共同体では水は深刻な問題で、限られた水をどのように分けるかで昔は人の死ぬほどの争いがあったそうだ。水や自然という、人間のコントロールを超えた力と共に生活と仕事が編まれ、営まれている。

やっと水が引き、意気揚々と田に素足を浸したところで、またもや私はおたおたするのである。「泥の底のしっかりしているところ、土台の土まで稲を差し込んでください」と教わっても、はてどのあたりが土台の泥なのか、さっぱり感触がわからない。水に近い泥の表面は、代《しろ》かきという作業を施されておりトロトロだ。そのトロトロ層の下までグッと稲を差し込むのだそうだ。しかし二つの層の区別は、素人にはなかなか難しい。翌日、私が植えたところだけ稲がぷかぷか浮いていたらどうしようと、不安でぐいと押し込むと、稲の頭が水から出て来ず、稲が窒息してしまいそうだ。人の田で何かあったら申し訳ないにもほどがある。心もとない限りである。とにかく慎重に……泥に足をとられて転ばないように平衡感覚や重心を保ちながら、必死で泥と手の感触に集中する。体を起こした時に、稲が整然と並ぶ領域が増えてくると嬉しくなる。

しかしそれは長く続かなった。集中すればするほど、身体《からだ》がぎしぎしとうなり始める。足腰がきつい。何度もふらついて泥の中に尻持ちをつきそうになるし、腰を曲げようが伸ばそうが痛みが緩和しなくなる。六人もいればこの田の一面を植えるくらい大したことはないだろうと思って始めたにもかかわらず、植え始めて三列目くらいの頃には、果てしなく広い田の中にいるように感じられていた。結局、半分くらいのところで、一番最初に私が音をあげてしまった。

中途半端なところで終わってしまい、申し訳ない気持ちでお宅に帰る。皆で夕食をとることになり、炊きたてのご飯を見た時に、思わず「ありがたい」という言葉が口をついて出てきて、自分でも驚いた。この白いお茶碗一杯のご飯が生まれる前に、自分が今しがたやりきれなかったあの労働のどのくらいの積み重ねがあり、どれだけの手間と時間がかけられているのかが瞬時に駆けめぐり、果てしない手塩がかけられている気がしたからだ。そんなものを私は普段、何も思わずに食べていたのだと、思わずこぼれてしまった言葉だった。「ただ一粒のお米でも粗末にしてはいけません～」と、仏教者であった祖母がいつも歌っていたのが耳に蘇った。

そしてそこには、近所の農家の人々や有機農法やパンに関心を寄せる人など、その子どもたちが、家族の垣根を越えて集い、食事を共にする昔ながらの共同体の風景が在った。子どもの頃、盆暮れには親戚が一同揃って祖母の家に集まり、ご馳走を並べて騒いでいたことなどを思い出しながら、その風景がここには今も当たり前のようにあることに心が温かくなった。共同体が共同体として息づいている。それは農業という生業を通してこそなのだろう。

田舎育ちで子ども時代は山や自然とは親しくしてきた自負のあった私にとっても、農業体験での自然との新たな関係の結びなおしは、すがすがしい息吹を感じるものであった。どれだけ自然から遠ざかっているのか、その為に食べることも含め、自分の内にあるはずの自然に対しても無頓着になっていることに改めて気づかされた。農業は、自然とは言え、弥生時代、人類が自然から独立して、文明・文化を持ち始めてからのものだ。そうであるなら、弥生以前の狩猟採集の感覚とは想像できないくらい遠ざかっているにちがいない。

腰痛止めのストレッチを岩田さんのご主人に教えていただいたが、非常に踊りらしい美しい動きだった。舞踏の祖の一人と言われる土方巽の踊りは、秋田の農耕の身振りとゆかりが深いことを聞き及んでいたが、まさにそれが体現されたようであった。しかし、全く踊りなどされたことがないとのこと。田踊りや盆踊りが神や死者を迎え入れ、つながる踊りでありながら、もともとは日常の動きから自然発生的に生まれたものであること、当時の普段着で踊ったものであることが頷ける迫力のあるポーズであった。きっとこんなふうに、踊りは日常をリフレッシュし、明日を生き生きとさせるために、身体《からだ》が自然に生み出した動きなのだなと一人納得していた。

これらの新鮮な余韻は、夜になってひりひりし始めたふくらはぎの日焼けと共に、しばらく私の身体に残り、響いていた。

狩猟・採集のフィールドワーク

稲刈りの数週間後、狩猟と採集のフィールドワークは、自分が鶏を屠殺するかどうか、悩むところから始まった。私は小鳥好きで飼っていたこともあったが、生きていく営みの中では鶏肉を食べてもいる。だからこそ、最初は自分も屠殺をするのが当然だと思っていた。しかし、調べるうちにわかったことには、どうやら屠殺にはかなり強い力が必要であるようだ。当然、鶏は暴れる。鶏の命がけの抵抗に、私は迷わず拮抗する力をこめられるだろうか？　自信をなくし、鶏の最期をより苦しめてしまうかもしれないと弱気になった私は、屠殺をやめてしまった。きのこ狩り（採集）のフィールドワークの翌日、私はその場でそれを見守ることとなった。

果たして、四羽の鶏が四人の男性によって、私の目の前で屠殺された。その鶏たちは廃鶏《はいどり》と呼ばれる。卵を産まなくなった雌鶏をこう呼ぶそうだ。鶏たちはいつもと違う雰囲気に戸惑うふうを見せつつも、気高くそこに並んでいた。屠殺する方の慣れなさや戸惑いを見透かしてか、鶏たちは最期の瞬間まで生き延びようと暴れ、叫び、首を切られて血抜きのために逆さにされても、抵抗の声をあげてもがいた。予想されていたこととは言え、なんとも言えない気持ちになりながら、いつの間にか、手は祈るような形に組まれていた。とにかく最後までそれを見届けようと思っていた。

しかし、最後の一羽だけは様子が違った。私が目にしたのは、暴れもせず、何だかすべてを悟ったような、まるで死を受け入れたかのような柔らかい目をしている鶏であった。山形出羽三山の山伏である成瀬さんが使い慣れないナイフで首を切るのに多少時間をかけてしまっても、その鶏は首を差し出すように、静かに待っていた、ように見えた。自分が死を前にしていることや、なぜ死ぬのか、死なねばならないのか、それらを理解し、飲み込み、どこか遠くを見るような穏やかな表情で、時折目を閉じ、「わかりました。どうぞ」と自ら命を差し出しているかのようだった。とっさに「鶏《とり》が観念している！」と思った。そんなことが有り得るのか？　動物がそんな哲学的な表情をするなんて！

一瞬、時が止まった。私の驚きは、畏敬の念と混じり合い、初めて涙がこみあげた。何かものすごく大きな石のようなもので胸を潰されるような衝撃があった。

ある種の神々しさがその鶏の表情には感じられた。

その鶏は、最期に〝う〟と言った。血抜きの時、逆さにされたその鶏は、一蹴りだけ空へ足を振り上げた。抵抗やあがきというよりは、何かこの世とは違う届かないところへ向かうための虚空へ向けた最後の一蹴りのように見えた。

その後、私はその鶏を解体した。敬虔な気持ちで私の手で心を込めてお送りしたいと思った。最初、鶏の身体は温かく、しかし感傷に浸ることを作業手順は許してくれなかった。「早く羽根を抜いて下さい。冷たくなってしまうと抜けなくなります」

毟るごとに痛みを感じながらも必死で作業に専念する。そして生きた鶏は、だんだんと

〝鶏肉《とりにく》〟に、食べ物に、姿を変えていった。今までささみが鶏のどの部分で、どのように鶏の身体を構成しているのかなど考えたこともなかったなと思った。ささみはただのささみ、スーパーにパックされて並んでいるそれらは、それ以上でも以下でもなかった。私の手もとにあるささみは、ついさっきまで生きていたと言わんばかりに赤みがあり、つややかで美しかった。そして子宮にはきれいな黄色の卵が詰まっていた。ああ、産めなくなったのはこんなに詰まっていたからなんだな。それは苦しかっただろう。鶏たちはそれぞれ個性があり、生きようとするいのちそのものであった。これまで買い物をしながらそれを思い起こしたことがあっただろうか。スーパーでは食ということの全体が見えて来ないようだ。私たちは、その後、鶏たちをたくさんのネギなどと一緒に大鍋でぐつぐつ煮て、いただいた。

屠殺と解体について教えてくださった熊撃ちの工藤朝男さんも、自分の捕らえた動物を解体する時は、いつも〝自分の〟鳥、ウサギ、熊だという気持ちになるとのことだ。私は自分が屠殺した訳ではないが、あの鶏は確かに私の鶏だった。そこにはいのちに対する責任のような感覚が伴っているのだろう。食事の後で、工藤さんは、熊狩りについてさまざまにお話しされた。昔は、「コンチクショー！」と思いながら熊に向かっていったが、七十歳を過ぎる頃から、何か一言では言えないような、動物に対する感謝の念のようなものを思うようになったそうだ。畏敬の念とか畏怖の念のようなものではないかと私は思う。命と命が山の中で遭遇し、ぶつかりあった果てに生まれたものであろう。「最近、熊が町に出るようになったのは、熊が教育されてないからじゃないか。巻狩り（集団での熊狩り）をしてないから、熊が人間が恐ろしいということを学べないんだ」と語られ、そこには殺された村の方への悼みと共に、学ぶ機会を失った熊たちに対するやりきれなさのようなものも滲んでいた。体当たりで熊と対峙してきた歴史が感じられた。「熊撃ちとハンターとは違う。熊撃ちは動物とお互いに生きていこうというところから生まれてきた。一方的に殺生するのではなく、彼らの意見も聞きながら猟をする」

また、「いろんな殺生をして、いろんな苦労をしてみると、大雨の後の激流の川でも、どうしても通らないといけないとなれば、何も言わずには飛び込めないだろう？」と私たちの目を見た後で、「その時に山の神に祈る」と言われた。実際、ゼンマイの籠を持ったまま激流に飛び込んで全身痣だらけになりながらも反対側に流れ着き、ゼンマイも無事、発見できたこともあれば、雪崩に流されたこともあるそうだ。「山の神はいます、と私は言う。宗教とかじゃないけど。生きているものに魂があります。普段そういう場面に遭遇しない人には、そういう心は簡単にはわからないと思うけれど」と語る工藤さんは、四百五十年生き続けたブナを切ると、ふっと風が吹くと言う。確かに風は吹くのだが、周りの草などは全くそよいだりしないのだそう。「四百五十年生きてきて、何も言わずに死ねないだろう？」と、ブナの声を聴きながら伐るのだそうだ。命をかけたぎりぎりの所で熊や山や川と対峙してきたからこそ、工藤さんにはブナの声も聴こえるのだろうし、生きているものの魂や山の神の佇まいなどの見えない身体がリアリティを持って感じられるのだろう。

さきほどの鶏の神々しさと重なり、確かにそれは在ると感じた。

しかしその夜、自宅に戻った私に新たに生じたのは、なんと穢れの感覚であった。雨の山で冷えた体に温かいシャワーを浴びて一息ついた時、「なぜ、玄関を入った時に塩をまかなかったのだろう?」と考えていたのだ。何かを落とさなくてはと考えている自分に気づいて、少なからず驚いた。非合理な考えであるだけでなく、神々しいものに出会ったと感じているはずなのに、なぜ自分がこんな感覚になるのか、さっぱりわからなかった。

これは一体何だろう?

私の中で何か起きているが言葉にならない。

三　私の舞踏の稽古体験——野生とトリックスター、そしてかなしみ——

先にも述べたが、私は、土方巽・笠井叡・大野一雄などの活動より始まった『舞踏』の系譜に連なるダンサーである櫻井郁也氏のもとで、毎週、踊りの稽古にいそしんでいる。そこで、このフィールドワークで自分に起こった一連のことに、身体《からだ》を通して耳をすましてみたいと思った。いざ踊る時には、空っぽになって身体と向き合うのではあるが。それは心理療法とも共通する。面接でも、直前まで前回クライアントが言ったことや二人の間に起きたことを思い出し、できるだけ考えるが、面接の場に入った時には、自分の中に空の場を作るようにしている。まっさらになってクライアントから表現されることと、そこから動き出すことを大事にしたいからだ。

十一月

狩猟のフィールドワークから間もなくの頃。私たちの稽古は、暮らしや身体《からだ》、世の中の状況やダンスや芸術の知識や情報、各自の日々の経験や感じたことなどについて話しながら、裸足になって丁寧に身体を伸ばしたりほぐしたりするところから始まる。その日はその後、畳に寝転び、ゆっくり身体を感じながら丁寧に起き上がり、その延長線上にある身体の感じから踊り始めることとなった。その場に集まった五、六人が、畳の上で思い思いに身体を動かす。その様子を見ながら、櫻井氏は皆に声をかける。「『私』とつながっているものが感じられていますか。『私』とつながっている場所や人、その人とつながっている場所……。人と言ってもいろいろいるでしょう？　生きている人だけじゃなくて、死んだ人、会いたい人、観に来ている人……。イサドラ・ダンカンは『一人で踊ることは私の誇りなの。テレプシコーラが来てくれたから』ってね、テレプシコーラと踊っていたんだろうね。そういうものとね、関わったり、切れたり、離れたりしながら、それらを丁寧に感じて踊ってみてくださいね」。テレプシコーラとは踊りの神様である。

最初、私は素朴に、この場のテレプシコーラってどんなだろう？と思いながら踊っていたが、次第になぜか、その日の参加者の一人である林さんが寡黙に踊っているのがとても気になってきた。その日、林さんは隅の方で踊っておられ、近くにいても全く視線が合わなかった。いつもなら私自身もそれほど人と目を合わさず、自分の感覚に集中しようとしているし、人が何かしら閉ざして踊っているような時にも、その人がそうしたい感じを尊重している。しかし、この時はふとしたいたずら心が湧いて「どうしたら林さんと目が合うかな、合うまでやってみよう」と思いついたのである。まずは林さんの近くで踊ってみる。合わない。ではもう少し近づいてみるか？　今度は後ろで同じ動作で踊ってみたら振り向くか？　しまいには目の前で目線を追いかけて踊ってみよう！など、これでもか、これでもか、と楽しくなって夢中でやっていたところ、傍で踊っていた別の人が思わずというようにぷっと吹き出したのである。つられてその付近の別の人たちも笑い出してしまい……と笑いが伝染していく。すると私も楽しくなって、もっと身体が動き、場にも何かしら、笑いとともに花が開くような活気が吹き込まれた。私の中にも風が通る。こういうものを探していたというような気持ちになる。「笑いと開花」。日本神話の天宇受売女《あめのうずめ》やシェイクスピアの『夏の世の夢』のパックが思い浮かぶ。それらを一通り踊った後で、ふだんはあまり一人一人の踊りについて直接コメントされない櫻井氏が「西山さん、トリックスターとして身を置いていたね。ものまねしたり人の姿をとること、ピエロ（道化）として自分を置けるっているのは、担う気持ちがないとできないよね。ある意味、委ねるというか……」とコメントを下さったのである。「私の動かした手の先に在るものに委ね、信用するというような……」

　その日、私は、熊を神とするような野生の理《ことわり》について思いめぐらしていた。できることならその理を迎え入れられないかと。そこから出てきたのがトリックスターであったことには、我ながら後で笑った。そうか。トリックスターか。

トリックスターとは、世界中の神話や伝説・昔話の中で活躍する一種のいたずらもので、道化などに反映されている。既存の権威や価値などに囚われない自由さが特徴的で、非常に思いがけない動きをするために破壊と建設の両面を有している。それゆえに、人間のレベルを超えたある種の真実性とも近づき得る存在でもある。

それはまさに、熊撃ちの工藤さんが語る熊の姿そのものだ。「双眼鏡で熊を発見したら、まずその熊が何を求めてどう動きたいのか理解することから狩りは始まる」。冬眠から目覚め、雪上を歩き出し、メスの匂いに行き当たった熊は、まるで人間のように喜んで手を叩き、両手を挙げて万歳のようにするのだそうだ。「そのまま（万歳ポーズで）頭を下にして、雪の斜面をすべり降りたりね、雪をかいたりしてはしゃいだりしてね」と、身振り手振りで語られる工藤さんの姿は、まるで熊のうつし身のようだ。熊を発見した熊撃ちの高揚感と相まって、生き生きとその時が伝わってくる。まるで可愛がっている近所の子どもについて話すような口ぶりですらある。熊が人を襲った時の残虐さや襲われた人の痛ましい姿や遺族の悲しみ、無念さも語られたが、人を超えた強い力や自然の真実性の表れとしての暴力や死を、どこかで受け入れておられるようにも見えた。

山からきのこや山菜を採集して生活の糧の一部としている山伏の成瀬さんも、「山からお金に換算できないものを、これだけいただいているという実感がある。だからいつか山に命を取られることがあっても、それは自然かなと思う」と話す。山は、獲物や山菜やきのこを贈与してくれる対象でもあるが、自らの命をもふいと奪ってゆくようなまさに異界であり、トリックスターのように私たちに関与してくるようだ。それ故たとえいのちを奪われても、工藤さん、成瀬さんは、今まで山からいただいたものをお返しするような感覚のようである。そんなふうに野生のトリックスター性と日々交わり、いのちがけで楽しみながら生きておられるお二人だからこそ、いのちの感覚が都会のそれとは異なるようだ。山の理の中でのいのちの感覚と言うべきか……。

都会では、「命」という響きには個が際立つ。もちろん個人の命や生の尊厳が大事であることは言うまでもない。しかし山や熊の理の底には、個々の命の有限性を超えた「生命の根源」のようないのちが流れており、根源であるが故に、そこから生まれてきてそこに向かって死んでいくような「死」をも含んでいる。きのこ狩りの際、ひそやかに息づくきのこたちにわくわくしながらも、山奥へ分け入るほどに急に静まり返って、近くにいるはずの仲間の音もふっつりと聞こえなくなり、急に怖くなった。その時感じていたのは、山の異界性であり、するっと足をすくわれるような野生の持つ死や暴力の側面ではなかったか。私たちのコントロールを超えて自律するいのちと動き。「非個人的ないのち」とでも呼ぶしかないようなものがそこにはある。それは個別の命とは区別されたものだが、おそらく私はそれが怖かったのだろう。その気配を前にして、己の野生に対する無知さ、ひ弱さが強く感じられていた。しかし死を超えてなお連続する生として、「非個人的ないのち」と私たちは繋がっている。人間ぽい表情《かお》をして私たちにそっと寄り添ったかと思うと、牙をむくように私たちに喪失を与える。その繰り返しの中で喪失を乗り越えるべく、人間は自然と領域を分け、新たな文化や秩序を再構築し、より豊かに甦ってきた。そう考えるなら、野生という異界はまさに破壊と創造を含んでおり、私たちにとってはまさにトリックスター的ではあるまいか。それと触れあい、対峙し、時には侵入され損なわれながらも、私たちは新しい息吹を呼びこみ潤うこともできるのだ。あの踊りの場でトリックスターが生じたことで場が華やいだように。

そして、「非個人的ないのち」とつながるトリックスターを、私が稽古にて踊ることができたのは、フィールドワークの体験で活性化されたであろうそれらを、そもそも身体がどこかに住まわせているからではないだろうか？　ただそれは、自分の内に在りながらも、こちらの意思で関わろうとして関われるものではない。そういう意味で断絶のある他者としてのいのちでもある。何かしら日常とは異なる通路が必要となる。次節ではプレイセラピーの中でそれらとつながり直すことで、自分の流れを取り戻した泉ちゃんのことを紹介し、それらと関わることが人にもたらすものについて考えてみたい。

この後私は、トリックスターを極めたいと思ったが、何度か試みても、身体が思うように動かないし、こんな面白いことも起きなかった。まさに踊りは即興、その時・その場だからこそ生じるもの、生ものなのだ。

プレイセラピーの中で生きるトリックスターとしての自然

泉ちゃんは、私がまだ駆け出しの臨床家であった頃に出会った八歳の女の子である。夜尿と不登校の主訴で、お母さんに連れられて相談室に来た。ちょうど両親の離婚と学校での友達とのトラブルが彼女を襲った直後でもあった。泉ちゃんは、線の細い可愛らしい女の子だったが、緊張で身を固くし、ちょっとつっけんどんにそこに立っていた。治療者である私とプレイルームに二人きりになると、困ったように室内の玩具を一つ一つ見て回った。何も手に取る気にならない様子のまま、部屋を一周してしまい、最後に行き着いた部屋の奥の広めの砂場で、泉ちゃんは「山でも作るか」と半分は私に気を遣って遊び始めたのだった。二人で一つの大きな山を作り、山の両側からトンネルを作る。何とかつながったトンネルの中でそっと手が触れた時に、泉ちゃんはやっとにこっと笑った。その後、トンネルに水を流し始めた。乾いた砂の山は、すぐにバケツの水の勢いに負けて崩れてしまう。それにショックを受けて青ざめかけた泉ちゃんだったが、気を取り直し、「川を作ろう、川を」と崩れた山頂のあたりを川の始まりに見立てて水路を伸ばし、そこにざーっと水を流す遊びを始めた。裸足になって、川のように流そうとするのだが一杯のバケツの水はすぐに流れて砂にしみこんでしまう。泉ちゃんは流れ続ける川を体験したかったようで、「もっと持ってきて！　早く‼　早く‼」と私をせかして次々に水を持って来させ、ざあっと流した。そしてその流れを見守る。私はありったけのバケツや容器に水を入れて次々と彼女に手渡し、彼女は「行くよー」「ほらー」とどんどん水を流した。気づけば二人でぎゃあぎゃあと歓声をあげながら遊んでいた。彼女によってざーっと水が勢い良く流されるたび、そしてそれを見ながら彼女が声を挙げて笑うたびに、私の心の中にも何か新しい水が勢い良く流れ出すのを感じた。そして最後に泉ちゃんは川の下流に湖を作り、流した水を溜めて、素足でその湖に入り、

「泥パックだ」と足を浸して遊んだ。

それは、〝何か〟泉ちゃんの心に詰まっていたものが、一緒になって堰を切って流れ出し、その流れる水のエネルギーに二人で満たされるような出来事であり、駆け出しの臨床家の私は、ただただ、その水の力強さに感動していた。確実に何かが新しく動き出したと感じられたからだ。〝何か〟には、最初の二人の間のぎこちない硬さも、家族にまつわる悲しみなども含まれていただろう。

夜尿は、昼間に表現できずにハラに溜まった何かが、夜に自我のコントロールを超えて漏れ出てしまうものだと心理学的には言われている。ちょうど家庭でも学校でも危機が重なっていた泉ちゃんは、抱えきれないものを抱え込もうとすることにエネルギーを使い果たし、昼間に学校に行く余力などなかったのだろう。あの時の水遊びは、心につっかえたもののせいでエネルギーが回らなくなっていた彼女に、自分の底に流れる水源とその力を思い出させ、その流れるべき方向へ流れ出すべく噴出させたと思われる。それは、私たちの関係も潤し、行くべき方向を示した。プレイセラピーでは遊びの治癒力も手伝って、心が象徴的にその子自身の解決を見出し、動いていくものだ。泉ちゃんはその後もさまざまな自然災害を遊び、彼女のものにしていった。洪水や地震、台風などである。それは遊びではあるが真に迫るものがあり、岩田さんたちの自然との向き合い方を彷彿とさせる。時には遊ぶことがしんどそうな時もあったが、彼女の心がそれをやり抜くことを必要としていることが伝わった。二年ほどした最後のセッションの時、泉ちゃんは箱庭の中に川を作り、岸辺から仲間と共に船で旅立つ場面を作って、本当に治療者とも別れて行った。自分の川を生きていくという決断を感じた。岸辺にはバケツからこぼれたペンキのミニチュアがそっと置かれ、涙の乾いた跡のようなそれを彼女はそっと心にしまって旅立っていったのだなと感じられ、こちらの涙が出そうになった。

泉ちゃんの心理療法は、実際の水に触れて遊びながら、水の持つ具体的な性質とイメージ（包まれると同時に流れを持ち、動き破壊しながら生み育む）に動かされ、自分の奥深くにある水源と出会えたことでとても展開した。泉ちゃんの川に流れていたのは、山で出会った「非個人的ないのち」であったような気がしてならない。そして、自分の向き合うべき現実を遊びの中で自然災害として戦い、心におさめて旅立って行った。自然は、彼女を振り回し、損なうコントロールを超えた破滅的な力も持っているが、そこに遊びとして触れ直し、生き延びたり冒険したり、対峙し戦ったりしながら、自分の水源として確かなものにしていったと思われる。最後の箱庭のペンキは、泉ちゃん個人の悲しみだけでなく、もっと深い非個人的なかなしみ[2]も含まれていたように私は思う。それは、母や母の家族につながる代々のかなしみでもあろうし、それを心に携えているからこそ、これから生きる世界が開けてくるかなしみもあるんだと泉ちゃんに教わったように感じている。

現代では、自分の水源を見失って枯渇し、生き苦しくなっている人が、大人にも子どもにも多い。それと出会える通路を人々は求めている。それは泉ちゃんの場合はプレイセラピーであったが、夢を見ることや踊ること、描くこともしかり、心理療法の場もまた通路となる。

二月

フィールドワークの研究発表が近いというのに、私はその体験を全く言葉にできないのであった。何か大事なことが動いているはずなのに……。やや焦りながら、その日も「真剣に」稽古に向かった。櫻井氏は「言葉にならないから踊るのではない。言葉にできるところはし尽くしたその先に生まれてくるものを踊るのだ」とよく話され、だからこそ、稽古の始まりのメンバーとの対話を大事にされている。その日は、石井漠というダンサーについて話した。「『我々の舞踊芸術は、肉体の運動による詩でなければならない』ってね、石井は言っていたんだよ」「理念だと想像できないことがある。だからこそ、ダンサーは〝実際に〟踊らなければならない、ということなんじゃないかと僕は思うんだよ……」と櫻井氏は語った。理念では想像できないイメージや言葉が最初に在るのだ。そのイメージや言葉の持つ生命に触れた時、それは「私」を超えて動き出し、表現せざるを得なくなるのだろう。私の中にも出て来れない言葉がある。多分、多くのクライアントの中にもそれはある。

その後、私たちは各自の中に動いたものを踊っていった。

なぜかその日、私は身体《からだ》がうまく動かなかった。「真剣に」踊ろうとしすぎていたせいか、気づかないうちに身体は硬くなり、動こうとすればするほど、身体と感覚、動きがどんどんバラバラになる感覚に当惑した。櫻井氏は、自身がピアノや銅鑼などの打楽器を演奏しながら参加者の踊りを見守っていることがよくあるが、この日も銅鑼を鳴らしながら、ふと「身体を解放する前に自分の身体を認めてください」と誰にともなく話した。あら、と私は思う。力んで解放とは程遠い自分に気づいたからである。「真剣に」はいいけれど、「解放」なんだ。熊はいつも真剣で解放されているじゃないか。そして「丁寧に」。そのうち、私は、手の平の向きや指先の感じと、その先にあるものに対して注意が向けられ、だんだん手先の空気の動きを感じるように動いていた。不用意に力をこめると壊れてしまうものに対してするように丁寧に。いつの間にか全ての指先を揃え、日本舞踊のような形の掌で踊っていた。指先を揃えた両手を、掌を上に向けて前に出し、天の恵みを頂くように上に挙げたり、天から受け取った恵みを身体の胸に、内側におさめるように下ろしながら踊っていた。足は膝をゆるめて立ち、時に歩いて場所を移した。それを繰り返す内に、ある瞬間、何かその掌から湧き溢れるものを感じ、同時に胸をぎゅっとしめつけ熱くする強い感情のようなものが湧き起こった。それはみぞおちの下をぐっと締め付けると同時に、そこからも泉水《いずみ》のように溢れ出てきた。それはさっきまでの私の意思や想いとは全く別の次元からやってきて、瞬時に私を侵食した。私は驚きながらもそのままに、感じながら踊っていた。

それは、強いて言えば「かなしみ」に近い感情であったと思う。

稽古が終わってもそれは残響のように響き続けた。そのうちに浮かんできたのは谷川俊太郎の詩であった。「どんなよろこびのふかいうみにも／ひとつぶのなみだが／とけていないということはない」[3]そして、ユング派の臨床心理学者である河合隼雄の「幸福ということが、どれほど素晴らしく、あるいは輝かしく見えるとしてもそれが深い悲しみによって支えられていない限り、浮ついたものでしかない、ということを強調したい。恐らく大切なのはそんな悲しみのほうなのだろう」[4]という言葉である。それらは、泉ちゃんの置いたこぼれたペンキのミニチュアともつながり、私の心に甦ったのは、櫻井氏の或る作品の一シーン「祈る手の踊り」であった。

それは、踊りを通して非個人的な次元の、この世の向こう側からやってくるものと出会う人の姿であった。

四　ある踊りの風景から――「非個人的ないのち」とつながる身体――

「祈る手の踊り」

それは、櫻井氏が二〇一五年の原爆忌当日に長崎で上演したダンス作品『弔いの火：ダンスと美術と子供たちのための七〇年目の八月九日』[5]の後半の踊りの一つのシーンである。『弔いの火』は、その数年前から創作され、続く十一月の作品『失われた地へ"Landing on the Lost"』の制作プロセスの影響を色濃く含んだ作品である。私が実際に劇場で見たのは後者である。静かな爆発を孕んだ身体《からだ》が何かしらの境界を死者と共に彷徨い歩くような作品で、身体《からだ》から風景が立ち上がり、見えてくる踊りであった。とても印象的な終わり方で、「この彷徨う身体は最期に何か〝掴む〟のだろうか?」と観ていた私の想像を裏切り、晴れやかに苦しみを「引き受ける」身体へと変容し、立っていた。感銘を受けた私は、遡って地方公演であったために見ることが叶わなかった『弔いの火』のDVDを見せていただいたのだ。

『弔いの火』は、終戦からちょうど七十年の二〇一五年八月九日に長崎県大村市立松原小学校で開催された〈戦後七十年被爆者追悼セレモニー祈念公演〉として、櫻井氏が美術家の瀧澤潔氏と共同制作したアートとダンスのコラボレーション作品である。そのプロジェクトは、被爆直後の長崎に走った「松原の救護列車」の記録や証言の現場での語り継ぎを通じて〈原爆〉に対する考えを深め合い、未来につないでゆこうとするもので、列車の搬送先の一つである松原小学校が舞台である。舞台の正面を爆心地に向けて踊られたその踊りは、暮らしや日常の隠喩として、Tシャツなど普段身につけている衣服を素材に、地元の子どもや大人たちと一緒に作られたランプの中で行われた。その数は、まさにその場で亡くなった被爆者の死者の数であったそうだ。広い運動場を埋め尽くした色とりどりのランプは、まるで夕暮れの薄暗がりに揺らめく灯ろうか、死者の魂か――それは私の故郷広島で、毎年八月六日の夕刻から始まる灯ろう流しの風景と重なった。原爆死没者の供養のための色とりどりの灯ろうの火は、川面をゆらめき、流れるみ霊そのもののように見えるのである。

その踊りは、浦上天主堂で収録された鐘の音などが静かに響くのを背景に、櫻井氏の身体が幾多の魂と戯れているかのように始まった。印象的に揺れる赤い布は流された血のようにも、血と共に踊るようにも見える。だんだんと激しく力強く、魂と遊び戯れているような、生も死も一緒に遊んでいるかのような踊りへと展開していく。その風景は、遊び戯れることも対話であり鎮魂なのだと私に伝えて来る。「（救護列車で）あそこの場所にたどり着いて、そこからまたいろんな物語が生まれたのだろう。助かったと思った人もいただろうし、火の中から出ることはできたけれど自分の家や家族からは遠ざかって一人になってしまった人もいただろう。家族と焼かれたかったと思った人もいたかもしれない。手当は受けられたけれど、死に場所を変えられた人たちでもあり、そういった複雑さの中に一つ一つの物語はある[6]」と後に櫻井氏は私に語ってくれた。氏は踊りながらその個々の声を聴いていたのだろう。

列車の音がして、再び静かな踊りが舞われた後、櫻井氏は激しく打ちひしがれたり、荒れ狂うように踊りだした。失われ消えゆく時間、流れさってゆく時間に抗うかのようにも見えたし、被爆者の身体そのものであったかもしれない。と同時にその身体が暴力そのものである瞬間すらあった。抗ってもがいて走り回り、まき散らして、そこから生まれた粗削りで猛々しいエネルギーが場を揺さぶる。何がなんだかわからないものに翻弄され、もみくちゃにされる人の姿があった。そうされながらも何か、それをつかもう、抱えようと……格闘する身体。折しも大きな台風がまさに長崎を訪れようとしており、実際に突風が吹き荒び、運動場の砂を舞い上がらせていた。その中で、人も風も砂も共に暴れ狂うような踊りの後、ふっと緊張の糸が途切れ、何かが終わった。

静かな、時が制止したかのような間が訪れた。次の瞬間、止まない砂嵐の中、すっと立ち現れた一つの身体から、その手だけの踊りが始まった。凛と大地に屹立しているからこそ、手の動きの一つ一つがこちらに何かを届けてくる。実際に祈るようなしぐさはなかったが、嵐の中、〝祈る私〟が立ち上がった、と私ははっきりと感じた。何かをまっすぐ見据える表情は、その身体や顔にへばりついた砂や汚れも含めて何か神聖さをまとっていた。

私の心に甦ったのはこのシーンである。何かあの、ほの暗い闇とランプの光、煙る砂嵐の中に浮かぶ厳かな祈りが、手と腕だけの、華奢で儚くも力強い動きが浮かび上がるのが心にくっきりと残っていたのである。目は開いていたが瞑想しているようでもあり、暴力も被暴力も同時に引き受け続けながら、人間の情も時空も超えた祈りは存在し、身体を通して顕現するのだと心を揺さぶられた。

氏の振付のノートを見せていただき、「祈る手の踊り」と名付けられているのを知ったそのシーンで、櫻井氏は、折り鶴を全身で折っていたのだそうだ。「こう伸ばしたり、こうひっくり返したりする折り鶴の作業をね、全身で折っていたのね。一歩で一羽、二歩目で一羽、それを繰り返す。千羽になるには千歩歩かないといけない。でも、長崎からここ（松原の運動場）まで歩いてきたと言われるとぞっとしますよね。でも実際にいたんですよ、そういう人間が」「被爆によって明らかになることもあっただろう。例えば、実存がクリアになった人もいたかもしれない。多くは良し悪しを決めかねるままに、しかし思う通りには誰も生きておらず、かといって流されるままでもない。そういう複雑さの中で現実は起きてしまう。それに対して一言で言えることなんてないですよね。根拠を持ちすぎると人を殺すことになるとも思います。だから作品を作っているのかと思います」

その後、舞台には、ランプを作ってくれた地元の子どもたちが登場し、折り鶴の歌を合唱する。かの日、そこに居て、会ったことのないおじいさんやおばあさんがいたかもしれない現在の子どもたちの祈りの歌である。櫻井氏の舞いによって祈りは空に届けられる。そして私には、空に届けたものと何か降りてくるものが交錯し、交感しあう風景が見えた。櫻井氏が「翼を呼吸する人〜子どものコーラスの中で（現在の歌）」と名付けたそのシーンでは、確かに何かが行き交い、そこには死を超えて連続していく生が浮かび上がっていた。

櫻井氏は言う、「あれは死者に対する表現なのだから……。生きている奴の個性を出す必要はないんですね。現地に行くと言うのは、僕が何かを主張するかと言うより、僕に何を担えるかの方が大事になっていくんです」

生と死と再生をめぐる踊り——天と地を結ぶ身体《からだ》

夜とランプの光が、かの時、死者の床であった運動場を一つの舞台に変容させ、櫻井氏の身体《からだ》は個人であることをなくし、誰でもなく、誰でもあるかの

櫻井郁也の舞踏
『失われた地へ "Landing on the Lost"』2015
写真提供：© 十字舎房

ように、一つの身体として自らを差し出した。そこから生まれた踊りは、そこにいた者に失われた生命の尊厳と鎮魂の情を湧き上がらせ、踊りの場全体を包み込んだ。そして今、被爆して死んでいった数多の魂が一つの身体と動きを通して深い生命を帯び、未来へ飛び立った。鎮魂とは、死者の魂が踊り手の身体を通して未来と繋がることなのかもしれない。踊る身体は、死者の魂をその身体に担い、対話し続けるのである。

その時身体は、死者が憑依するための通路であり、死者との対話を成立させ、醸成させる場や器ともなる。それは、死者として「非個人的ないのち」とつながっている身体でもある。そして踊りを通じて、観ている私の身体の記憶へも通路を開く。その時開かれたのは、私の祖母が孫たちの求めに応じて初めて戦争体験を語った時の、ささやかな、しかし強く刻まれた記憶である。広島県の山間部に住んでいた祖母は、原爆とは無縁であろうと子どもの私は思い込んでいた。だから祖母が原爆のきのこ雲を見たこと、近所の人と「なんじゃろうかね」と口々に案じた数日後に山村の実家に自力で歩いて帰って来た知人が、苦しみながらほどなくして亡くなったことを話した時の、突然の祖母の涙にひどく驚いた。原爆がこんな身近な人の心にいまだ生々しい傷として残っていることに強い衝撃を受けた。一緒に泣き出すいとこもいた。遠いと思っていた戦争や原爆による死が、今を共にしている祖母の内側に生々しく残っており、その死が連綿と地続きに自分とつながっていること、そして自分の生を支えているのだと初めて知った衝撃であった。それまで史実として知っていた〝原爆で黒こげになった人々が逃げゆく行列〟と、自分の生が生々しくつながって立ち現れたことに、おののいた最初の体験でもあった。それは、私の身体の深みにも、親も含めたまだ出会わぬ祖先が住んでいると知った最初であったかもしれない。

足元にある暴力や死と今の私の生とが血肉の感覚を伴ってつながる時、おののきや痛みを伴いながらも、その実、私たちが自身の存在のリアリティとつながることになるのかもしれない。だとしたら、そのつながりを見失ったままでいる時、私たちの生は、気づかないうちに単層的で奥行きのないものになり、空虚で刹那な今の羅列として、解体の危機に瀕しているのかもしれない。空虚さは加奈さんだけのものではないのだ。

私の二月の踊りが、櫻井氏の踊りへ、死者として「非個人的ないのち」とつながる身体《からだ》へと私を結び直す。その身体は、まだ知り得ぬ歴史の中での個人を超えた暴力や死だけでなく、聖なるものや霊性、超越的で自然の力をまとった異形の神々など、日常の意識とは異なる次元の、この世の存立をおびやかすようなさまざまな異界とつながっている。私たちは、日常で目に見える解決や成果に比重を置きすぎて、理性という言葉でコントロールの及ばないもの、見えないものを愚かなものとして沈黙のうちに閉じ込めてしまっているようだ。その結果、「非個人的ないのち」や異界とつながる身体と、はぐれてしまっているのだ。

踊ることは、身体《からだ》を通じてそれらとのつながりを回復し、行き来することを可能にする。その時、この世の理が一旦死んだところの深みからくみ取られた生命の輝きが、私たちを揺さぶり、活気づけ、私たちの生きている現実に生のリアリティや内実を与え、現実としての強度を増す。それは、空虚さからの解放の種を、身体という大地に撒くことにはならないだろうか。

身体の想像力とも呼べるような、「私」のものでありながら、「私」を超えた身体の位相が、実はすべての人に備わっているのである。それは誰もが持っている通路なのだ。

五　クライアントと踊る——身体とつながることと踊り続けること——

加奈さんの夢のゆくえと身体《からだ》

このように考えてゆくならば、漠然とした虚しさの中で、現実の体験が自分の大事なものとつながっていかないように感じる加奈さんは、意識している体験世界や思考と、異界とつながる身体《からだ》とがはぐれてしまった状態なのだろう。ここでいう身体とは、日常的に私たちが接している「目に見えている身体」のことではない。異界とつながり、独自の想像力を持つ身体とは、古来、身体が大宇宙（マクロコスモス）に対する小宇宙（ミクロコスモス）であると考えられてきたように、一個の身体として閉じている身体ではなく、そのまま宇宙とつながるための通路として開かれていると見なされてきた身体のことである。河合隼雄は「こころを超えたものとして、せめて（生きている身体とは区別した）『生きられる身体』に関心を向けるならば、それはたましいに至る道になるかもしれない」[7]と述べている。河合の弁によると、心理療法家は、自我とたましいの折り合いのうまくゆかない状況にどう対応していくかという仕事をしていることになる。

加奈さんの状態は、まさにたましいとの折り合いがつかなくなっていると言えよう。それは、たましいに至る道である「生きられる身体」とはぐれてしまっているからなのだ。その身体とのつながりが切れている時、現実的に努力し、どれほどの体験をしたとしても、自分をすり抜けていくように感じたり、意味ある体験として「今ここに生きている私」の内に根付く感覚を持てなくなってしまう。体験が確かさや可能性として実感できるためには、私たちは「生きられる身体」とのつながりの回復を必要とする。

加奈さんの見た夢は、殺害から始まった。それは日常とは異なる次元から加奈さんに侵入してきたイメージである。

本書の第七章でユング派の分析家であるギーゲリッヒは、殺害が魂に由来するものであり、その行為を通じて単なる生物学的な存在ではなく、精神的な意識を持った人間として生まれ変わり、初めて魂としての存在になると述べている[8]。この、屠殺の一撃の「魂の震え」をこそ、加奈さんが必要としていたように思うのだ。殺すことが、根源的な生命力を際立たせると同時に、心と身体《からだ》を超えて自律性を持つ魂という存在と自分を結び付けるのだ。それは工藤さんや成瀬さんの語るような「非個人的ないのち」や、泉ちゃんの体験した水源とつながることでもある。

食べ、養い、自らを生かすという生命の望みは、その内に多くの命を殺し、自らの血肉としていくことを含んでいる。そしていつか死ぬ時に、いのちはどこかで他のものの血肉になることを望んでいるとも言えよう。あの鶏の屠殺の時のことを、成瀬さんは「どこかで響いているだろうと思うのは、宮澤賢治の『なめとこ山の熊』[9]の小十郎にあらわされているような「くまども、ゆるせよ」という心境でした」と語ってくれた。『なめとこ山の熊』で、猟師の小十郎は、自分が殺す熊に対する深い愛があり、時には熊と会話もできるほど熊との一体的な世界を生きている。最後は熊に殺され、今際《いまわ》の際《きわ》に「くまども、ゆるせよ」と思うのである。そして多くの熊に弔われる。殺し殺されることは、相手と一体になるための究極的な在り方であり、魂の次元で起こる邂逅のようだ。死んだ小十郎の顔が笑っているかのようであったのは、熊の栄養となることを望んでいたかのようだ。加奈さんが求めていたのは、そのような出会いの真実を体験し、心に刻むことだったのではないか。それ故、リストカットや男性依存という形をとって問題行動が表れていたのかもしれない。しかしこれは魂の次元でなされるべきことであり、それを現実の次元で求める限り、事件や悲劇となることはあっても、真のリアリティを伴って刻まれる魂の成長や癒しとはならない。夢や「生きられる身体」という魂の次元と、人間の現実の次元を混同しないことは重要なのである。その加奈さんが、夢で殺すことは、求めていた出会いの真実をまさに血肉にしようとしていたのではなかろうか。

そして、加奈さんは自分が殺した人のものと思われる一塊の生肉と直面し、殺害は明らかな事実として目の前に顕現した。なぜ死体や骨ではなく、「生肉」という限定的なイメージを夢は提示してきたのだろう?

分断された生肉は、彼女の〝殺害する〟というコミットメントが生んだ産物である。それはかつて生きていたものとして、「肉」の持つよりフレッシュなバイタリティや生命エネルギーと、肉欲のような生々しい欲望や情緒を投げかける豊かなモチーフでもあり、彼女本来のバイタリティが、彼女自身に迫ってきたものとも考えられる。更にそこには、暴力によって「はだか」

にされた彼女の、生々しい一部が存在しているようにも感じるのだ。しかし同時に「生傷に触れる」ことは痛みを伴う。まだ新鮮な殺害や暴力の感覚と直《じか》に触れ、そこから生まれる何かに身を浸すように夢は提示し、彼女も正座してそれを迎え入れたのであるが、その衝撃や痛みはかなり強かったのだろうと思われた。

「生々しくコントロールされていないもの」としての生肉（とそのイメージ）は、文化の側（意識）からすれば、野蛮で破壊的、無秩序的な恐ろしいものとして体験される。それに触れることは、加奈さんの内に潜む生々しくコントロールのきかない、しかし生命力あふれる野生を、自分のものにする機会となり得たのではないだろうか。そこには自分自身の受け入れがたい欲望や感情もあるかもしれない。トリックスターとの関わりで触れたように、コントロールのきかない自然の侵襲を受けた時に生じる大地の傷こそが、刷新や再生を生み得るのだ。しかし生肉の野生の急な侵襲は、加奈さんにはあまりにも恐ろしかったのだろう。「私はやってない、私のものではない」と言わんばかりに殺害も生肉も隠そうとするのである。それとつながることは見失った彼女の「生きられる身体」やその向こうにある魂とのつながりを回復する機会となったかもしれないのだが。

ここで私ははたと立ち止まる。私も鶏を殺害しなかった。殺害という「非道さに自分の勢力を傾ける」ことから、私も撤退したのではなかったか？　そしてあの夜の穢れの感覚は、一旦鶏の解体はしたものの、殺害に貫かれることから慌ててこの世に引き返そうとしたが故に、起きたとは考えられないか？　それは右往左往する加奈さんと重なりはしないか？

そうか。私も殺し、命を奪って自分の血肉にし、自ら命を差し出す鶏と、その血で汚された地に足をつけて踊り続けるべきだったのだ。非道さに穢れることによって、深いところで自分が何か変えられてしまうような怖れが私にもあったのだろうか。それは加奈さんが恐れていたことではなかったか。血や生肉という物質にリアルに触れ、汚れることこそが、大地への着地を現実化し、欲望や感情も含めた「私」の「生きられる身体」を確かにさせ、自分の輪郭をかたちづくるのだろう。

私はどこか中途半端に野生に足を踏み入れながらも、後ろ足を安全なこの世の側へ残そうとしていたのかもしれない。狩人としての小十郎が、野生に分け入り、野生の奥でこそ、熊という絶対的な他者であり神である野生の真実と出会うことができたように、私もその奥で探求する必要があったのだ。それは、もう一人の自分自身と出会い、把握する時の、私たちの内側の心の動きとも重なる。その時、熊も狩人も双方が全体として一つの魂であり、私たちはこのような在り方で、自分の内側にある他者と出会いながら、生の新しい展開の契機を求めているのだろう。そして、熊に襲われた時、それまでの自分の在り方は一度死にバラバラに解体されてしまう。あえて命を賭す危険を侵し、熊の野生の前に容赦なく自らを曝しながら、熊と対峙することによってしか、私たちは、野生や暴力がいかなるものか、熊とは何かの真実を知ることは決してない。

そう考えるならば、治療者という狩人が、まずもって熊の前に身を曝され、解体されねばならなかったのではなかったか。ギーゲリッヒは別の著書[10]で治療者の狩人性に触れ、治療者自身がまず魂の野生に分け入り、解体される必要を述べ、「真の治療者であろうとすれば、ある理論やテクニックを適用するわけにはいかない。彼はいかなる時にも即興しなければならない。即興し、自分の患者と対峙しなければならないからだ」と述べている。そうであるなら、私は加奈さんと即興するどころか、舞台にすら立てていなかったのかもしれない。治療者不在の舞台だからこそ、彼女もまた、殺害という非常に意味深いことが内面で生じているにもかかわらず、受け止めきれずに右往左往している可能性はないか？

しかも……私は続けて考える。この彼女によって殺された「誰か」とは、実は彼女自身なのではあるまいか。自らの生きられていない可能性としての魂を追い求める狩猟者としての加奈さんは殺され、何か次元の異なる突破をなそうとしているに違いないのだ。私は、そこに彼女を一人にしてしまったのかもしれない。

愕然としながら大学院時代の恩師の言葉を思い出す。「西山さん、臨床はね、虎穴に入らずんば虎子を得ずだよ。入るべき虎穴がわかっているのに、怖気づいてはだめだよ」。あれからずっと修行してきたつもりだったのに、また似たようなところで躓いていたのか。私自身が、魂の野生に踏み入り、八つ裂きにされたり、穢れにまみれることができずに、加奈さんが「殺害」や「生肉」に触れたり、現実とは異なる理の世界へ踏み出すことができなくても無理はない。変わることはこれまでの自分が死ぬことでもある。痛みも伴う。第七章でギーゲリッヒは、平和や非暴力へと入り込むために、人間の歴史の残酷なほどの恐ろしさの中に真の人間性と真の平和を認識する必要を述べ、「それによって引き起こされる膨大な苦しみを感じながらも、それに抵抗を示さない」ところに立ち続けることの重要性を述べている。「無垢の喪失」の痛みの上に、立ち続けることが重要なのだ。そうだ。私は、櫻井氏の砂嵐の中に立つ祈りの踊りを見ながら、私自身は砂嵐の中に立っていなかったのかもしれない。櫻井氏が長崎の踊りで、その日偶然起きた台風の暴風にすら身を委ね、砂と大地に汚れながら死者を担っていたように、私ももう一度、ここから心理療法という舞台で踊り直そうと思った。

不思議なことのように思われるかもしれないが、私にこのような気づきがあった後に、加奈さんは、再び、夢を見るようになった。

夢　何かの小動物を殺した。その生肉の塊を手に持って出かける。出先で邪魔をしてくる人がいるので、「どいて」と言う。

加奈さんは生肉とそのイメージに触れ、殺害を携えて生きようとしている。そして新しい言葉を得て、彼女の欲望（生肉）を表現するのだ。この夢を報告した後で、「私、意外とちゃんと言いたいことが言えてないと思った。爆発して怒って言っちゃうことはあるんだけど。ちゃんと言えたのはこの夢が初めてかも……」と話した。そして、爆発するまで自分の思いや痛み、傷に無自覚であったこと、爆発したらそのまま放置し、傷の手当てをすることがなかったこれまでの在り方に気づき始めている。傷は発見され手当てされなければ、知らないうちに深く心を蝕んでいくものだ。その結果、私たちはよりどころを失い、自分という輪郭すら見失ってゆくのだ。

また加奈さんは、面接場面で言葉に詰まるような時に、それまでは何となく避けていた絵を描くようになった。描くことは、実際に手を動かすことや、ほぐれる感じ、遊びのクリエイティビティと相まって、「生きられる身体」とのつながりを回復するのに有効である。加奈さんも描きながら、放っておくとなかなか出てこないナマな心の声を少しでも掬い上げようとしているかのようだ。「さっきまでどうして話せなかったのか、なんかわかった。昨日、彼と話してた時のこと、本当は嫌だって思っていたのかもしれない。気づいてなかったけど。でも気づいたら気づいたで嫌になっちゃいそうで……困るんだよなー」などと、描きながら思い浮かぶことを話し、自分が置き去りにしてきた気持ちと出会いつつある。日常の生活の中では受け入れがたい、置き去りにしてきた自分の気持ちと結び直すことは、誰にとっても痛みを伴うものだ。加奈さんも、「あんまり気づきたくなかったなあ」としばしば口にしながらも、どれだけ自分の気持ちに蓋をして生きて来たか、それゆえに自分の生のリアリティを見失っていたことに気づきつつある。そして、自分の気持ちを騙し騙しやっていくのではない、別の生き方を模索するようになった。加奈さんは身体とのつながりの回復を模索し始め、彼女の野生に分け入ろうとし始めている。

「非個人的ないのち」とつながる身体、そして委ねること

フィールドワークや稽古の体験、櫻井氏の踊りと加奈さんの夢を通して、私は、意識している体験世界や思考とは別に、身体《からだ》には独自の想像力と深層世界があり、それとつながり主体的に交流することが、魂とつながり、この世も異界も含めた全体を生きる「私」というものをかたちづ

くっていくのだと思うようになった。誤解を恐れず言うならば、西洋的思考では物質であり個人の属性という面が強調されやすい身体ではあるが、それだけではなく、身体には無意識が含まれて在る。そこには、これまで触れてきたさまざまな異界が豊かに広がる。個人としての「私」の生きられなかった思いも、私たちの足元に眠る死者の声、トリックスター、野生、根源の水、それら「非個人的ないのち」も、多層的な異界がある。身体とのつながりを回復することで、身体が自ずと道を開き、心も共に変わるべき方へ変容し始める。人が自ら夢を見ることができるのも、その一つの在りようではないだろうか？

そのような身体とつながりが失われていること、それ故の空虚さなどの苦しみは、実は加奈さんだけではなく、現代に生きる人たちの共通のテーマであろう。現代社会では医療や科学の発展と共に見えるものしか存在しないかのように扱われ、その価値がもてはやされている。昔は祭りなどの行事や生活の中で、人々が感じることができた目に見えない死者との豊かな循環や自然の営みというものも、すっかり遠ざかってしまった。私たちの生活の中には、異界と通じる身体とのつながりを感じたり、経験する土台が失われている。

そのつながりの回復を考える時、村上春樹の小説『ダンス・ダンス・ダンス』における羊男が、主人公の「僕」に語る言葉が本質的に思えるので紹介したい。

「僕」は、現実的に「自分の関わっている物事に対して自分なりにベストを尽くしている」にもかかわらず、「何とか自分の生活を維持しているけれど、何処にも行けないこと。何処にも行けないまま年をとりつつあること。誰をも真剣に愛せなくなってしまっていること。そういった心の震えを失ってしまったこと。何を求めればいいのかわからなくなってしまっていること」[11]を羊男に訴える。羊男は、「僕」が空虚さから回復するために、夢に導かれてやっと出会えた存在である。「夢の中で僕のために誰かが涙を流している。僕はきっと何かに結びつこうとしているんだろう。（略）そのためには君の力が必要なんだ」と言う僕に、羊男は「あんたがその何かにうまく結びつくためにできるだけのことはやってみよう」と答え、「踊るんだ。踊り続けるんだ」と言うのである。「足を停めちゃいけない。どれだけ馬鹿馬鹿しく思えても、そんなこと気にしちゃいけない。きちんとステップを踏んで踊り続けるんだよ。そして固まってしまったものを少しずつでもいいからほぐしていくんだよ。（略）使えるものは全部使うんだよ。ベストを尽くすんだよ。怖がることは何もない。あんたはたしかに疲れている。疲れて、脅えている。誰にでもそういう時がある。何もかもが間違っているように感じられるんだ。だから足が停まってしまう。」「でも踊るしかないんだよ」と。

この羊男の言葉は、心や魂という目に見えない営みと深く関係する身体とつながり直すために、踊るという感覚が私たちを助けてくれることを示唆している。現実を踊るためには、起こってくる一つ一つの出来事に対して、ある程度意識的に動くことが求められる。できるだけ誠実に、丁寧に、実際に身体を動かし、自分なりのリズムや必然性を大事にしながらステップを踏むのである。そして自分の心と照らし合わせながら、新たに生じてくる物事と呼応し相対していこうとする姿勢が求められる。そうすることで、ダンス（踊り・舞い）の持っている天と地を結び付ける機能が発揮され、私たちの「生きられる身体」と日常的な意識が結びなおされていくように思う。心理療法は、この「踊る」という作業をクライアントと共にしているとも言えよう。

そして、羊男が「ここでのおいらの役割は繋げることだよ。ほら配電盤みたいにね。いろんなものを繋げるんだよ。ここは結び目なんだ。（略）ばらばらになっちまわないようにね」と自分の役割について明らかにしているように、心理療法の中で治療者はこの羊男の役割も担っている。クライアントの「生きられる身体」のレベルで生じている目には見えないさまざまな出来事やエレメントに耳をすまし、私の「生きられる身体」の地平で受け止めたり拾ったりしながら、一つ一つつなぎ直すことで、クライアントと彼らの「生きられる身体」とのつながりを回復するための通路になることが、治療者の役割ではないかと感じている。

そして櫻井氏が踊りを通して「非個人的ないのち」の声を聴こうとするように、クライアントがまだ出会えず、野生の森の中に閉じ込められて生きられていないもう一つの可能性、即ち死者としての魂の声を聴き、それらと共に即興していけたらと思う。その踊りによって、クライアントがそれぞれの出会うべき「非個人的ないのち」とつながり、その人らしい流れが自ずから展開し姿を現すように。加奈さんが再び殺害の夢を見て、自分のナマの心の声を紡ぎ出しつつあるように。

私は、直接的に身体に働きかける心理療法は行わない。言葉やイメージが中心であり、実際に素材として使うのは夢や箱庭や絵、粘土くらいである。そして、実際に加奈さんとしているのは、生肉が連れて来るイメージについて話し合ったり、加奈さんの語りがどこか自身の核とずれてしまった時にこちらに生じる身体の違和感について丁寧に伝えたり、互いに描いたりすることの中でお互いの動くものを遊んだりする。その中で生まれてくるもの（言葉やイメージ）に曝されながら、「その先にあるものに委ね」つつ「担ってゆく」ことを、私は日々、心理療法で営んでいる。時にはトリックスターとして。また、無意識の森の野生が立ちはだかることもあろうけれど、私もまたバラバラにされながら流された血を地に立ち、踊ることができれば、そこにはテレプシコーラもやってくるだろう。

テレプシコーラとは、実はダンスや踊りの中核にあり、場に生まれるエネルギーであり、ダンサーと立ち会い人（観客）の両者の間に、双方の振動や呼応の中に、立ち現れるいのちや動きなのではないだろうか。それは、心理療法においてはコンステレーションと呼ばれ、重要視される動きと相通じるものではないかと私は思う。それは、治療者とクライアントの間に無意識的に生じて動き出し、意識的にはある日突然降りかかってくる（ように感じる）ものである。これは遅れて気づくことはできてもコントロールできるものではない。せめて気づき、生き、踊ることが治療者には求められる。力みを抜いて動くものに耳をすますこと、違うものが入って来て動かされるままに「委ねる」ところからダンスは生まれ、面接は展開していく。そして、十一月、二月の稽古の時のように、動かされながらちゃんと踊れた瞬間に心は動き始め、何かが生まれ、踊りが終わった時には心が変わっている。踊る前の私とはまるで違う位相にあるのがわかる。人が踊りたくなるのはこの生成を求めてこそだろう。

踊るということが、「私」を、今を、境界を超えて編みなおし、未来をかたちづくっていく。苦しい時こそ、ステップを踏むことが必要だ。その苦しさや穢れには大事なものが詰まっており、それこそが身体を開くきっかけとなるのだから。私の体調不良という治療者としての危機が、私を身体の多層性と創造性へ開き、面接のテレプシコーラと踊ることを助けてくれているように。

私たちは、山の神の声を直接聞くことはないかもしれない。しかしステップを丁寧に踏み続けることで身体《からだ》の深みとしっかりつながることによって、山の神の声を身体が私たちに届けてくれることを、私はこれらの体験を通じてはっきり認識した。人生の同行者はきっと「非個人的ないのち」とつながる身体を通じて私と共にあるのだ。

（本章に出て来る臨床素材はすべて仮名であり、個人が特定されないように事実に改変を加えています）

〈謝辞〉
フィールドワークや日々の面接も含めて、この論考にお力添えいただいたすべての方々に深く御礼申しあげます。

参考文献
1　岩宮恵子『思春期をめぐる冒険　心理療法と村上春樹の世界』日本評論社、二〇〇四年
2　河合隼雄『ユング心理学と仏教』岩波書店、一九九五年
3　谷川俊太郎「黄金の魚」『クレーの絵本　男声合唱組曲『ポール・クレーの絵による「絵本」のために』より　第2集』河合楽器製作所・出版事業部、一九九五年
4　河合隼雄『河合隼雄の幸福論』PHP研究所、二〇一四年
5　櫻井郁也・瀧澤潔「ダンスと美術のコラボレーション『弔いの火』　こどもたちのための70年目の8月9日ナガサキ」松原の救護列車を伝える会主催「戦後70年企画・被爆者追悼セレモニー祈念公演」二〇一五年
6　櫻井郁也への個人的なインタビューより
7　河合隼雄「心理療法における身体性」河合隼雄総編集『心理療法と身体　第4巻』岩波書店、二〇〇〇年
8　ヴォルフガング・ギーゲリッヒ「殺害」本書第七章所収
9　宮沢賢治「なめとこ山のくま」『新版宮沢賢治童話全集6』岩崎書店、一九七八年
10　ヴォルフガング・ギーゲリッヒ（田中康裕訳）『魂の論理的生命　心理学の厳密な概念に向けて』創元社、二〇一八年
11　村上春樹『ダンス・ダンス・ダンス　上・下』講談社、一九八八年

コラム　狩猟と血と女性

河西直歩

国土の大半を山が占める日本列島には、古くから山岳信仰があります。里から見た山は、山の神が住む異界であり、山と里には境界がありました。明治時代の初めまで、多くの山は信仰の対象であり、男性は心身を清め山に登りましたが、女性が山に登ることは禁じられていました。山への女人禁制の起源は、わかっておらず、文化人類学者の鈴木正崇は、神仏習合により山岳信仰と仏教が融合し、山と里の境界が結界になり、「女人結界」になったと推察します。理由は様々で、多くは月経や出産等、血の穢れのある女性が聖域に立ち入ると、神仏の怒りにふれ天変地異が起きると信じられていました。女性の不浄視は、平安時代から江戸時代にかけて、都市から地方へと広がり、地域や階層により、解釈が多様化していきます。

一方、山で狩猟をする狩人は、山の神が女性であり嫉妬深いとの理由で、女性を遠ざけます。人間の女性が近づくと、山で活動する男性から女性の神が離れ、その守護が得られなくなると考えられていました。山の神の喜怒哀楽により、不猟や天候の悪化、事故が起きると信じられていたため、狩人は、山の神が嫌う多くの禁忌を守りました。おそらく、人間の力では制御しきれない自然の力に対して、禁忌を守ることで、対処しようとしたのでしょう。

山の神が最も嫌うのは「死の穢れ」であり、次が「お産の穢れ」ですが、山の神自身が猟師に出産を助けてもらったという由来から、安産や子授けの神でもありました。「血の穢れ」を嫌う土地もありますが、狩猟には流血が伴うため、血には寛容との説もあり、里からの穢れ意識が浸透した程度により、山での禁忌も変化したようです。そもそも、狩猟で流される血は、豊穣を表し、命の源でもありました。獲物の血を神に捧げ感謝する血祭や、獲物に祟られぬよう血払いの儀礼に用い、食べものや薬としても大切にしました。

また、文化人類学者の波平恵美子は、女性を不浄視する信仰が、女性の霊力によって守護される信仰とセットになり、逆説的に、女性の生殖能力への畏敬、男女が補いあい社会を成立させていることを表すと言います。男性が主に活動した山の世界では、人間の女性の生殖能力を排すことで、女神の霊力が強まります。反対に、女性のみがたずさわる出産では、人間の男性を排すことで、夫の霊力が妻の出産を助けるとの信仰もありました。

医学の進歩した現代では、獲物の血は、日常から隠れひっそりと処理されます。女性の血も月経小屋や産小屋の時代を通過して、生理用品の進化により籠る必要がなくなりました。血が命の源であるという実感は薄れ、生殖能力を霊力として信仰することもなくなりましたが、人間の力では制御しきれない月経や出産の神秘は、今なお自然の力を思い起させてくれます。

引用文献
鈴木正崇『女人禁制の人類学　相撲・穢れ・ジェンダー』法藏館、二〇二一年
波平恵美子『暮らしの中の文化人類学〔平成版〕』出窓社、一九九九年
参考文献

鈴木正崇『女人禁制』吉川弘文館、二〇〇二年
千葉徳爾『狩猟伝承　ものと人間の文化史14』法政大学出版局、一九七五年
メアリ・ダグラス（塚本利明訳）『汚穢と禁忌』ちくま学芸文庫、二〇〇九年
波平恵美子『ケガレ』講談社学術文庫、二〇〇九年
宮田登『ケガレの民俗誌　差別の文化的要因』ちくま学芸文庫、二〇一〇年
田中ひかる『生理用品の社会史』角川ソフィア文庫、二〇一九年
繁延あづさ『山と獣と肉と皮』亜紀書房、二〇二〇年

第七章　殺害

魂からの暴力について[*1]

ヴォルフガング・ギーゲリッヒ
（猪股　剛　訳）

「なぜ暴力なのか?」[*2]という問いに直接的な答えを見つけるべく、ためらわず取り組んでみることもできるのかもしれない。しかし、まず、私たちとこの問いとの関係を明らかにしてみることもできる。そのためには、一歩引いて、この問いが他の文化や時代において、人々にどのような影響を与えているのか、それを想像してみるとよいだろう。スペインの闘牛士は、闘牛を暴力と関係づけるこうした問いには近づきがたいと感じて、憮然とした表情を浮かべるかもしれない。闘牛士にとって、そして闘牛場の観客にとって、雄牛とその殺害者との戦いは最高度の充足をもたらす。闘牛の暴力には、暴力自身を理解し、暴力自身に満足するという目的がある。同様に、世界のあらゆる時代と地域から届く証言が明らかにしているように、戦争とは、一般論として単に机上で考えられたものでなく、むしろ戦場の熱気の中に戦いの怒りとして存在する。戦争は、非常に具体的な、時には最高の、恍惚とした高揚状態を引き起こし、そうして戦士の幸福状態を引き起こす可能性を持っている。戦争はまた、アスタルテ、イシュタル、アレス、マーズなどの戦争の神性に体験的な基盤をおいている。[1] ともあれ、現代の中央ヨーロッパ人にとって、「なぜ暴力なのか?」という問いが真の問いであるという事実は、私たちが、これまでの時代の人々にとって存在していたこうした自明性から転落したこと、そしてその自明性を疎外して遠くに追いやったことを示している。同様に、それは人々が意識的には次のように考えているということを示しているのかもしれない。つまり、闘牛は動物に対する無意味な残虐行為であり、他のさまざまな場面における暴力は、特に戦争における暴力は、少なくとももうしろ暗いものであり、ほとんどは災難や業務上の事故であり、あるいは犯罪であり、決して何か意味があるものではない、と。現代人の真の思考や感情にとって、これが確信の持てる考え方なのだろう。

損なわれた暴力との関係

よく知られた逸話がある。教会から帰ってきた人が、礼拝に来ていなかった妻に「今日は牧師さんが罪について説教していたよ」と話すと、一体、罪について何と話していたの、と尋ねられ、「牧師さんは罪に反対していたのさ」と答える。この逸話が流布している現代において、人々が暴力について発言しなければならないことも、基本的にはこの逸話と素朴に共通したものとなる。つまり、人々は暴力に反対している。人は戦争、植民地主義、帝国主義に反対し、扇動者に反対し、テロリズムに反対し、レイプに反対し、堕胎に反対し、テレビやポルノ映画の暴力に反対し、学校や家庭での体罰に反対し、構造的な暴力に反対する。

今日の中央ヨーロッパでは、暴力との関係は損なわれている。暴力に賛成して、暴力との関係を邪魔されないようにしようと言っているわけではない。暴力に賛成することは、罪に賛成するふりをするのと同じように、矛盾である。そして、実際には不可能なことだろう。罪という表現は、まさにそれに反対することを暗示しているため、「罪に賛成する」ことは、自分自身に嘘をつくか、ある種の行動をもはや罪だとは思わないと明示するか、そのいずれかになる。おそらく現代の西洋人は、抑圧や否定のメカニズムなしには、闘牛の体験を動物に対する無感覚な残虐行為と考え始める前のあり方に戻ることはできないだろう。せいぜい、象徴主義に興味を持つユング派として、それがかつて持っていた元型の意義を理解しようとして、暴力を二次的なものとして感じることができるだけだろう。そして仮に本気で以前のあり方に戻ろうとしても、現実の人間の利害関係や自分の立つ意識水準を否定しなければ、闘牛や戦争に真剣に取り組むことはできないだろう。

暴力との損なわれた関係は、こうしてみるとまた別のところにもある。つまり、暴力に反対することの抽象性の中にある(そして、ここではこれ以上追求しないが、自分が密かに暴力に魅了されていることを否定することの中にもある)。暴力に反対することは、特に知的なことでもなければ、特に面白いことでもない。罪や暴力があってはならないという宣言は、それ自体ではたいしたことを語っていない。あるいは実のところ、それは何も言わないことさえ言明している。なぜなら、罪や暴力が望ましくなく不道徳であると発言することは、些細なことなのだから。もしも、先ほどの牧師のように、罪に反対する発言をしたい、暴力に対してデモを行いたいという衝動に駆られるのであれば、一体何が、この途切れることない献身的な発言とデモへの欲求を心理学的に生みだしているのかを問わなければならない。外的な現実において何らかの成果を上げることがこの発言の実際の目標ではない。なぜなら、過去数千年にわたる、罪と暴力に反対する説教、その禁止と法律、そして刑事訴追をもってしても、暴力犯罪を根絶することができていないことは明らかだからである。特に今年の初めの反湾岸戦争デモ[*3]は、例えばローマ法王がエイズという病に対する特効薬として婚外性交に反対する発言をしたのと同様に、そうした暴力反対発言が無意味であることを改めて明らかにした。実際には、この種の反対発言は、起こり続ける暴力という現実の上方を飛び越えて、それに触れることもなく、それに手を差し伸べることもなく、それを変えることもなく、無力に、あるいは好き勝手に、行われているだけである。

「殺すべきではない！」「戦争はこれ以上あってはならない！」。個別の場面でこのとおりに発言されているかどうかにかかわらず、これが暴力に反対する言論の形態である。このような文章の構文だけでなく、「すべき」「あってはならない」という言葉の意味論には、話者の主観の領域を突破して、現実の他者へと向けられた命令法的な行動が内包されている。この種の命令法は、その人の性格的な優越やその他の個人的な優越によるものであれ、警察や軍隊などの制度的な防衛措置によるものであれ、干渉権を手に入れる力を持つ者が、理性をもって発することのみが許されている。つまり、父親が小さな子どもに対して、支配者が臣民に対して、経営者が従業員に対して、こういった発言ができるだけである。他人に対して暴力を振るわない者ならば、虚しい思い込みや、中身のないおしゃべりでもない限り、「あなたは、あれこれをすべきではない、あれこれはあってはならないことだ」などと発言することはできない。誰であれ理性ある発言として「フィリピンのピナツボ火山は噴火してはならない！」などと言うことはできないが、それと同じである。それにもかかわらず、この発言をするならば、その人は「嘘」をついていることになる。なぜなら現実のものに干渉する力を持っているというこの言葉に備わった主張がまったく明らかにされることがなく、しかもそれが初めから当然だとされているからである。この命令は、現実に対する無力な主張となるだけである。つまりは、自分の意識のためにそうしているだけであって、もはや実際的ではなく、しかもそのことで自分自身にさえ背いている。説教壇で説教する論理と、街頭でデモを行う論理には、暴力行為をなくすことができないという知識が間違いなく含まれており、それゆえ、達成することが実際の意図には込められていないことになる。逆説的に言えば、暴力反対の発言する人たち、例えば湾岸戦争に反対する発言をする人たちは、実際の湾岸戦争や湾岸戦争を行っている人たちに対して、心底反対して発言しているわけではない。たとえ、自分ではそう思い込んでいるとしても、そうなのである。つまり、その人たちはまず何よりも自分に向けて、自分のために発言しており、つまり、内容的に外に向けられた言葉は、その心理学的な機能に従って、自分の意識に戻ってきているのである。

こうした発言を続けることに、意味がないわけではない。暴力に対して、「あってはならない！　すべきではない！」という意味の発言をしたり、デモをしたりすることには、主に自己愛的な目的がある。それは、自分の意識を純粋無垢に保つことになる。他人の前でデモをすることで、何よりも自分自身に対して、自分が善と非暴力の側にいることを示そうというのである。外部に存在する経験的な暴力と表立って戦おうとすることを通じて、実際には、つまり心理学的には、暴力の存在論的あるいは論理的な現実とその力に反論しようとする。そうした信念に身を投じて、その信念を常に新しく強化することによって、暴力は「不要」であるとして、暴力は存在する力でも存在する現実でもなく、いわばプリヴァティオ・ボニ〔privatio boni, 善の欠如〕の一種として主体の意志に従うものであるとされ、自我によっていとも簡単にスイッチ・オフにできるものであるとされる。そう、暴力という具体的なテーマから離れて、地上の現実のいざこざとはまったく関わりを持たず、代わりに非現実的な空間に、つまり誓いと道徳の空間に、単なる可能性とユートピアの空間に、要求と主張の空間に、住み付きたいと考えているのだ。この意味で、説教やパフォーマンスがより頻繁に、より大きな声で、より集中的に行われれば行われるほど、意識は自分自身に対して、より説得力を持って、この非現実に現実の外観を与えることができ、実際にはその暴力がまだ存在していたとしても、より効果的に、実質的にはすでに片付いたものであるとして、その現実自体に些細なものだという烙印を押すことができる。このことはまた、主に自己愛的に自分の意識に奉仕する説教やパフォーマンスが、内容的には現実の外側の何かに対する発言であるという矛盾も明らかにしてくれている。つまり、意識は、他ならぬ雲の上の理想的な空間に繭ごもりするという目的のために、現実という具体的な外観と、対象的存在の見かけを必要とし、それを利用して現実を厄払いするように切り捨てて、そこから離れることができるのである。この非現実的な可能性や要求は、うまく行ったとしても、せいぜい現実と現実性を否定できる程度のものにすぎない。

一方で、暴力行為を防ぎたい、暴力から人々を守りたい、と現実的に願う人たちは、単純に暴力に「反対」するというわけにはいかない。なぜなら、現実に何かを動かしたいと思う者は、まず現実に身を置き、次に戦うべきものと真剣に向き合わなければならないからである。あるいは、逆の言い方をすれば、その者はその戦うべきものを自分自身の意識の中に入れなければならないからであり、意識はそれによって汚されたとは言わないまでも、それに触れられるからである。ある人が特定の暴力行為に対して有効な行動をとることができるのは、その人が暴力の根本的な存在をしっかりと認識し、それを尊重している場合だけである。この供物を捧げた者だけがなんとか効果的に戦うことができる。なぜなら、その者だけが自分の水準で自分に向き合えるからである。

このように、暴力を非難することで、意識は、楽園的な無垢の状態に自分自身を保とうとする。あるいはもっと正確に言えば、非暴力的なエデンの園のファンタジーの中で自分を巧みに操り、現実の人々のいる現実世界に長いあいだ住んでいたという認識に意識が陥ることを防ごうとする。その現実世界では、暴力が——良いか悪いか、望ましいかどうかという私たちの感情とはまったく無関係に——揺るぎない現実の成分である。

影概念の克服

深層心理学は、このことに再び注意を喚起しようとする。人間に自己愛的な侮辱を加え、暴力をアグレッションと呼び、欲望・快楽・不快と同じように、それを心の基本的な可能性であるとする。そうして抑圧されたアグレッションを自覚させる一方で、そのアグレッションに対する既存の抑制を回復させようとする。ユング派の考えに寄って立つと、暴力という主題は特に影に組み込まれる。影は、意識や自我と相容れない人格部分であると理解される。つまり、人格から見て、排除したくなり、自分に属するとは認識できないもので、そうしたすべてを含んでいるのが影であると理解される。そのため、分析の主たる仕事の一つは、周知のように、この影の統合に向けた作業である。基本的にこの課題は、否定的なものや悪を弾劾することとは対立する。なぜなら、この課題は、否認という戦いをやめさせ、その代償として、自分の影の部分が現実であり、それが自分に帰属していることを実際に認めることを、被分析者に要求してくるからである。もちろん、それは自由放任であることや、正当化を意味しているのではなく、逆に、そこには認識の苦悩がある。つまり、悪を弾劾することで何としても守りたかった良心の無垢は、自己欺瞞という代償を払ってしか保てないものだということを認識するのである。こうした事柄に基づいて、エーリッヒ・ノイマンは、深層心理学によって築かれる新しい倫理学を語ることさえできると考えていた。*[4]

深層心理学のさまざまな文献で長々と議論されてきた影を統合することの重要性と、その実践における大きな困難は周知のものである。そうした前提に立った上で、ここでは私はこの影の主題を超え出ようと思う。そのために一つの命題を提唱したい。つまり、アグレッションという心理学化した名称で扱われている暴力を、心理学が影というものに割り当てている限り、心理学自体が暴力との損なわれた関係に参画している、と提唱したい。私が関心を抱いているのは、影の概念そのものの問題群であり、私の考えでは、理論的な概念としての影が、それ自体で防衛的な機能を持っている。この命題によれば、影は防衛されるものであるだけでなく、影の側で、対象化され形作られた防衛でもある。

これをどのように理解すればよいのだろうか？　影が光の対極であるということが、影の概念の中にはある。心理学が影という元型的なファンタジーを利用するとき、それは光と闇の対立を、つまりこの二つの相容れないもの自体を内包している。しかし、そうすることで、神経症的な解離を確立することにもなる。というのも、言葉やイメージの影には、すでに区別があり、同時に、影のファンタジーの中には、二つの陣営への分配があらかじめある。例えば、ある暴力的な行動が自分の影から出てきたとしたら、それはすなわち、意識的な人格である私は光の側に置かれることになる。なぜなら、暴力は、そして一般的に暗闇は、おそらく悪は、私の影の仕業だからである。私が影を統合したとき、つまり影に気がつき、その存在を認めたとき、すなわち私が〈私＋影〉であることを認識したとき、私は確かに影を統合したことになるが、同時に突然、私の中の特別な引き出しの中に闇をしまい込んで固定することにもなる。実際に統合したにもかかわらず、私は相容れないものを自分の人格の特別な部分に移して、その部分が相容れないものを担わなければならなくなる。影が統合される前、影は外の誰かに投影され、その人が自分のスケープゴートとして機能していた。いま、影が外部の他人の中にあるのではなく、自分自身の中にあることが認識されたものの、その投影は真に止揚されたのではなく、全体としては内側に移動しただけなのである。いまの私の影の中には、内なる黒い羊がいる。私はすべての悪をそこに投影することができる。だがそれは、内なる心的な投影である。そして、自分の影を認識して認めれば認めるほど、私自身は純粋で、汚れのないままに留まり続ける。一方の手で自分に近づけてきたものを、もう一方の手で自分から遠ざける。影の理論とは、一つの妥協形成なのである。

影という概念で、基本的には人は道徳的なファンタジーの中に留まることになる。しかも道徳は防衛に役立つため、人は防衛の中に留まることになる。善と悪の意識構造が維持され、全体の状況を相反する二つの面に分け、意識は自分の一方を一つの面（良い面）に配置し、他方を完全に区別して、相対するものとして外側に置く。しかし、悪という言葉には理論的な意味がないことを理解しなければならない。それは、現実の状況についての認識を表すものではなく、何がどのようにあるかを述べているものでもなく、悪と呼ばれるものに関与することを拒否する自分の主観的な毛嫌いを表すに過ぎない。悪という言葉は形容詞に過ぎないように見えるが、実際には赤ん坊の「バ！」や「プフィ！」という間投詞や、「悪魔の道具は捨てろ！（汚らわしいものは捨てろ）」という感嘆詞のようなもので、あるいはギリシャ語の「ティレイズ・ケーレス！（thýraze kēres!, 悪霊退散！〕」のようなものである。しかし、この主観的な押しのけ方は、それ自体を認識させることなく、形容詞という対象化された形で自分を偽装する。こうして、客観性のある記述が持つ尊厳のようなものを、みずからに与えるのである。最終的には、「悪いもの」が「悪そのもの」に実体化し具体化されればされるほど、それはみずからを客体化していく。この「悪」という表現——そしてそれに伴う「影」——は、この点において、対象化された防衛そのものに他ならない。

したがって、影の概念が破壊され克服されたときに初めて、影は真の意味で統合される。しかし、これは単に暴力やいわゆる悪をすべて自分に引き受け、「自我」に帰することではない。そうすることは実際には、影を克服することにはならないだろう。自分自身を影と同一視し、それを保持するだけだろう。その防衛の構造は——それまでにも行われていた投影の撤回と影の統合と同じで、ただほんの少し前進したに過ぎず——内化され、そうして固定したものとなる。影の概念に横たわる防衛は、影に割り当てられたものを魂そのものに取り戻すことができて初めて、本当に解除され〔止揚され〕、そうして影という概念全体が乗り越えられる。なぜなら、そのとき影の概念が単純に余計なものとなるからである。影の概念でそれに割り当てられていたものは、心 Psyche に戻され、つまり外的な反省で洞察された魂に戻される。しかし、その魂はまだ、最内奥の本来の魂自体ではない。したがって、次のように言っておきたい。つまり、暴力は心の特定の構成要素としての影に由来するのではなく、魂そのものに由来する。魂には、殺害や解体への親和性や衝動がある。火災や負傷に対して、強盗や強姦に対して、魂は親和性や衝動を備えている。暴力もまた、魂の尊厳を備えている。影が光に属するあり方とは異なり、そのようなプリヴァティオ〔privatio, 奪われる・私的な〕あり方とは異なり、陰が陽に、タナトスがエロスに、夜が昼に、ネイコス〔neikos, 憎〕がフィリア〔philia, 愛〕に属するように、暴力はそこに「属している」。

これで、暴力がもはや何かに押し付けられることはなくなる。魂は、何らかの抵抗を示すことなく、悪や影の概念で誹謗中傷されることもなく、そしてまた、闇や悪による汚れから魂の概念を救い、ひいては自分の意識を救うために自我が自分を悪と同一視することもなく、魂は暴力を自分から遠ざけることなく、躊躇なく自分に近づけ、自分の中に入り込ませる。自我の方は、善の原則を、世界秩序の善性に対する信仰を、そしてその帰結として、自分の魂の無垢を救い出すことができる場合に限り、いわば「メア・カルパ、メア・マキシマ・カルパ〔mea culpa, mea maxima culpa, 私の罪によって、私の最も悲惨な罪によって〕」という格言に従って、罪を進んで引き受けるだけである。

みずからを規定し続け、みずからの内へと反省する心

魂の暴力という考え方を追求する前に、まず、ここで紹介した影の概念の克服というアイデアを、従来のユング心理学と関連づけてみよう。私は、影の概念を心理学から追放したいと考えているわけではない。臨床実践においてこの概念の意義はこれからも保たれるだろう。では、心理

学は影の概念を超えるべきだという私の提唱は、そのこととどのように折り合いがつけられるのだろうか？　次の選択肢を進んで受け入れた方がよいのだろうか。つまり、影の現象が存在する――そしてその概念も保持されなくてはならない――のか、あるいは、影は防衛に基づいているために保つことはできず、しっかりと排除されるべきなのか、このいずれかなのだろうか。

しかし、この考え方は、心を物のように、ほとんど物理的に捉えることに基づいている。心理学的な考え方では、心は固定的な建築素材を備えてはいない。住居がキッチン、リビング、ベッドルーム、バスルーム、それに地下室と屋根裏部屋などで構成されているように、心が自我、影、アニマ、アニムス、〔大文字の〕自己などの固定的な構成要素を備えているわけではない。そのような心全体と同じく、影は存在ではなく、所与の人類学的な人格の一部でもない。存在論的にとらえてよいものではない。むしろ、影は心的なもの、論理的なものであり、魂自身についての魂のアイデアである。詳細な説明はされていないが、ユングがそのように考えていたのは明らかである。そのことは、例えば次のような事実からもわかる。まず、彼はその著作のある箇所で、自我は無意識そのものの相対的に持続的な擬人化であると言い（GW14/I§125）、別の箇所では、影はそもそも無意識全体であると言い[2]、また別の第三の箇所では、アニマがそもそも無意識の擬人化である、と言っている（GW13§62）。無意識の全体、あるいは無意識そのものが、こうして時には影に、時にはアニマに、時には自我に、それぞれ擬人化されている。心が、家や生体に喩えて見られているならば、これは矛盾ということになるだろう。

ユングにとって、無意識や全体としての魂は、ある段階やある状況下では、見かけ上「私」

として登場し、別の時や別の状況下では、全体として確かに「影」であり、さらに別の状況下では、全体として確かにアニマとして現れる。この事実から考えてみれば、パラドックスを孕んで並置されているこれらの記述を理解することができる。先ほどの住居の喩えで言えば、私がキッチンにいるとき、その住居にリビングがあることを私がまったく意識していなくても、リビングはそのままそこにある。生体は、遺伝子、ホルモン、酵素などを含んでいるが、そうした構成要素がまだ発見されていなかった時代でも、それは生体に含まれていた。それに対して、私が心の中のある一つのファンタジーにとどまっているとき、あるいはユングが言うように、私が「あれこれの心理を持っている」とき、例えば自我の心理を持っていて、影やアニマについて何も知らないのであれば、自我が心全体であるとも言える。厳密に言えば、影やアニマはまだ発見されておらず、城に喩えて言えば、隠し扉の後ろにある部屋が、ずっとそこにありながらも、認識されていないようなものである。それはまだ存在していない。その後、影が徐々に意識の中に入り込んでくると、自我と影、あるいは自我と非自我という道徳的な対立に、心全体が規定されていくことになる。つまり、影とは、暗闇となっている私の特別な部分や区画ではなく、自我あるいは意識が私の全体であるという自我の信仰が薄れていくと共に、そうしたはじまりの暗闇や無意識の中に存在する私の人格全体である。

　心は、住居や生物学的生体ではなく、むしろ、国家やその変化する体制に喩えることができる。君主制において、民主主義の議会がすでに存在しているわけではなく、君主制の時点では民主主義議会はまだ意識の領域に入っていないだけでなく、王族が国家全体であった。同じように、民主主義においては、逆に国王は目下のところ露出していないだけで実は国家の恒常的な構成要素としてなお確かに存在している、というようなことはない。むしろ、君主制から民主主義への移行では、国家全体が、一つの国家形態から、根本的に新しい体制へと変化している。君主制としての国家は完全に滅び、民主主義として新たに蘇ったのである。民主主義は君主制の後継概念である。同じように、私の考えるところでは、暴力というテーマにおいて、魂が影の後継概念であると見ることができる。あるいは、芋虫がさなぎになり、さなぎが蝶になるというように、根本的に異なる一つ一つの形態が、その都度、その生物の各段階において、その生物全体であると考えてもよいだろう。

影が魂にまで前進して自己を規定していったならば、体制が変化したこの段階において、影は間違いなく時代遅れのものとなる。だが、王や君主制という概念が政治学から排除されないように、影が心理学用語から排除されることはない。それは影が心の歴史的現象学に属しているからである。もちろんいまでも、意識がこうした魂の体制の変化を達成していない場合や、退行的にその体制以前に後戻りしている場合には、影はいつも姿を現す。影が（それ以上のものではないが）無意識的な心の経験の最初の直接性を表している限り、そしてそれが、いつだってすでに存在していたが、まだ認識されていなかったアニマやアニムスであったことが後から明らかになる限りにおいて、影は正当な概念である。影は、いまなお自我の防衛的な視点から経験される内なる他者であるが、この影はみずからがすでに魂になっていることをある程度は実証している。つまりその時、影の概念は真剣に受け止められ、心が影の概念の統合という課題を決定的に引き受けている。堂々と影の大地に身を置いた心だけが、自分自身を影に衝突させて、そこから離れて魂に至るのである。[3]

ユングのように、いわば自我を持たずに生きなければならないという考えも、この「前進的自己規定〔Forbestimmung〕」という概念から理解されるべきである。*5 ユング派の多くは、心を存在するものと考えていたために、ユングのそのような要求を、例えば脳の切断だと類推的に理解して、精神病につながる非常に危険なものとみなして、それを拒否した。一方、心を論理的なものとして理解するならば、自我心理学の克服は、ピノチェト*6が民主主義を支持して退位することが必然的に政治的な無政府状態につながるのと同様であって、それは心理的な大惨事ではない。もちろんこれはピノチェトの目には差し迫った危険ではあるけれども、終わるのは世界ではなく、一つの世界像である。自我に対する攻撃では、その変わることのない心からたった一つのコンプレックスさえ切除できはしない。それに対して、自我が放棄されると、心全体が根本から再編成される動きに入り込むことになる。なぜなら、「自我」は単に心の中の複合体〔コンプレックス〕を意味するだけではなく、同時に、この複合体〔コンプレックス〕の視点から見た心全体の非常に具体的な自己解釈を意味するからである。自我とは、意識野に現存する中心ではないが、それに留まらず、自分自身についての（心について、さらには「神と世界」についての）意見や世界観的な理論でもない。（ピノチェトが実存する個人とある政治的世界像との統一性であるように）自我は存在する複合体〔コンプレックス〕と自己または世界の解釈との統一性であり、世界像と、そのように経験された世界あるいは現実の社会生活でそのように形成された世界との統一性である。したがって、心的存在全体が別の水準に引き上げられ、それは新しい「体制」となる。

　心とは、つまり生きた精神的なものであり、それゆえ本質的に歴史的なもので、過去にも未来にも開かれていると見なされなくてはならない。生命のないものへのあらゆる類縁性も、生物学的身体への類縁性も、心に対する理解を過ちに導いてしまう。心理学は、一つ一つの時代、文化、個人において、心がその都度どのようにみずからを規定し把握していくのかを解明することを課題としている。すべてに当てはまる一つの心理学などない。一つ一つの時代に対して、極端に言えば一人一人の人に対して、その都度の固有の心理学を作らなければならない。ある人はフロイト的な心理学を、またある人はアドラー的な心理学を、あるいはユング的な心理学を携えている、とユングは語ることができた。こうした考えによれば、心理学は、生物学や他の科学のように自分の外側に存在する対象についての教えであったり、客体的なそのまま存在を対象としたりするものではない。人間も動物も、あれこれと自分の生物学を「携えている」わけではなく、生物学は彼らという客体的な存在についての教えである。しかし、もしある特定の心理学としての心理学を「携える」ことができるとしたら、そのとき心理学は対象とその対象についての教えとの統一であるだろう。つまり、そこには外的反省という意味で、その対象についての教えから切り離されて別途存在する対象があるのではなく、つまり目の前に存在するものとして心があるわけではなく、この対象がいつもすでに自分自身の中に内省されているのである。教えようとして扱っている対象は、それ自体がすでに対象自身の内側において、自分自身についての教えである。国家と同様に、対象はすでにそれ自身で自分自身に一つの解釈や体制を与えており、同様に国家と同じように、この自分自身に与えられた体制としてだけ、それは存在する。最も一般的な意味での「体制」がまったく存在しないところでは、国家ももはや存在しない。魂は、いつもすでに自分自身をこのようにあると規定すると共に、外的条件によって条件づけられる事物のようなものではないと規定してきている。

まず、私たちは暴力を魂の根本的な問題として魂自身に引き戻し、次に、心は自分自身を規定し自分自身の内側で内省的であると認識してきた。そうしてこれからの考察のための視点が生み出され、私たちはいまや殺害という主題に向かうことができる。その際に、純粋に個人的な領域に属す無数の日常的な暴力行為は考慮されることはないだろう。歴史的・文化的に重要な意味を持つ（しかし、今日の多くの個人的な流血行為の集合的 - 無意識的な背景にもなっているかもしれない）二つの優れた殺害の様態に焦点を当てることにする。

第一様態の殺害

象徴的な意味に心が開かれていて、すべてを最初から個人的な葛藤で説明しなければならないと思い込むことがないのであれば、暴力が魂に由来することは、暴力に富んだ神話や儀式をみれば、すぐに納得がいく。アポロンによるマルシュアスの皮剝ぎ、オシリスとディオニュソス＝ザグレウスの解体、イフィゲニアとイサクの犠牲、メデアとタンタロスによる子どもの虐殺、キリストの磔刑、クロノスによるウラノスの去勢、首狩り、そして、割礼や刺青や皮膚装飾などの比較的無害な暴力行為、それらはすべて、明らかに文化的、宗教的、ひいては魂の意味を備えた暴力であることが示されている。

ここに挙げたいくつかの例は、社会的な制度に関わり、単に常に象徴的に解釈されるべき神話的な物語というわけではない。だが、社会的現実の中で文字通りの儀式行為として殺害が行われていたかというと、それはそうではない。世界中の古代文化では、毎年繰り返し、あらゆる機会に行われる神聖な行為の中に、犠牲、つまり生け贄を屠ることが、さまざまな形で含まれていた、と言ってもよいだろう。犠牲は、癒しを求めるといった私的なことだけでなく、国家を支えることも目的として行われていた。社会情勢を管理する政治は、血なま臭い犠牲と切り離すことはできなかった。中国の皇帝やその他の国々の王や国家に仕える者の主な仕事は、犠牲が正しく実行されているかを監督することであった。戦争も、宣誓も、条約も、国境を跨ぐことも、国を建てることも、家を建てることも、祝祭も、いずれも生け贄を屠らないものは存在しない。これは、古代ヨーロッパでは古典後期に至るまで、潜在的に妥当するものであり、その他の世界中の多くの地域でも、さらに広く当てはまることである。

生け贄は秘密裏に捧げられたのではない。一般の人々は、祭司が生け贄となる人間や生け贄となる動物を殺す瞬間の一撃を身体感覚で直接に体験し、その傷口から赤い血が噴き出すのを見て、その血の甘ったるい匂いを嗅ぎ、また、神々の祭壇に厚く積まれた何百何千もの生け贄の古い血の匂いを嗅いでいた。宗教の主要な行為は、血を流すこと、屠殺すること、それに伴ってバラバラになった動物の遺体を火にかけること、そして共同体での犠牲の共食である。「神が最も力強く体験されるのは、敬虔な生活の中ではなく、祈りや歌や踊りの中ではなく、斧によって命を奪う一撃の中であり、滴る血の中であり、そして、もも肉の一部が焼かれる中であり〔…〕『聖なるもの』の根本体験は、犠牲的な生け贄の殺害である〔…〕これは、結局のところ、卓越した〈行為〉であり、リザイン〔rézein, ギリシア語で行為〕であり、オペラリ〔operari, ラテン語で行為〕であり――犠牲〔Opfer〕はここから派生した借用語であり――この〈行為〉の核心を婉曲的に秘めている呼称である」と、ヴァルター・ブルケルトは、ギリシャの犠牲の儀式に関する彼の代表的な著書の中に記している。[4] 古代イスラエルでも、「燔祭〔生け贄を焼いて捧げること・ホロコースト〕は毎日、夜から朝まで、祭壇の囲炉裏で燃やされ」〔出エジプト記第六章〕、ヤハウェに「甘い香り」を捧げていた。そして今日でも、カトリックの司祭は毎日ミサの犠牲を行うことになっており、これはきわめて昇華された形を取っているとは言え、なお血なまぐさい犠牲であることに変わりはない。

この犠牲は、先史時代、旧石器時代にまで遡る。H・キューンは、先史時代の出土品を基に、「犠牲は宗教的行為の最古の形式である」[5]という理論を提唱した。人間の儀式的な殺害は、ミュラー・カルプによれば[6]、すでに旧石器時代に既成の事実として確立している。そして何よりも、二百万年前に遡ると思われる[7]本来の狩猟〔巨大獣の狩り〕という現象もまた、本質的には犠牲の行為であったことに留意すべきであろう。そのため、エリアーデは、「狩られる動物を殺すことは、〔…〕犠牲に等しいものである」と言ったのである。[8] 一九四六年という早い時期に、カール・メウリは、先史時代の出土品から推測される、ギリシャの犠牲的な習慣の個々の特徴と、狩猟・牧畜民の習慣や古代中期の人々の狩猟習慣との間に驚くべき類似性を示すことに成功している。[9] ハイノ・ゲールツ[10]は「槍の本質について」という非常に示唆に富むエッセイで、原始的な狩猟の犠牲的な性格と犠牲的な意味を、その内側から解き明かしている。さらに、ブルケルトは犠牲的習慣が、人々がすでに狩猟から農耕に移行していた時代に、つまり狩猟的な殺害が経済的要因としては廃れていた時代においても、それが初期の人類の狩猟行為と狩猟生活の延長線上にあることを示し、逆に、後発の犠牲的儀式から狩猟に光が当たることも示している。ブルケルトはまた、狩猟への移行はおそらく人間を他の霊長類と区別する決定的な生態学的変化であり、狩猟時代は人類の歴史の中で圧倒的に大きな部分を占めており、その九五％から九九％を占めていると推定できるという。

考えてみて欲しい。人類の歴史の九五％から九九％は狩猟によって決定されており、つまり、殺すことが、単なる食料獲得の副次的なものではなく、当時の人間存在の意味を為す中心であったのである。そして、農耕が発明されて以来一万年のうち、人類がその社会的、政治的、文化的、宗教的存在を主に犠牲的な屠殺と犠牲的な血から得ていた期間が少なくとも八千年はあったのである。そして、古くは文字通り、家がすべて犠牲の上に築かれていたように、基礎作りの際に殺された動物や人間が、人間の土台として埋め込まれていたのである。狩猟的な殺害の制度は、魂の経験に欠かせない深い意味を持っていたはずであり、農耕の制度に取って代わられたからといって、その意味が完全に消滅したわけではなく、単なるノスタルジックな「伝統の育成」

という意味で存続したわけでもないだろう。それどころか、狩猟の魂に備わる内実は、非常に強力で創造的であることが証明され、農耕に規定される文化という変化した条件下で、狩猟の儀式が弁証法的な意味で「止揚された」犠牲の儀式となり、まったく新しい、生き生きとした、豊かに発展した文化的な制度へと発展したのである。

人類の発展の決定的な数十万年が殺害と血にまみれていたとしたら、さらに、他の霊長類と異なり、初期の人類の狩猟行動がおそらく最も重要な生態学的変化であるとしたら、人類の発展はまさに殺戮の中で、また殺戮として達成されたと考えるのが妥当であろう。神々の誕生、信心深さの誕生、さらには魂や意識の誕生、そして文化全般の誕生は、殺戮の精神からだけでなく、実際の殺戮からも生まれたのである。これが、私たちを駆り立てる発見的な洞察である。ブルケルトが言っていたように、それは本来的な行為であり、本来的な人間の行為でさえある。また、ブルケルト自身も「ホモ・ネカンス」という定式で、人間の本質の定義の中に、この殺戮を直接に位置づけてさえいる。

原始的な狩猟を人間の動物的な名残と見なすのは過ちであろう。決してそのようなものではない。そもそも狩猟は、他の霊長類に比べて、一つの新しい成果である。人間は本来、捕食行動をとるための本能的な装置を持っているわけではない。[11] 人間は人間になる際に捕食行動をみずからとったのであり、[12] それは人間にとって人工的なものである。したがって、狩猟的な殺害は、捕食獣による純粋に生物学的な狩猟行動とは、最初から根本的に異なる。人間による殺害は、それが始まった時点で、すでに魂に根ざした精神的な催事であり、魂に根ざした精神的な理由を、すなわち意味を持っている。そのため、その殺害は、本質的に、捕食的ではなく、純粋に人間的である。エリアーデは、「事実、人類は肉食になることで、〈祖先〉よりも上位に立つことができたのである」と述べている。[13]

初期の洞窟壁画や、現代にも残されてきた原始的な狩猟文化から見て、狩猟は生物学的な事象としておのずから生じたものではなく、狩猟という儀式であったことがわかっている。それは儀式的に準備され、予測され、実行され、終えられる。狩猟は、後世の犠牲と同様に、聖なる空間で行われる神聖な行為であった。この聖なる空間は、聖別されたイニシエーション〔rites d'entrée〕によって日常世界から切り離され、しばしば狩猟に出かける人々の隠遁と性的禁欲によって切り離され、そして後には、聖別されていない日常生活の領域に戻される終了の儀式によって、切り離されていた。ゲールッツは、十五万年前のものと推定されるアラー川のヴェルデン近郊にあるレーリンゲンの最古の狩猟用の槍と、世界各地からの時代を超えた豊富な証言を基に、狩猟用の武器が単なる便利な道具ではなく、何よりも意味を伝えるものであり、儀式用の装置であり、まさに一つの生き物であったことを明らかにしている。その生き物の中に、つまり槍の中に、人間は人間の〔大文字の〕自己を携えていた[14]（つまり、自己は自分の中に携えられていたのではない！）。また、狩猟で流された血は、単に生物学的な生命の液体ではない。むしろ、動物の命を犠牲にした血は、女性たちがその目的に合った（彼女たちがその〔大文字の〕自己を携えていた）籠に集めて、村に持ち帰り、そこから住民に「犠牲を通じて得た充実が、力の充実が分け与え」られた。[15] また、初期の狩猟者にとって狩るべき動物そのものは、生物学的な動物でも、肉を供給するだけの存在でもなく、人間の最も近い親戚であり、人間の「兄弟」や「父親」、さらには神であったこともわかっている。ゼウスに捧げられた雄牛や、アルテミスに捧げられた雌熊のように、後世に犠牲獣や導きの動物となったものは、神話が物語るように、神や女神そのものでもあった。狩猟者が、狩られた動物の中に自分の兄弟や父親を見ているとは、どういったことなのだろうか？　狩られたり生け贄にされたりした動物の中に人間は自分自身を認識する。動物（人身御供の場合は他の人間）を殺すことによって、人間は最初の自己認識を得て、最初の自己保存に成功し、その自己認識が後に神々のイメージや神々に関する物語の中に形を為していくのである。

殺害とは、決定的な、あるいは大きな意味のある行為であり、それによって動物的環境の最初の否定が行われ、すなわち人間の世界としての世界が根源的に開放される。殺すことは、生物の直接的な自然の生活と、常にあらかじめ設定され媒介されている人間の文化的な現存在との間にある蝶番である。初期の狩猟者の恐ろしく致命的な一撃である槍投げや、犠牲遂行者の決定的な斧の一撃は、恣意的に選んだ他者や、「食用」以上の関心を持たないものに、捕食獣のように狙いを定めていたのではなく、人間自身にとっての他者と人間そのものに一撃を加え、そうして人間自身を殺したのである。しかし、このように自分を殺すことで、人間は文字通り生物としての自分を全否定したのではなく、そもそも動物的な生き物だった自分を、論理的に殺したに過ぎない。人間はこのようにして、単なる生物学的な存在のあり方に別れを告げた。ただの生き物として死んだ人間が、その同じ行為で精神的な意識を持った人間として生まれ変わり、初めて魂としての存在になったのである。霊長類の親類が、食物を集めて腐肉を食べていたところから、大型獣を狩るようになったのは、単にホモ・エレクトスやホモ・サピエンスという単一種の生物に新たな食物源が提供され、進化論的にその生存が促進されるという目的に適っていたのではない。それは、質的にまったく新しい次元へ、精神的で魂的な次元へ、意識〔意識された存在〕の次元へと、突破するというより革新的な目的を持っていた。そして、詳しくは後述するが、殺害という行為は、この突破〔ブレイクスルー〕が真に成功する唯一のポイントなのである。

これは、エーリヒ・ノイマンが提示した『意識の起源史』とはまったく異なる考えであり、著者は十六年前の「根本批判」において、ノイマンの考えは元型的なファンタジーに基づく非歴史的な語りであると指摘したが[16]、その当時すでに具体的になっていた自説をもってノイマンの思索と対決することはしなかった。

殺傷力のある槍投げや斧の一撃は、動物的な生命の持つ愚鈍さに一撃を加える。この殺害の斧による衝撃で、魂は単なる生物学的存在の暗闇から抜け出した。この暗闇の中で、そして暗闇から外に出ることで、魂は初めて魂の光の空間を一つの小さな島として切り開いた。植物や動物の生命の強靭な物質的実体の不可侵性の中に、容赦なく打ち込まれた犠牲を捧げる一撃は、一つの自由空間を切り開き、切り開かれた傷口から湧き出し滴り落ちる血が、光を灯した。世界の二親の分離の神話、つまり、天と地という原初の両親の分離の神話があるが、最初はこの両親は寄り添って共にあり、彼らの子孫に生きるための空気と光を与えてはいなかった。だが、ここで、つまり犠牲を捧げる一撃という行為によって、生命の愚鈍さから出て、その子孫は世界の中に入り込む。それは一瞬の出来事である。この出来事は〔動物が情動的で「本能的」な過程において距離なく結びつけられた存在であるのとは対照的に）、このなお有効な過程そのものへの反省的な距離をもたらし、それによって一つの間伐地を生み出す。犠牲に捧げられた人間や犠牲に捧げられた動物が、その命のあえぎ声を発することで、神やイメージや意味が生み出される。しかし、イメージはやはり、行為自体の中にある。意味はここではまず行為という出来事の中にあり、行為という出来事として存在している。それはまだ意識的な意味体験ではなく、すでに実証され、したがって「理解できる」意味内容でもない。意味とは根本的に新しい体勢《ステイタス》への論理的な突破以外の何ものでもなく、そのように、すべてを覆っていた霧を引き裂くことはそれ自体で神的な意味であり、その意味が単なる生命の「上部」や「外部」に住み着いたのであり、同時に生命の中にもとどまっているかのようにあることなのである。このときマルクス的な上部構造も、プラトン的なイデアの王国も存在しない。

ホイマール・フォン・ディトフルトは「精神は天から降ってきたのではない」と、少々一般受けするような表現を使っているが、「精神」という言葉に代えて、「魂」という言葉を使うこともできるだろう。魂が天上では永遠の存在であったと言いたいのではない。魂の形而上学がどのようなものであったとしても、心臓、肺、肝臓といったしっかりと形成された臓器を人間が生まれながらに備えているからといって、同じように人間が最初から、存在する魂を備え、準備を整えられた意識を備えてこの歴史に登場したわけではない。歴史に登場したとき、魂はその存在に加えて——理由はどうあれ——恐ろしい攻撃性とサディスティックな衝動性を備えており、それを暴力によって行動に移してきた、と言ってもよいだろう。その理由は素朴に、魂が臓器のような性質をしていないからである。魂は臓器のように存在するのではなく、論理的な動きであり、その動きを通じて自己生成する。「意識」としての魂は、むしろ、人間の中で、そして人間を通して、終わることのない多くの切実な行為によって、自分自身に対する殺害を行ってきた。それはここでどのようなことを指しているのかといえば、つまり魂は、殺害によって「初めて」自分自身を創造し、自分自身を構築し、さらに、単なる生物学的なものへの没入とその没入の継続の中で、没入から自分自身を解放し続けてきたのである。

犠牲につながる古風な攻撃性は、ブルケルトやルネ・ジラールら[17]によって額面通りに、つまり自然な情動としてまったくそのままに理解されているが、私はそれを、いつもすでに人間的な情動であると見ており、つまり魂によって規定された情動であると見ている。目的のために人為的に作り出されたものだと言ってもよいかもしれない。だがもちろん、そのように規定されたものとして認識され経験されることはない。この攻撃性は、自然に、まさしく自然のものとして規定されなければならない。この攻撃性は、説得力があるものであると同時に、不可解なものでもあり続け、盲目的な暴力で魂をつかみ取り、そうして魂は自分自身から原始的な暴力によってはじき出され、儀式的な殺害の中に光り射す間伐地を生み出す作業をやり遂げる。

単なる生物学的なものへの没入が依然として残っているため、そこに切り開かれた間伐地、すなわち意識は、具体的に存在するものではなく、「単に」論理的に現実のものであり、論理的に存在するものであり、止揚された存在という体勢《ステイタス》にある。つまり、それこそが「意識 Bewußt-Sein〔意識された存在〕」であり、それ自体が矛盾した概念なのである。

動物的実存の愚鈍さがどこにあるかと言えば、遭遇するすべてのものに対して、結局はその生命を確保し、その生命を増大させるという意味で、そして多かれ少なかれ（獲物、危険、欲望、不快などの）反応の自動的な経過という目的で、情動的で本能的に対応することができる点にあり、そのように対応しなければならない点にある。殺害を行う人間は、斧の一撃や槍の投擲によって、生きることとへの剝き出しの関心に縛られた自分の状態を、力尽くで打ち破ったのである。なぜそうなるのかと言えば、殺害を行う人間は、生きている者をすっぽりと囲い込み安全に守っている死に対する境界を、この途方もない行為によって破壊し、すでに生きているうちから、この死の経験を自分に植え付け、それを自分のものにするからである。こうして、意識への突破〔ブレークスルー〕が実際に起こりうる唯一のポイントが、この殺害行為である理由が理解される。なぜなら、人は、この死の一撃という行為において、生きることへの関心を自分の中で無慈悲に突破するのであり、そこにこそ生命の尊厳に立ち入る力があり、その力は自然の生命による論理的な包摂の中から、（存在論にでも事実的にでもなく！）論理的に飛び出す力なのである。自分自身の自然なありのままの存在と自然のままの生、これらに対する暴力的な介入なしには、人間はたとえ存在していたとしても、（ただ少々知的な別の種類の）哺乳類に留まっていたことだろう。

狩猟の発明によって動物の殺害を成し遂げたのは、霊長類の親戚に連なる存在ではなかった。それを成し遂げたのは、いつもすでに、魂である。魂は、霊長類の親戚の立場から飛び出し、霊長類が持っていた当然の不安や制止に抗って、殺害という行為をみずからに強要したのである。結果として、外界にいる動物を殺すことを通じて、同時に、魂は魂自身を傷つけ、魂自身を殺したのである。確かに魂「自身」は、なお霊長類的存在の中に沈み込んだ魂としてあるのだが、まさにそのことを通して、人間的で精神的な魂として、また意識として、この世に日の目を見ることができたのである。このため、原始的な狩猟者は生け贄と同じであって、バビロニアの犠牲を捧げる司祭の言葉を借りれば、「この行為［犠牲の虐殺］――それは、すべて神々が成し遂げたのである。私がそれを成し遂げたのではない」[18]。それは、わがままな行為ではなく、魂の自己反省であり、しかしここでの自己反省において、まずなにより、魂が魂自身を生み出したのである。

定期的に繰り返される犠牲の必然性

ダニエル書第八章十一節によると、アンティオコス・エピファネスのエルサレムに対する罪は、「ヤハウェから日ごとの生け贄を奪った」ことである。ヤハウェに限らず、すべての神々は常に新たな犠牲を必要としている。それはなぜだろうか？　それは、犠牲の一撃と犠牲の血において、はじめて神々がその存在と現実とを手にするからである。私たちの日常の想定では、神や神々は、もし私たちが信じるならば、どこかに存在するものである。しかし当時神々は、虐殺する犠牲の一撃を前にしたときの魂の震えに他ならなかった。これは、自分自身の存在への距離を生み出す震えであり、「あるものと関係を持つという義務感」に隙間を生み、その隙間を生み出す震えである。それは、振動している弦のように、時間とともに薄れていくため、定期的な更新を必要とする震えであり、それが犠牲の血によってもたらされる。人間は容易に、犠牲によってもたらされた間伐地から、動物的存在の愚鈍さへと、再びゆっくりと沈んでいくだろう。ゲールツは、レーリンゲンの槍に関して、次のように述べている。槍によって開かれた世界、槍によって創造されたムンドゥス〔Mundus, 世界〕は、「現存在に対して世界を維持するために、世界の外部からの継続的な犠牲を必要とする。人間は停滞し、生命力を失うが、ただ槍の中でのみ、漏れ出していったエネルギーを新たな犠牲で取り戻す力を手にすることができる。狩猟獣が姿を現すと、荒野に意味と方向性が生まれる。投げられた槍によって生じた動物の傷は、生命を与える中心を一時的に設定する」[19]。そして、それによって新たなムンドゥス〔世界〕が生まれる。

犠牲の一撃において、魂は神々のイメージや元型を魂自身に叩き込む。イメージたちは、打ち込まれ、流し込まれ、覚え込まされたのである。犠牲の一撃の前にも外にも、そもそも既知のイメージや既成の教えや信仰があるわけではなく、こうしたものは犠牲の一撃によってはじめて、特に強く魂に刻み込まれたのである。むしろ、「初めて」イメージを生み出したのが打撃そのものである。より正確に言えば、イメージがイメージであるのは、この打撃が——生命の愚鈍さの真っ直中に——私たちがイメージや意味と呼ぶ開口部や間伐地を自由に生み出すことだからである。犠牲の長い伝統の中で、その犠牲の伝統と共に、イメージや神々の姿をとった確固たる文化的遺産が「初めて」成立した。それにもかかわらず、犠牲の一撃において、このイメージはまるで生まれたばかりであるかのように新鮮に蘇った。この一撃は、教訓的ではなく、創造的であった。私たちはここで、就学者の教育や学習の場にいるわけではなく、宗教的な教義の見習いの場にいるわけでもない。私たちがいるのは、行為というものがみずからに向かって語りかけるリアリティの領域である。この行為はイメージと意味とをその中に眠らせており、このイメージと意味は本来「無意識的で」血なまぐさい行為の結果として魂に刻印され、そうしてまさしく解放される。それは根底から立ち上がってくる。

この一撃と血は、それが「行為というもの〔Tat-sachen, 事実〕」であるがゆえに、その衝撃的作用とともに、魂に消えることのない印象を残し、神々の存在に疑う余地のないリアリティを与えた。何世紀も何千年も経って、血のしたたる生け贄がなくなってからも、それまで何千回もの生け贄の殺害で繰り返された魂が震える衝撃は、なお反響し続けている。まさにそれは、今日の私たちが元型的体験やヌミノース体験と呼ぶような反響である。かつて特殊な犠牲的な殺戮の中で魂に深く入り込んだ神話的なイメージは、いまでも私たちの中で一本の弦を振動させることができる。それは、かつて魂がみずからを襲うみずからの殺戮行為によって、文字通り恐ろしく震えた、あの震えのかすかな残響である。

それは、もちろん微かな反響であり、遠くから伝わってくる残響でしかない。イメージや神々が、実際の血の中に、リアルに存在する犠牲の一撃の中に、つまり魂の体験の現実の中に、もはや一つの根拠を持たなくなって以来、そしてツァラトゥストラや、イザヤや、詩篇の作者や、オルフェウス教徒や、ピタゴラス学派が血なまぐさい生け贄を批判して以来、すべてが高尚なイメージであるにもかかわらず、イメージはますます色あせ、神々はますます抽象的になり、瘦せ細り、主観的になり、そして納得できる生きた意味はますます希薄になっていった。血がなければ、意味を与える神々は生き延びられない。神々は、日々の生け贄を栄養としている。神々は、存在する存在者ではなく、魂の行為の結果である。だが、そのような魂に固有のリザイン〔rézein, ギリシア語で行為〕やオペラリ〔operari, ラテン語で行為〕の結果として、神々は決して現実性が希薄なわけではなく、つまり単なる人間による作り物ではなく、本当にリアルな唯一の現実である。神々を経験する際の感覚全体を通じて、現実に流された犠牲の血が、神々に本物の現実性を与えていた。自分の目の前で雄牛が生け贄に捧げられ、すぐにその肉を共同の食事おいて食し、その血の匂いと焼け焦げた臭いが強く鼻を刺す。このゼウスの犠牲の場合に、人はゼウスを信じる必要はなく、疑うことさえできなかった。まさしく人は屠殺の犠牲の一撃の中で、自分の新たな創造を経験した。

　今日の私たちは、イメージや神話を、かつてそれに対応する儀式行為を実践していた人々よりも、はるかに詳しく、より科学的知見に基づいて理解することができる。ユングもアフリカでその証人となる体験をしている。ある部族で生きる人々が朝に昇る太陽をまったく独自のやり方で神として迎えているのを目撃したが、彼らがなぜそのような行為をしているのか、そしてその行為の意味はどういったものなのか、彼らは誰も語ることができなかった。そうして根源的で元型的な経験が、その行為の中に、その行為として、生じているのであり、その行為は理解されたものとして、人間にとって規定された（抽象された）意味内容を持って始められたわけではない、という洞察がユングの側に立ち上がることになった。「その結果、彼らは自分がやっていることを知っているだけで、何をやっているかは知らないのだと、わかりました。彼らはこの行動に意味を見出していないのです」[20]。理解されてはいないが、それでいて、その行為において、正確に言えば犠牲において、その血のしたたるような真剣さを持って、意味が現実になり、それがつまり生命を本当に支える意味となる。逆に言えば、意味が理解され、意味内容として表現できるということは、感覚が過去のものになったということであり、つまり象徴が死んだという目印である[21]。

生け贄の血を失うとともに、私たちは生きる意味という現実も失った。そしてだからこそ、象徴や神話と共に生きていた人々よりも、あるいはそれに包まれて生きた人々よりも、よりよく象徴や神話を理解できるのである。そして、このような状況になったからこそ、私たちにとって取り返しのつかないことが起きたからこそ、つまり「空から星が落ちて、最高の象徴が色あせてしまった」からこそ、「今日、私たちは心理学を所持しており、だからこそ無意識について語るのである。このようなことは、象徴がある時代や文化の形態においては、まったく必要のないことであったろうし、実際にそうなのである」[22]。「意識の冷たい光の中で、世界の荒涼とした状況が星々まで広がる」[23]という状況に私たちはある。私たちは根こぎされた。私たちの魂に根ざした精神的な実存の「根拠〔大地〕」は、もちろん血なまぐさい行為という文字通りの「根拠〔大地〕」ではないが、私たちの足元から消えてしまった。生け贄の血に戻ることができない以上、意味の経験に関する限り、過去の象徴、神話、イメージから得るものはもはや何もない。心が現実を基礎付けて作り出すためのまったく別の可能性がない限り、私たちが再び本物の意味を経験するのは不可能である。そのような可能性があるとすれば、それはもちろん、ただ次のような状況に入り込んだ場合だけだろう。つまり、私たちが本質的に非現実の中に住んでいることを認識し、そして、私たちがいつも経験していると思っているすべての感覚は、自分で作った感覚や、以前に知った感覚の弱々しい複製や淡い反響であることを認識し、それを堂々と認める場合である。そして、真に前を向く勇気を持つことができて、未来の深淵に自分を据える場合にのみ、それは起こり得るだろう。しかし、私たちはいまだに後ろを振り返り、過去の時代遅れの意味構造に強引にしがみつき、二千年前に確かに廃止された犠牲をいまだに糧としているため、その廃止されたものを今日においてもなお前進として歓迎するに違いない。そして心理学が、神話やイメージをあまりにも適格に理解し得る元型理論の助けを借りてそれに意味を与えようとする限り、実際の血と実際の血なまぐさい行為の中にその現実性を持っていた真の意味を、最終的には痩せ細らせていくのだろう。

心理学が、古来の遺産から抽出された半分を、つまり美しい神話やおとぎ話や深遠な象徴の意味とイメージだけを取り上げ、ただこの半分に対して「魂の現実」という名称を与えることが許されると無邪気に信じ込んでいるならば、ユングが元型論を展開していたのと同じ時期に、別の運動がその遺産のもう一方の、決して無害とは言えないもう半分に、やはり意味を与えようとして、それを復活させようとしていたことを思い起こさなければならない[24]。つまり、血と土、頭蓋骨の下の秩序、スケープゴートの殺害である。おそらく、より正当な理由があれば、意味の喪失に対するこの反乱は、現実性の称号をみずからのために要求することが許されていただろう――もちろん、先祖返り的な復活が最初から非現実性に落ち込んではいないという条件付きではあるが。そして、ユングが「元型それ自体」を考案したのは、もしかすると、このイメージの無害性を保証するためであり、魂の中のイメージが、実際のタィーポ〔typo〕に、すなわち斧による打撃に負うものであるという厳しい認識から逃れるためだったのかもしれない。というのも、「元型そのもの」はもちろんのこと、イマジナルな理解における元型イメージも同様に、それはあらゆる変化から、人間のあらゆる歴史的行動から、そして魂の論理的行為から引き離されているからである。それは、あらゆる血（したがってあらゆる人間的な暴力）から浄化されている。本質的に無時間的なものへと昇華され、静かに拘束されて、人間の現実に対して、時代と文化の世界の実際のあり方に対して、予防接種が施されている。エーリッヒ・ノイマンの考えでは、歴史そのものさえも神話的イメージの（論理的な）無時間性に移行させられていた。プラトンのイデアの教義のように、イメージの血なまぐさい起源は、あらかじめ完全に忘れ去られ、認識できないようにされている。その起源について、私たちはいまでは何も知らず、そのため元型が自分自身を根源とし、ただ「それ自体」で存在する。意識の無垢が救い出された（正確には、初めて確立された！）のである。

第二様態の殺害

第一様態の殺害によって、魂はみずからを創造した。神々のイメージ、神話、芸術作品、詩、神殿、墓碑建造物、さらには古代世界の国家形態などのあらゆる財産は、これらの殺害に基づくものであり、その現実性と信憑性はこの殺害の結果として生じたものである。なぜならそれは、結局のところ、多くの具体的な犠牲の儀式や、その個々の儀式の特徴の多様性に潜むイメージの潜在力の形成だからである。しかしいまや、魂が殺害の行為を通じてみずから構築してきたその世界に対して、まさしく指し向けられた殺害がある。ここでもまた、魂はこの殺害行為の中で自分自身を築き上げるのだが、その方法は異なる。そもそも魂が犠牲の行為の中で初めて自分自身を生み出したのであれば、すでに生まれ落ちて、これまで十分に安定していた魂が、その自分自身を押しのけて、自分の存在の新たな水準へと向かう行為が、この第二様態の殺害においては想定されることになる。この過程は、偽デモクリトスによる「自然は自然を享受する。自然は自然を打ち負かす。自然は自然を支配する」という文章に最もよく表されている。この三つの文には、自然の自己関係、あるいは魂の自己関係と言ってもよい主題が語られている。デモクリトスはすでに自然や魂を、内在的な反省として、つまり自分自身の内への反省として理解している。第一文に語られた状態は、楽園のような無垢の状態であるが、デモクリトスがここで語っていないこと、つまり、まさしくこの無垢な魂自体が犠牲的な殺害の産物であることをもちろん私たちはすでに知っている。自然は自然を享受する。それは、みずからを生み出す魂から発し、神話を創造し、人格化するイメージの状態であり、ユングが神を畏れぬ性質を持つと言ったアニマとしての魂の状態であり、したがって、完全に無邪気に生け贄を遂行できる状態でもある。しかし、それはそのままではない。自然はみずからと戦い、みずからを打ち負かす。それは、最初の無邪気な状態にある自分自身に立ち向かい、自分自身のプレロマ的な状態に暴力的に介入する。しかし、ここでもデモクリトスは内在的な反省の立場を離れることはない。デモクリトスは道徳的に見てしまうことはない。彼にとっては、無垢な魂を犯して殺す外敵はここにはおらず、またそれを罪として咎める外敵もおらず、魂の敵対者としての精神もおらず、母性的な健全な世界を冒瀆して無謀にも破壊したような邪悪な父性もいない。そうではなく、加害者として、敵対者として、自分自身を生け贄にしてみずからを犯し傷を負わせるのは、魂そのものなのである。これが、第二様態の殺害の段階であり、モルティフィカティオ〔mortificatio, 殺害〕という錬金術的作業の段階である。歴史的には当然ながらまだ理解できない第三の段階では、魂が自分自身を支配する状態が想定されているが、もちろんこの支配は強制や抑圧ではなく、新しい段階での魂と魂自身との和解を意味する。

第二様態の殺害は、血なまぐさい犠牲に対するツァラトゥストラの呪いからすでに始まっている。なぜなら、この呪いによって、魂は自分を創造したものそのものに対して反旗を翻すからである。魂が魂自身の作業を非現実化し、価値を下げる。旧約聖書では、「私は、雄羊の燔祭にうんざりしている。……雄牛や子羊や雄山羊の血を欲することはない」（イザヤ書第一章十一節）と言われ、また、「神の求める生け贄は、悩む精神である。悩んで砕けた心を、神よ、あなたは軽んじられません」（詩篇第五十一章、十九節）と言われている。これは、魂にとって非常に貴重な多神教的な神々の世界や、古代世界やヨーロッパ以外の根源的な文化を特徴づけるアニマ文化全体の崩壊の始まりであるだけでなく、その浄化、霊性化、上昇のために、血の犠牲がいつも貢献してきた唯一神の崩壊の始まりでもある。そして、この神の崩壊は、最終的には「心理学」にとって良い結果となる。つまり、心理学とは、現実から切り離された内的なもの（悩む心）なのである。しかし、キリスト教の西洋諸国におけるこの殺害は、ずっと後になって定立されたものであり、西洋人が文化の発展を支配し、それを前進させた契機そのものである。そのことは、ここで言及しておきたい。というのも、キリスト教国である西洋こそが、この第二様態の殺害の空間であり、それは他の地域では発生せず、あるいは西欧に比較すると意味を為さない程度にしか発生しなかったからである。キリスト教の西洋はこの殺害を中心的な課題とし、より正確に言えば、この殺害に西洋は完全に利用されたのである。

最初の殺害は、七二四年にボニファティウスが行ったガイスマール近郊における雷神トールのオーク〔樫の木〕の伐採に示されている。[*7] この象徴的な出来事は、他の多くの出来事の例としてここで言及されるが、一本の木が単に環境にそぐわないために伐採されたのではなく、また一箇所の聖域が冒瀆的なものとして穢されただけでもない。むしろ、それはキリスト教以前の人間の最も神聖な感情や、その世界内存在全体に対する根本的な攻撃だった。神々や精霊によって活気づけられていた自然に対して一撃が加えられ、それは疑う余地のない自明性を持った斧の一撃であった。樫の木を新たに植えても、由緒ある尊い老木を新しいトールのオークとして選んだとしても、魂はこの斧の一撃から立ち直ることも、かつての神々の世界の自明性を取り戻すこともできないだろう。魂の自分自身との一体性が、そして世界との一体性が破壊され、かつてあった世界を経験する際の無邪気さはなくなった。この新しい信仰に対抗して古い信仰を守るにしても、その古い信仰は守られなければならないのであり、そのことによって、古い信仰が病気に罹患していることをあらかじめ認めてしまっている。古い信仰が病に陥っているのであれば、その信仰の首はすでに折られている。なぜならこの信仰は、もし信仰という言葉が犠牲を捧げる文化に適用できるのだとすれば、それが自分を正当化し、みずからを基礎付けなければならない時点で、すでにその役割を終えているからである。

トールのオークの伐採は、新しい宗教が先住民の宗教に対して取った論理的な関係を表している。この関係に従って、古い異教は新しい宗教に道を譲らなければならなかった。二つのものがあっても一つ分のスペースしかない。この出来事を、私は魂に対して魂自身が行った行為だと考えているため、それを道徳的に非難することはできない。自分の主観的な価値判断で口を挟む必要はない。くだけた言い方をすれば、あれはいい、これはだめだ、と言って口を出す必要はない。むしろ、私にできることは、実際に起こったことを意識し、魂が魂自身に与えたこの行為の内在的な目的や成果や、いわば魂自身の利益が何であるかを理解しようとすることだけである。

第一様態の殺害の利益は明確であった。つまり、それは魂による自己生成であり、アニマという意味での意識やイメージや魂の文化の創造であり、動物を殺すことを通じて為された創造であり、根本的に新しい次元の創造であった。それは生命観を基礎付け、共感覚的で生気に満ちた自然を基礎付け、コスモスとしての世界を基礎付けた。それに対して、第二様態での利益は――まず第一に単に形式的な意味で――自分自身に衝突して、自分から離れて、より高い水準に上がるという意味で、垂直方向の区別である。敢えて言えば、私から見て、ボニファティウスによって定立された宗教はより高位のものだと考えられる。これは、純粋に個人的な意見であるから取るに足らない意見だろう。しかし、西洋におけるキリスト教の論理的な高位性は客観的にも定位できるものであり、キリスト教がその内側においてキリスト教自身と克服した異教との間の区別そのものであり、この二重性への崩壊をみずからの中に抱え込んでいる限り、その高位性は定位できる。キリスト教は、ギリシャの宗教がスキタイの宗教やバビロニアの宗教やエジプトの宗教と肩を並べて存在しているように、他の宗教の隣に無邪気に存在するものではない。キリスト教は、トールのオークの伐採を、自分の存在がその前任者の殺害に負っていることを、その内側において知っている。すなわち、西洋におけるキリスト教がより高位を占めることになったのは、それが破壊された以前の宗教を本質的にみずからの足元に置いているからであり、魂の異教的な本能や自然発生的な多神教的な空想との絶え間ない闘いそのものでさえあるからである。心理学的に、または論理的に、魂の状況は二つの段階に分かれている。西洋の魂は本質的に壊れている。それが「本質的」であるのは、この崩壊が望まれてはいない偶然の産物ではなく、魂がみずからに対して行った行為の目的だからである。魂の深みに触れることは、もはや直接的には不可能である。

　この西洋の状況を、日本の状況と対比させて際立たせてみると、金箔から浮かび上がるように、その状況が見えてくるかもしれない。日本でも同じように、高位の宗教である仏教によって、民族宗教や自然宗教を持っていた土地が侵略された。しかし、日本では殺害を伴う侵略が、その内側に入り込むことはなかった。むしろ、自然を基盤としたシャーマニズム的な水準にある神道と、インドの精神性に由来する高度に展開した仏教とが共存の道を歩み、ある種の職務領域を分離して互いに併存して進んでいった。一つの宗教は、この世のこと、例えば結婚式などに関わり、もう一方の宗教は、死と死後の世界に向けられた問いに対して魂を満足させる答えを出すことに関わった。仏教以前の宗教も、近代までは完全に承認されて存続することができた。より古代的な宗教的欲求が、高度に精神化された宗教的欲求と並んで認められた。それに対して、私たち西洋の場合は、古代的な宗教的欲求は、異教的なものや迷信として徹底的に駆逐されてきた。そのため、日本においては、高度な精神性への発展的な展開があるにもかかわらず、殺戮の世界としての西洋が取り返しのつかない形で経験した魂の無垢の喪失が起きていない。魂の深みへのつながりが保たれてきた[25]。

東洋では、この二重性が心の内的な分裂や段階分けにつながることはなかった。それは、それまで唯一のものであった意識の上に、新しい意識水準を生みだしたことにはなるが、これまでのものは新しいものによって時代遅れのものとされただけである。それは、論理的な二重性ではなく、経験的に存在する二重性にとどまった。この新しい意識水準は、根本的に同じ論理水準にとどまり、それは（確かに神道に比べれば計り知れないほど新しい）精神的な空間を貫いて、意識の相当の補完と拡大にはつながっていった。西洋では、殺害によって、いわば二階建ての建物が建てられたのだが、それは現実の建造物とは異なり、逆転した世界の魂の上層階が、下に残されている階の上に乗ったわけではなかった。むしろ、転倒した世界の上層階は、単に地上階の圧縮や除去として存在し、そうやって、いまや新しい階が、唯一の世界そのものであり、実存の空間そのものであるかのようになった。この新しい唯一神は、それまでのすべての神々がいた場所を占めて、その神々すべての代わりとなった。そのため、神々はいまでは神ではなくて、原始的な空想として、あるいは虚無として片付けられている。多神教が、みずからを一神教へと前進させたのであり、一神教へとみずからを変形させたのである。蝶がさなぎの後継形態であり、さなぎが青虫の後継形態であるように、一神教が多神教の後継形態である。このように、上層階は、決して（知覚や想像に対して）経験的なのではなく、単に論理的に（実際の思考に対して）「上」にある。そして、その逆もまた然りであって、つまり経験的・実体的に一つである一なる神は、その論理的な状態によれば、それ自体が壊れた二重性である。

一方、日本では、まったく新しい形式の新しい部屋が、同じ一階にある古い部屋に追加された「だけ」だった。そこには極端に水平的で深化した差異があったが、文化の継続や継承の形にはならなかった。すべての比較がそうであるように、この比較は完全に的を射たものではないかもしれないが、西洋と日本の魂の論理の決定的な違いをはっきりと見せてくれてはいる。意識がかなり拡大しているにもかかわらず、日本で魂が保持している論理的な無邪気さや不屈さが、日本の生活様式や文化全体の並外れた美化に表現されている。[26] 日本の文化は、アニマの魂的空間にとどまったのである。

この差異を次のようにも表現することができるだろう。つまり、西欧では、それまで大事にされてきたアニマの水準に衝突して反発してそこから離れ、そうしてより高い意識水準を獲得することに全エネルギーが注がれてきた。この過程は通常の言葉では進歩と表現されるが、その際大切なのは、このような言葉をただその記述的・現象学的な意味において理解することであり、それ以外の進歩のイデオロギーという意味の評価を受け入れないことである。（それではあたかも「進歩」が何か良いものや悪いものであるかのようである）。日本では、そのエネルギーはますます大きくなり、意識の同じ水準での魂の文化の洗練、深化、強化に向かった。なるほど確かに日本の歴史には過酷な戦争があったわけだが、そこで行われた殺戮は、いわば、ありふれた存在の水準の殺害であり、悲しい出来事であることは間違いないのだが、心理学的・論理的には意味をなさなかった。一つの出来事として人間は殺されたのだが、その殺害の中で魂自身と衝突して魂に反発することはなかった。魂から見ると、物事は切れ目のない連続性の中に留まったのである。

　キリスト教国の西洋では、アニムス[27]*8としての魂が自分自身をその上へと、つまり自分の最初の段階であったアニマの段階から、新しい段階へとみずからを引き上げた。それはトールのオークの伐採のような残忍な攻撃によって自分自身に切り込むことで、そして自分自身に反発し離れるために、自分の最も神聖な感情を殺すトラウマを自分に与えることで成し遂げられていった。このような事実から、デモクリトスの言葉を借りれば、魂には、みずからに暴力を振るい、みずからの無邪気さを殺し、最初の実存のプレロマを破壊し、甘い歌を歌うのを止め、みずからに禁欲を課して情熱的な自然との一体性を冷酷なほど放棄する錬金術的な衝動が内在しているに違いない、と言えるだろう。

　最初は行為自体にすべての意味があったのだが、アニマとしての魂は、狩猟という犠牲的な行為の印象を、狩猟の時間を越えて長く保持するために、徐々にそのための力を蓄えてきた。そうして、いまやより持続的な意識がある。純粋に精神的で、自然物からまったく解放されたイメージや、自律的な霊や神々が発生する。これらは、どんどん自立した存在になっていく。そうして人間は、永遠に回り続ける惑星と恒星を神々として、そこに人間の〔大文字の〕自己を持つ。ここまでがアニマの段階やアニマの文化の展開であり、その功績は大きい。つまり、もともとは文字通りの犠牲の行為に沈み込み、あるいは犠牲の行為にまとわりついて具体化していた論理的な行為を、世界の光の下にさらし、それを簡略化された多様な姿で対象化し、現象的な現実の中に、より永続的にイメージ化したのである。

一方、アニムスの段階は、アニマの段階が生みだした実体的なものを、つまり、たくさんの神々やイマジナルなものを論理的に殺害することで始まる。そこで神々が「心理学」になる。つまり、極めて平凡な心理的要因、コンプレックス、激情、性質、症状などといった人間に備わったものに神々が格下げされる。人が神々に名前を与えて、「今では恐怖症や強迫観念などと、要するに、神々を神経症症状で呼ぶ。神々が病気になったのであり、ゼウスはもはやオリンポスではなく、大陽神経叢を支配するようになり、医師との面談時間の際に好奇心を煽るものとなり、政治家やジャーナリストたちの脳の働きを邪魔して、知らず知らずのうちに心的な現象を生じさせるものになった」[28]。かつての自然の神々を人間の内なる本質へと包含し統合することが一歩一歩進み、至高の神々から唯一神だけが上に立ち、その神だけがまだなお精神的で、神々の止揚を対象化して提示する。

アニムスの段階における第二様態の殺害の課題は、神々のイメージを対象として、また後には一なる神を対象として、それを加工し続けることである。対象を単純に無化するのではなく、（外的な現実に対象化された象徴［槍、木、惑星］に没頭した論理的な動きが人間の心的な本質へと変換された後で）、いまなお最高の精神的なアイデアや価値や最高の神そのものに没頭している論理的な動きを、完全に論理的な形式へと次々と転換し続けていく。より正確に言えば、意識そのものの論理的な形式に変換する。これによって、第二様態の殺害がもたらす成果や利益のより正確で実質的な告示がなされていく。

はじめは永遠に周回する星々に具現化されていた神々に、最終的には〈大文字の〉自己そのものを具現化して目には見えないまま全世界を統べる唯一神に、そしてプラトン主義的に理解されたアイデアに、魂の現存在はみずからを十分に公然と固定した。これまでは過ぎ去っていくものと考えられ、新たな犠牲の行為を通じて定期的に更新されなければならなかった感銘は、魂がみずからの安定と永続的な基盤を、永遠に存在する神々の中に確立した瞬間に、もはや余計なものとなった。そのため、神々はいまでは犠牲の行為で腹を満たしすぎていて、犠牲の屠殺によって日々の食事を摂取する必要がない。十分に腹は満たされたのである。実際にそうであったからこそ、ツァラトゥストラやイザヤやピタゴラス学派は、犠牲に反対する議論を展開することができたのであり、そうでなければ、魚が水に反対する議論ができないように、議論することなど思いつきもしなかったであろう。彼らがもはやその論理的な課題を果たすことができないからこそ、犠牲は実際に時代遅れなのであり、そのためいまでは、単なる残虐性として強迫的に現れるしかなく、単なる経験的（情動的）な衝撃が現れざるをえない。犠牲の行為に戻ることができないのは、一度書くことを身につけてしまうと、あいうえおの教本に戻ることができないのと同様である。犠牲の廃絶は、最初の大きなトラウマに過ぎない。西洋の歴史は、多種多様な多くのトラウマと断絶の中を進んできている。それが必要なのは、はじめのモルティフィカティオ〔殺害〕を持続させるためであり、それを魂に深く刻み込むためである。一度切りの殺害では十分ではない。魂はいつも一つの新しいイマジナルな対象に向かって行き、たとえそれがすでにいわば対立する水準にあるとしても、それに向かっていく。しかし、対象性の中にあるアニマの世界は、完全に立ち去られなくてはならず、根こそぎ捨てられ引き裂かれなくてはならない。まだなお対象として提示されるものや、存在する本質といったものが、徹底して意識の論理的な形式へと移行するまで。

西洋の第二様態の殺害の歴史

ここで、西欧におけるさまざまな殺害、トラウマ、断絶の歴史と、その意識の独自の形式の下にある最高位の対象の記憶を、要約してたどってみよう。

トールのオークの伐採によって異教的な宗教性の殺害が行われたことで、魂は根本的な二層性を我が物とし、あらゆる自然の上位に掲げられた目に映らない神を天上においた。この神が純粋に精神的なのは、神がただ信仰の天国にいて、もはや身体的な天国にはいないからである。しかし、この唯一神は、ここではまだ単なる信仰の内容として定立されており、つまりまだアニマ的な実体性の中にあって、思考のスタイルには到達していない。スコラ学派の強力な運動は、自然な思考を殺すという特別な課題を持っており、[*9]それには、想像力への束縛から自然な思考を引き剝がすという意図があり、形式論理的な鍛錬を行って、あらゆるものにその都度自由に適用できる道具を形作るという意図があった。この「道具」によって、機能性への決定的な一歩が踏み出されたのだが、そこにはまだ論理的な物らしさ（形式論理の「永遠の法則」）の残滓が残っていた。

僅かな人々が一時的に特別な努力によって新しく獲得した思考を除くと、異教徒的な生活感情がなお残っており、それが社会の中の特定の人々によって殊更に体現され、新しい思考のスタイルはまだひどく相対化されていた。それは民間信仰の海に浮かぶ、取るに足らない島に過ぎなかった。そして中世末期、この生活感情の優れた担い手であった異端者や魔女を焼き殺すことで、この残忍な介入をもって、魂はついに魔術的なものや幻視《ヴイジヨン》的なものへのみずからの開放性を排斥したのである。[*10]今日では、魔女狩りが道徳的に非難されているが、これは外的でイデオロギー的な観点からの見解に過ぎない。このような観察方法は、心理学者にとっては明らかに関心の埒外にある。心理学的な観点から物事を見ることが心理学者の本務であり、それはつまり、物事を魂に根ざした出来事として、魂自身に対する魂の働きとして理解することである。そうして今日の心理学の存在は、とりわけ異端審問官の殺害活動に負っているものであると理解される。[29]そうこうしているうちに、私たちはキリスト教の意識水準に到達したこともまた確かであり、それは実際に、「この私の兄弟のうち最も小さい者にしたことは、私にしたことである」（マタイによる福音書、第二十五章四十節）という言葉に現れている。魔女の殺害は、単に外部の無関心な他者に対する行為ではなく、この言葉に表されたものでもあり、つまりは、殺害は同時に自分自身の最高の価値や、〔大文字の〕自己や、魂に対する行為でもあった。魂はそれまでの異教徒的な自分自身を魔女たちの中に消し去り、新しい思考を完全に自由に解放し、全存在をそれに服従させることになった。これもまた、もはやそれ以前に立ち戻ることのできないトラウマ的な出来事である。

しかし、魔女や異端者が火あぶりにされなければならない状況が続いている限り、逆説的に悪魔や異教の力の現実性はなお認められていた。この古い力に心を開いた者だけが殺されていた。それゆえ、啓蒙主義はもはや実際に火あぶりに処することはせず、後の絶滅収容所を彷彿とさせるようなシステマティクなやり方で、知的に、より正確に言えば、存在論的に、その魂の遺産の殺害に取り組んだ。システマティックに仮面を取り外すことで、魂の想像力の一つ一つの対象が、そしてすべての対象が、存在の中にあって真実の中にあった基底存在を剝ぎ取られた。それらは論理的に無化され、心的にだけリアルな単なるフィクションの水準に移された。もちろん、今日の視点から見れば、当時の反論の多くは信じられないほどナイーブで、まったく有効ではない。しかし、それは私たちの関心の埒外にある。なぜなら、私たちは当時の人々の意見の善し悪しについて議論しているのではなく、啓蒙において心理学的に何が起きたのかを探ろうとしているからである。そして、啓蒙に伴って起こった殺害は、殺害の手段として当時使われた論法が合理的に見て誤っていたとしても、魂にとってはやはり疑いようのない現実である。その傷は残っている。そのため、啓蒙の時代以降は、「理性」という述語を放棄するか、あるいはみずからを狂わせるか、いずれかの代償を払ってこそ、伝統的な考えを保持することができたのである。神話的な世界観に私たちを縛り付けていた縄は、実際的に現実的には切断されている。そして、もし啓蒙主義において、西洋の魂が論理的に、すべてのあらゆるイマジナルなものを殺したのであれば、これは結局、キリスト教という宗教そのものにも、つまりキリスト教の信仰そのものにも当てはまる。それは西洋がキリストの名のもとに始めた信仰であり、その権威によって、そもそもあらゆる第二様態の殺害が完遂された。「神は死んだ。そして私たちが神を殺したのである」という表明が、決定的な公式である。最高位の存在者である神は、全世界の実体性の基礎となる実体そのものであったため、神の死によって、実体性が根本的に完全に死に絶えたのである。

　しかし、存在論的な殲滅は、イマジナルなものが社会の構造の中に足場を置いているという事実関係を損なうものではない。その後、フランス革命がアンシャン・レジーム〔旧体制〕に致命的な一撃を加えた。王の殺害は、歴史上しばしば起こってきたような、恣意的なものではなかった。つまり、その行為によって、王というアイデアも論理的に殺されたのである。王のアイデアの中には、例えば魔法の登場するおとぎ話が生きていた。社会的現実の中でのおとぎ話という魂の遺産の支配は、弱まってはいたものの、なお保証されていた。王は、その本来のアイデアに従えば、政治家でもなければ、単に暴君のように支配する政治家でもないからである。本質的かつ根源的に、王とはその民族の中心であり、具現化された世界の軸である。つまり王とは、天からの祝福が人間の水平的な世界に浸透する地点であり、天の子として、また「神の恩寵による王」として、この神の祝福を人々に浸透させることができる者であり、またそのように聖別された者である。王陛下への侮辱や反逆が死に値する犯罪とされていたのは、権力の保証という思想的な理由からではなく、王を攻撃することで万人の基準たる上方が脅かされるからである。君主制が廃止されたことで、社会システムに根ざした救いとのつながりは断たれたのである。

しかし、これまでの成果は、その社会だけのものであった。その社会の外側、ヨーロッパ以外の地域には、魂の遺産が生き残っている文化があった。それが存在していること自体が、その遺産に西洋文化と同等の地位を与え、世界内存在のあり方で肩を並べるものとして登場し、そして何よりも、イマジナルなものの論理的で存在論な的殲滅に疑問を投げかけ、つまりそこではイマジナルなものがまだ目に見える形で開花していた。帝国主義と植民地化によって、魂はそうした文化とその内容に、無力さと劣勢（子どもっぽさ、「原始性」）を見るようになった。（言うまでもなく、ここでは、そしてこれに相応した発言すべてに当てはまることだが、例えばヨーロッパ以外の文化に対する私の評価を再提示しているのではなく、むしろ、いわば魂の経験を引用して表現している。この経験が他の視点から見てその都度「真実」なのか「正しい」のかどうかにかかわらず、魂が実際に経験したことを提示している）。そして例えば、ヨーロッパ人が、オーストラリアでまるで野生動物を狩るように、先住民〔アボリジニ〕たちを文字通り遊び半分で狩り、撃ち殺したとき、その西洋人の魂は、自分自身に対しても残酷になり、自分の中の原始的な人間を単なる動物へと押さえ込み、この殺害で通じて、自分の中の原始的な人間の制圧を確定させた。

このように、たとえ全人類が新しい意識に制圧されたとしても、かつて神々やニンフや自然の精霊が躍動していたように、啓蒙の時代の後でもなお、気持ちを豊かにしてくれる自然の世界が、それでも存続していた。だが自然科学と共に、魂は、理論的に自然の殺害を眼前に示し、工業化や機械化とそれに伴う文字通りの環境破壊によって、実際的にも自然の殺害を明証している。

もちろん、まだ地上の自然が殺されただけである。月も太陽も星々も、いままで通り人々の生活の中で輝き続け、あらゆる啓蒙や科学にもかかわらず、カントが言ったように「常に新しい、そして増え続ける感嘆と畏敬の念で心を」満たし続けていた。だが宇宙への侵略と月への飛行によって、魂はついに、崇高な世界と星のように輝く天上という旧世界全体を担っていた古代の対立関係をおのれから奪い去り、かつてのコスモスの（ほとんど虚無的と言っていいほどの）空虚さ、冷たさ、遠さの経験をおのれにもたらしたのである。

次から次へと、一つ一つ、殺人やトラウマが出てくる。その中で私はまだ、今日の人々にとっておそらく最もトラウマ化しており、それに対して、いつも全力で身を守ろうとする、ある暴力的な殺害に言及していない。すなわちアウシュビッツ、ホロコーストである。魂は、この西洋の歴史の中にある出来事によって、みずからに何を与えたのだろうか？　魂がここで殺したものは何だったのだろうか？　それは道徳であり、人間の中にある善への信仰であり、善と悪を区別する子どものような無邪気さでもあった。カントの定言命法や、（頭上に星の輝く空のように、心を畏敬の念で満たしてくれる）私の中の道徳律は、単に事実上の不条理に還元された。アイヒマンをはじめとするナチスの人間たちの中で、魂は、良心の無効性と良心の殲滅とを取り返しのつかない形で明証した。善悪に関する言葉は、アウシュビッツの前では論理的な意味を失っている。私たちは、たとえそれを認めたくなくても、魂の現実に関する限り、善悪の彼岸の世界に実際に住んでいる。しかもグロテスクなのは、私たちが考えられうるあらゆる機会に罪の告白を単調に繰り返し、アウシュビッツのようなことが二度と起こってはならないと、たとえ幻想であっても誓言することによって、とうに失われた道徳的無罪を救い出そうとして、まさしくアウシュビッツを利用していることである。私たちはいまでも、過去を「清算したい」、埋め合わせたい、防ぎたいと思っている。いまなおヒトラーやアウシュビッツに抵抗したいと考えている。私たちにはまだ、真実を直視して、アウシュビッツやそれ以前のすべての殺戮を抵抗せず意識に受け入れ、素直にこの現実という真実に耐える準備ができていない。

　そうして、アウシュビッツに対する強力な抵抗から、西洋の魂の歴史におけるいままでの多くのトラウマに対する、つまり魔女の火あぶり、科学技術化、家父長的で啓蒙主義的な伝統に対する道徳的な抵抗が、最近になって遡及的に形成されてきた。純粋に主観的で必死に――失われた部署に留まりながら――当然ながらあまりにも遅れてやって来たこの抵抗は、少なくとも現実から遮断された意識のために、善意の力と善性に対する信念を保存し、プラトン以来、存在がかかっていると思われているその善性に対する信念を保存しようとする。ここでいう「存在」とは、心理学的には、意識の無邪気さや、錬金術のアニマ・アルバ〔Anima alba〕、白い魂と呼ばれる魂の状態を意味する。この善、ト・アガトン〔tò agathón〕、キリスト教時代に神によってスムン・

ボナム〔summum bonum, 最高善〕として具現化されたものが、唯一の保証人であった。つまり、世界の実在性と、犠牲を捧げる文化に生き、その血なまぐさい犠牲を廃止して久しく、哲学的な時代にまで存続されてきたプレロマ的な充溢と調和的コスモスの感覚を救い出してきた唯一の保証人が、善だったのである。

しかし、この古い実体的な存在を完全に破壊し、無慈悲にもその「善」を奪うことが、魂の仕事だった。

もちろん、アウシュビッツが語るものに対して、良かれと思って、心を閉ざすこともできる。アウシュビッツのメッセージに関与する必要があるわけではない。それは普通の犯罪以上のものではなく、ただ恐怖の規模という点で恐ろしい犯罪であったのだ、と何事もなかったかのように振る舞うことはできる。道徳的な世界秩序や、善の観念が、それ自体で、つまり「客観的」に断絶を経験したのではなく、それは「主観的」には一つの過ちでしかなかった。鬱病患者に鬱を思いとどまらせようとするかのように（「何事もそんなに深刻に考えてはいけない」）、アウシュビッツに対しても外側から声をかけることができる。痛みという素朴な感覚から逃亡して、それを権力コンプレックスや英雄的な意志と読み替えて、「いま、私たちがすべきことは、ただしっかりと用心して、特に用心して道徳的で平和的にあることだ。そうすれば、世界は再び正常になり、道徳的な世界秩序が回復する」というのである。

しかし、落ち込んでいる人に向かって、すべてはそれほど悪くはないと言って聞かせることが、その人には嘲笑として受け取られるのと同じく、アウシュビッツの意味するところに心を開き、その経験に何の抵抗もせずに細やかに感じながら耐えている魂に対して、善と悪についての説教をしたり、特別な道徳的警戒を求めたりすることは、同じように嘲笑でしかない。

アドルノが、こうした宥めの言葉を前にして、アウシュビッツの後ではもう詩を書くことはできないと言ったのは、アウシュビッツを通じて起こった道徳的世界秩序そのものの死という取り返しのつかない現実を、彼自身が体験したことを、そうやって示したのである。たとえ詩の不可能性に関する彼の独特の結論に同意できなくても、これには同意できるであろう。

あらゆる英雄的で道徳的な努力は手遅れである。私たちは、何かを防ぎたいと思う必要はない。もはや「始まりを防ぐ」ことには意味がなく、救い出したり償ったりすることにも意味はない。最悪の事態はとうに起きていて、魂は「善」の喪失をみずからに課した。このようにして、古い意識全体の要となるもの、つまり、アニマ文化全体を支えていたものを、魂が魂自身から奪ったのである。それによってキリスト教の西洋の始まりとともに魂自身がすでに失っていながらも担保されていた意識の無垢を、今度は紛れもなく意識のために奪うことになる。

特に二つの現象が、対象性から意識の論理的形式への移行が完了したことを、目に見えるものとして提示したと考えられる。まず前述の人間の宇宙空間への進出は、「より高位の存在」を仰ぐことができなくなったことを、そして意識が論理的に、それまでは自分の上方にあって手の届かないまま揺れている天蓋だったものを自分の下の地面にしてしまったことを示す揺るぎないしるしである。唯一神はもはや崇拝されず、意識はむしろ論理的にみずからを、その高みへと導いてきた。[30] そして、次には以下のようなものが挙げられる。実際にはもはや物質ではないソフトウェアへの侵襲、ソフトウェアによる「ハードウェア」に対する勝利、従来は実体的に捉えられていたものの「情報」への変換、サイバネティック・システム理論や形式的カオス研究の目を通して現実を観察することへの移行、形而上学の言語哲学への変換（言語学的転回）、さらには対象物の物々交換から、貨幣取引を経て、電子的にデータを送信するだけの全く非物質的なキャッシュレスの決済取引という完全な非物質への移行など――これらは意識が、もはや外の対象を追い回すのではなく、外に観察したものにみずからの固有の論理的な形を反映させる、という状態に入ったことを示す紛れもない兆候である。

もはや意識は、自分の外側にある生け贄を捧げる行為の中に、自分の意味を見いだすことはできず、物質的な檜の中にも、天上の神々の中にも、唯一神の中にも、自分の意味を見いだすことはない。このような意味の担い手はすべて消えてしまった。意識は今や、形式となった意味そのものであり、みずからが意味の担い手である。これが「無垢の喪失」が最終的に指し示すものである。意識はもはや、意味に満ちた世界の中に、みずから紡いだマーヤーのベールの中に繭を作って閉じ込められてはいない。意識はもはや、自分自身がそうでなければならないものを、自分では触れられないものとして携えておくことはできない。しかし、これは同時に、人々が意味を見失ったことを意味してもいる。つまり、対象として目の前に想像される最高位の神が完全に蒸発し、もはや崇高な一なる神を見上げることもなく、もはや多くの天なるものを見上げることもなく、それ自体が論理的に宇宙空間に入ってしまったとき、人は氷のように冷たい空虚を見ることになる。世界全体が脱神格化され、それが通常のものとなった。創造に関する教義は、事実に基づいた外界の科学であり、それはカオス研究に取って代わられた。人間は、内面的なつながりのない世界に直面したのだが、それは世界がもはや人間に何も語らず、何も与えないからである。ちょうど、前述のあいうえおの書き方教本が、読書ができるようになった人にもはや何も教えることがないのと同様である。意味もまた、もはや体験されることはない。というのも、もし体験されるならば、対象物のようなものがまだそこに存在しなければならないからである。もはや意味が満ちることはなく、意識は空っぽの（＝処女のように触れられることのない）器のままで、幸せにしてくれる内容としての意味を外側から受け入れるだけの器なのである。

原初の状況では、満たされた内容と、受容する器との両極が分かれていた。例えば、大型動物を狩猟する社会では、男性は犠牲によって得た血を解き放つための創造を担う槍を持ち、女性はその血を集めて保存するための籠を持っていた（H・ゲールツ）。そして、世界と人間の関係において、自然は意味を内包した場であり、人間の意識はそれを受け取る側であり、ユダヤ・キリスト教的に言えば、神は花婿、人間は花嫁であった。しかし、今日では、生み出される内容と受け取る側の器という両極の関係全体が、意識そのものに入り込んで（反映されて）いるため、もはや役割を分散させて「演じる」ことはできず、その事実は、固定された男女の性役割や男女の神話の終焉に明示的に表現され、その社会的現実にまぎれもなく表れている。外側にあった意味の担い手から意味が離れていったのと同程度に、人間は意識という論理的な形式そのものに移行するために、強迫的に虚無的な世界に直面している――少なくとも、自分を単なる意味の受容体として、意味によって満たしてくれる意味の担い手を外側に置き続けて、無邪気にそれを仰ぎ見る期待感の中に居続ける限り、虚無的な世界への直面は変わりようがない。

殺害の果実——平和

アウシュビッツのテーマによって、恐るべき事実としての残忍さの中にある暴力に戻ってきた。その残忍さはあらゆる殺害の魂に根ざした論理的な成果に集中するあまり、危うく忘れ去られようとしていた。今世紀に起こった恐るべき暴力行為という観点から、再び日本と西洋を比較してみよう。日本人の魂は、第二次世界大戦で日本から行われた侵略行為をみずからのものであると認め、罪の咎でみずからを攻撃することがない。日本には、自国の歴史に対する比較的とらわれのない態度が見られる。過ぎ去ったことは過ぎ去ったことで、それをそのままにしておくことができ、手放すことができる。そして、それを手放したという事実が、抑圧という道徳的な非難の意味をもって、再び自分に対して向けられることはない。一方、私たち西洋の場合、魂はナチス時代の行為を熱心に取り上げ、自分のモルティフィカティオ〔殺害〕の作業《オプス》という目的のために死に物狂いでそれを利用する。それと同じように、西洋の魂はテクノロジーがもたらした罪の結果の認識を死ぬほど深刻に利用して、西洋の文化的発展全体を自然に対する人間の大きな罪として非難し、そうしてみずからのモルティフィカティオを進めるための強力な道具を創り上げている。一方、日本はその基本的な美的態度に従って、西洋の文化や技術をほぼ偏りなく取り上げて、遊び心を持ってそれと関わっている。[31]

日本の伝統文化から西洋のテクノロジーへの移行という、実際には魂における途方もない断絶に見えるものでも、日本人の魂はそれを決して断絶という意味で様式化することはない。これまで見てきたことが、そこでは立証されている。つまり、第二様態の殺害は、明らかに日本では特別な役割を果たしていない。東洋の秘密裁判は、魂の根本的な無邪気さを保つことができて、プラトン的なアガトン〔agathón〕、つまり善や、その代用としてのキリスト教的なスムン・ボナム〔summum bonum, 最高善〕というアイデアと競合する必要がなかったため、罪の意識のような錬金術的なモルティフィカティオが前面に出る必要がなかった。儒教的に形成された世界では、私たち西洋人が知っているような罪悪感や罪の意識は存在しない。何が起こっても、ただ起こるだけである。魂は、この場合、自分自身に対して罪の意識を向けることはなく、自分自身に衝突して自分自身に反発して離れることはない。魂が破壊することができる、あるいは破壊しなければならない「善」を欠いている。

魂が第二様態の殺害の作業のために鍛えた武器は、「善」のアイデアであった。その名の通り、古い宗教は悪魔のようなものとして、唯一の善なるものに取って代わられる。また、間違った信仰に陥った者としての不信心者は正しい信仰に向き合わされる。そして、真の知識は迷信に対して勝利を納める。しかし今日、この武器は、この武器で成し遂げられた魂の作業そのものに対する抵抗にも役立っている。いままでは、善のために戦うというやましいところのない良心を持って行われていた魂の魂自身への作業が、今度は自分自身の問題になる。魂は、この自分の行いに対して向き合うことになる。転倒した心の世界では、自分が座っている下枝を切り落として、そうやって深みに落ちていくような方法でしか、どうやら上昇できないようである。

今日、私たちが経験している強力な抵抗において、すなわち、ヒトラーやアウシュビッツに対する抵抗や、審問官や啓蒙家の仕事に対する抵抗や、テクノロジーやいわゆる家父長制文化に対する抵抗や、ニューエイジ運動や多種多様な自然へのノスタルジックな回帰として具体的に現れる抵抗において、次のような洞察を魂は我が物とする。すなわち数千年にわたる西洋の魂の仕事は殺害であり、したがって決して単純に善良で無垢なものではなく、この仕事は途方もない喪失をもって償われたという洞察を。以前には、殺さなければならないものをすべて魂が攻撃していた。それと同じように、新たな人道的価値観をもって、以前の殺害行為を責め立てることができる信頼に足る基盤を得るために、魂は今日では、平和な原始時代というフィクション、例えば母系社会と称するフィクションをみずから作っている。だがそれは実は知らぬが仏であって、この時代は決して平和ではなく、血まみれの犠牲の時代であり、第一様態の殺害の時代であった。同様に知らぬままでいることだが、魂がキリスト教的西洋の殺害に対抗して打ち出し目指した平和と人間性は、過去に遡って求められるべきものではなく、平和的で人道的な起源に由来するものでもなく、それは魂がいままさに非難して殺している残酷な殺害の道そのものからの贈り物であり、大部分はまだ未来に属する遅れてきた贈り物である。だが、不可解にも、ただ次の目的のために、非難し、殺す。これはすなわち、この最後の殺害によって自分に衝突し、自分自身を第二様態の殺害の道から、真っ直ぐに人道的な平和へと向かわせるという目的――この道に反する道という手段を使って、闘いながらその道を完全に実現するという目的である。第二様態の殺害の全道がそれ自身の前提条件に反していたように、つまり第一様態の殺害に安らいでいる世界全体にすでに反旗を翻していたように、この道はそれ自身に反旗を翻し、それを追い越すこと以外で完成することはない。それは、それまでの道のりの結果に反して生まれたものである。イマジナルなものへの結びつきからみずからを引き剝がすために、啓蒙時代に魔女や精霊の存在に対する何千回にも及ぶ「反駁」を繰り返すことが必要だったのと同様に、今日、心は無垢の犠牲者というアイデアやイメージを、いつも新しく、いつも繰り返し育てている。それは、レイプの犠牲者、児童虐待の犠牲者、帝国主義の抑圧と拷問の犠牲者、家父長制による女性への暴力の犠牲者たちである。そしてそれは両方の様態の殺害と密接に結びついた犠牲から最終的にみずからを切り離し、「被害者」というアイデアと責任の帰属に基づいて暴力からみずからが解放されるという意味で、意識の新たな無邪気さを作り上げることになる。

確かに、抽象的な非暴力というぼんやりとした目標の名の下では、その道を進むために一歩一歩の前進が不可欠であるように、そこに至るまでの暴力的な道のりに憤りを感じながらも、非暴力という目標がまずもって実際に達成されるまでは、それを信じることが不可欠なのかもしれない。なぜなら、この道の途上にある暴力に対する憤りの中で、抽象的で、平和と人道のために純粋に表現され、行動に移された憤りの中で、人は依然として殺害という態度から抜け出せていないからである。意識が無害なものに後退しているにもかかわらず、やはりそうなのである。いや、無害なものに後退しているからこそ、そうなのである。ただすべての価値を一度見直しただけであって、構造の変化があったわけではない。人は自分を完全に善と平和の側に置いているが、真の暴力を自分の外に置いているだけで、そうして、自分を善と平和に委ね、暴力の手の届かないところに置いて、したがってまた変容不可能なままに留まるのである。

殺害者の列から離れて、真の人間性と真の平和の状態に人間が入り込むのは、平和へと続く道の残酷さに対して、そして第一様態の殺害と第二様態の殺害に対して、人間が抵抗を示さなくなり、つまり、残酷なほどの恐ろしさの中に真の人間性と真の平和を認識して、それによって引き起こされる膨大な苦しみを感じ、そうでありながらも、それに抵抗を示さないときだけである。無実の犠牲者に魂が行ったことを、人間が魂自身に（そして人間自身にも）行ったことを認識したときである。反対し続けることから立ち去ることに、第二様態の殺害の道に反対する真の転向がある。文字通りそれと闘うのではない。闘いは、それを永続させるだけである。

しかし、だからといって、文字通りの戦いに反対する必要もない。それどころか、すでに見てきたように、殺害の道は、みずからと戦うことで再び殺害の道であることを主張し、同時にその殺害の道にみずから別れを告げるのであり、それによって、その目的である非暴力に至る。神をも畏れぬアニマのかつての無邪気さとは対照的に、（抽象的なアニマ・アルバ〔白いアニマ〕に零落した）意識の信じがたい無害性である魂の現代的（あるいは「ポストモダン的」）な無邪気さは、まさにみずからを完全に善の側に置き、外側に対置された暴力と戦うことで、この被害者意識の育成を通じて、その暴力行為に気づかないままに、みずからの意識に刻み込まれる。魂が善と平和のために戦わなければならないと信じる熱意は、この意識の無邪気さを否定している。この熱意が証明しているのは、この無邪気さが意図的なものであって、真実でも現実でもないことである。このようにして、魂は徐々に暴力行為を統合し、それをますます自分の構造にしていく。そして、自分自身の無邪気さ通じて自分に無邪気さを引き受けていく。すでに見たように、意識の自己保存のための頑固な努力は、意識の破滅への道である。古い伝統にしがみつくことによって、意識は自分自身をその古さに刻み込み、その——論理的な——嘘を印象的なまでに演じる。

こうして、ここに結論として言えることは、私たちの出発点にあり、ここまで議論を続けてきた暴力に対する損なわれた関係は、それ自体が、阻止したいと考えられている第二様態の殺害そのものの産物であり、その継続であり、この殺害の道から離れるために進むべき不可欠の一歩である、ということである。意識はいま、その目標が困難なしには達成できないことを、目的地には果てしなく長く、苦しく、辛い道のりを歩まなければ到達できないことを受け入れることができる。平和の世界[32]は殺害の世界の後継者としてしか存在せず、非暴力に徹する意識である自分は、審問官、啓蒙家、アイヒマンらの肩の上にしっかりと立っているからこそ、非暴力のために立ち上がることができるのだということを受け入れることができる。彼らの場合にはまだ外部の他者に対する存在的な行為であったものが、この意識の場合には加害者と被害者の関係全体が自分の意識の論理的な形式で内-化〔記憶〕され、それによって自分自身の中への反照になり、つまり心理学的になっているという点で、この意識は彼らの肩の上に乗っているのである。

原注

［1］参照 James Hillman, Die Welt des Mars. Über die Liebe zum Krieg und im Krieg, GORGO 15/1988, S. 29-46.

［2］M.-L. v. Franz, Shadow and Evil in Fairytales, Zurich (Spring Publ.) 1974, p.5 で報告された議論での口頭の発言。「ユング心理学では、一般的に影を無意識的な人格のある側面の擬人化と定義しています［…］。したがって、影とは自我コンプレックスの暗い、生きられない、抑圧された領域であると言えるかもしれません［…］。ユング博士は［…］ある議論の中で、これらすべてをひっくり返してこう言いました、『これはすべてナンセンスだ。影とは単に無意識全体のことなのだ』」。

［3］参照 Wolfgang Giegerich, «Zuerst Schatten, dann Anima. Oder: Die Ankunft des Gastes. Schattenintegration und die Entstehung der Psychologie», in: GORGO 15/1988, S. 5-28.

［4］Walter Burkert, *Homo necans. Interpretationen altgriechischer Opferriten und Mythen*, Berlin, New York (de Gruyter) 1972, S. 9f.

［5］H. Kühn, «Das Problem des Urmonotheismus», Abh. Mainz 1950, 22, J 7. Zit. nach Burkert, S. 21.

［6］H. Müller-Karpe, *Handbuch der Vorgeschichte I: Altsteinzeit*, München 1966.

［7］例えば Mircea Eliade, *Geschichte der religiösen Ideen*, Bd. J, Freiburg u. a. (Herder) 1985, S. 16.

［8］Eliade, a. a. O., S. 17.

［9］K. Meuli, «Griechische Opferbräuche», *Phyllobolia* (Festschrift Peter Von der Mühli) S. 185-288, Basel 1946.

［10］H. Gehrts, «Vom Wesen des Speeres», *Hestia* 1984/85, S. 71-103 (Bonn, Bouvier Verlag Herbert Grundmann, 1985).

［11］Dies arbeitet heraus Ernst Fromm, *Anatomie der menschlichen Destruktivität*, Stuttgart 1974, S. 112-114.

［12］Burkert, a. a. O., S. 25.

［13］Eliade, a. a. O., S. 16.

［14］Gehrts, a. a. O., S. 72f.

［15］Gehrts, a. a. O., S. 95f.

[16] Wolfgang Giegerich, «Ontogeny = Phylogeny? A Fundamental Critique of E. Neumann's Analytical Psychology», *Spring* 1975, S. 110-129.

[17] René Girard, La violence et le sacré, Paris 1972; dt. Das Heilige und die Gewalt, Zürich l987.

[18] ANET (Ancient Near Eastem Texts) 334-8, zit. nach Burkert, S. 18f.

[19] H. Gehrts, a. a. O., S. 95 f.

[20] C. G. Jung, *Erinnerungen Träume Gedanken*, Zürich und Stutlgart (Rascher)1967, S. 270.

[21] 象徴的な死に関しては、W. Giegerich, «Aphrodites Wiedergeburt oder der Betrug: Zur psychologischen Rede von Göttern» を参照。また編集版は次のタイトルで公刊されている «Vom Reden über Götter, ein psychologischer Betrug», GORGO 20/1991, S. 7-28.

[22] C. G, Jung, GW9/I §50.

[23] C. G, Jung, ebenda, §29.

[24] 意味付与の試みとしての国家社会主義〔ナチズム〕については、Jochen Kirchhoff の啓発的な研究である *Nietzsche, Hitler und die Deutschen. Die Perversion des Neuen Zeitalters. Vom unerlösten Schatten des Dritten Reiches*, Berlin (edition dionysos) 1990. を参照のこと。

[25] この点に関しては河合俊雄の優れた研究である«Die japanische Psyche. Zwischen Tradition und Technologie», Kap. «Holismus: ungebrochene Einheit mit der Gemeinschaft und der Natur», in: GORGO 14/1988, S. 5-24, hier S: 20 f. を参照のこと。

[26] ここでも前掲の河合俊雄の著作（«Vorrang der Form», S. 18-20「形式の優位」の章）を参照のこと。

[27] アニマとしての魂とアニムスとしての魂の区別に関しては、Wolfgang Giegerich, «Die Syzygie. Über die Wirklichkeit der Welt oder die Not der Psychologie», in: *Eranos* 57-1988, Frankfurt (Insel) 1990, S. 235-305. を参照のこと。

[28] C. G. Jung, GW13 §54.

［29］参照：Wolfgang Giegerich, «Zuerst Schatten, dann Anima. Oder: Die Ankunft des Gastes. Schattenintegration und die Entstehung der Psychologie », GORGO 15/1988, S. 5-28.

［30］私の考えでは、人間の妄執的な思い上がり、尊大さ、僭越に思いをはせれば、人はこの洞察を拒否することになる。ここには、人間が経験的に自分を神だと信じた場合のような、妄想的なものはない。意識が天に投影された神のイメージの高度まで論理的にみずからを引き上げたことは、その良し悪しの評価は別として、ただ意識に受け入れるべき実際的な経過である。この発言は、一つの主張やイデオロギー的な行動計画ではなく、実際に起こった歴史的な変化の調査結果でしかない。それは、氷河期から温暖期への移行が、受け入れられなければならない調査結果であり、人間がそれに上手に適応してきたのと同じである。しかし、それは魂の錬金術における論理的な経過である。それは、意識がより高位の論理的な体勢に入ったことを意味し、それによって同時に、より控えめで、もったいぶることのない、より人間的なスタイルに入ることを意味するのであり、事実的に神性に達したとされる経験的な人間の昇格を意味するものではない。どのような体勢を獲得しても、人間は（多かれ少なかれ）自分自身であることに変わりはない。ここで、知覚的でイメージ的な思考にとらわれないことが、いかに重要かを改めて知ることになる。

［31］河合俊雄の前掲論文 Die japanische Psyche. Zwischen Tradition und Technologie, «Holismus: ungebrochene Einheit mit der Gemeinschaft und der Natur», in: GORGO 14/1988, S. 5-24.（「全体論：共同体の自然の途切れることのない統一」の章）を参照のこと。

［32］ここで言われている「平和の世界」を、リーシェン・ミュラー Lieschen Müller と同じように想い描き、歴史の楽園的な最終状態に関する終末論的な希望をそこに投影してはならない。それは、古の世界や黄金時代のプレロマ的な無垢な状態を事実上の楽園的な状態としてロマンティックに描いていけないのと同様である。それは、血なまぐさい犠牲とさまざまな生の苦難の時代であった。「平和の世界」や「プレロマ的な無垢の世界」という言葉で何も想い描いてはならないことが、理解されなけ

ればならない。それは論理的な使命であり、論理的な体勢の使命であり、それについては考えることしかできず、人間一人一人の具体的な精神状態や、その救いについては、まだ何も語られていない。おそらく、外的で具体的には、人々の人生の舞台となる新しい論理的体勢への移行においても、利益と損失、救いと災いの量的（質的ではない）バランスは、結果としてほぼ変わらない。それは、弱肉強食から法治国家への移行のようなもので、不正や犯罪がなくなるわけではなく、不正や犯罪がまだ発生しながらも、意識状態が異なっているのである。

　また、「平和の世界」で歴史の最終状態に達したというイメージも誤解を招く。この言い回しは、単に「次」の一歩を特徴づけているに過ぎず、すでに今日の世界でさまざまな展開を通じてはっきりと現れてきているように思える一歩である。それは、ある種の千年至福説的な歴史論から演繹されたわけではない。

訳注

*1 本章のヴォルフガング・ギーゲリッヒの論考は、Peter Michael Pflüger によって編纂された *Gewalt - warum?, Der Mensch: Zerstörer und Gestalter*〔なぜ暴力なのか？、人間：破壊者と形成者〕(Walter Verlag, Olten, 1992) に掲載された "Tötungen, Über Gewalt aus der Seele"(S. 184-233) の全訳である。

*2 この論考が掲載された書物の表題であり統一した主題が、「なぜ暴力なのか？」である。訳注 *1 を参照。

*3 湾岸戦争は一九九〇年のイラクによるクウェート侵攻をきっかけとして、一九九一年一月にアメリカをはじめとする多国籍軍が大規模空爆によって始めた戦争である。本稿が執筆されたのは、同年一九九一年である。

*4 参照 Erich Neumann, *Tiefenpsychologie und neue Ethik*, Fischer, 1949.（『深層心理学と新しい倫理　悪を超える試み』石橋隆司訳、人文書院、一九八七年）

＊5　「Fortbestimmung」は、ヘーゲルの哲学用語である。それは、より高い複雑性や差別化などに向けた概念の自己運動や自己発展のことである。重要なのは、それが自然に起きる発達ではなく、規定であり決定だということである。例えば、西洋史では、「個人」という概念が、近代的な「私」という主体概念に前進的にみずからを規定してきた。中世の人々は、すでに個人ではあったが、まだこの意味での「私」ではなかったのである。

＊6　アウグスト・ピノチェトは、チリの軍人であり、一九七三年にクーデターによって社会主義政権を倒し、軍事政権を樹立した。その人権抑圧政策は国際的な非難を受けた。

＊7　キリスト教の布教に来たボニファティウスは、大きな樫の木（オーク）が北欧の異教の雷神であるトールに捧げられているのを見て、それを切り倒した。この「トールのオーク」と呼ばれる木には雷が何度も落ちたという逸話があったが、ボニファティウスが「もしこの木が神聖であり、切り倒されて怒りを覚えるならば、われに雷を落としてみよ」と挑むが、木は倒され、雷は落ちなかったという。そしてまた、この樫の木から礼拝堂が建立され、樫の木の切り株からはモミの若木が生えたという。自然信仰を象徴する樫の木が、天に向かって真っ直ぐに伸びるモミの木に取って代わられたという逸話である。日本において、ブナの原生林が杉林に取って代わられたことに対応する

ボニファティウスによるオークの伐採

とも考えられる。

*8 一般的なユング心理学では、アニマとは男性の心の中の女性像を表し、アニムスは女性の心の中の男性像を表している。それはいずれも、未知のものである魂との出会いとして経験され理解されることが多い。一方で、ユングは、女性の姿を取ったアニマという魂と、男性の姿を取ったアニムスという魂を、一つの運動態としてとらえることがあり、アニマとアニムスの間で行われる運動こそが魂であると言って、その場合の魂の姿を、ギリシア語で魂を表す用語を使ってシジギー（syzygy）と呼ぶことがある。本論において、ギーゲリッヒは、このシジギーの概念を下敷きにしながら、十全性を重んじすべてを実体的に揃えていく機能としての魂をアニマと呼び、すべてが揃うからこそそこに唯一揃えることのできない「無」や「否定」といった機能としての魂をアニムスと呼んでいる。詳細は、原注［27］に挙げられている文献を参照のこと。

*9 例えば、ユングも、スコラ哲学は物質から思考を分離する教育形態であるとして、「針の上にどれだけの天使が立てるのか」というスコラ哲学の問いを紹介している。これは、一見滑稽に見える問いだが、物質的な対象に頼らず思考するためのトレーニングとなっているという。C・G・ユング『パウリの夢』（創元社、二〇二一年、七六ページ）を参照。

*10 ユングは『近代心理学の歴史』において、魔女を「内的経験によって特徴付けられた人」と呼んでおり、魔女の近代における姿としてフリーデリケ・ハウフェの歴史的症例を紹介している。本論の文脈から考えると、魔女の火あぶりは、自然との開放的な繋がりを破壊し、同時に内的世界への通路を破壊し、それによって逆に魂は加害と被害の二つの行為を引き受けていくことになると考えられる。

おわりに

自然との対話から

河西直歩

本書は、都市で心理臨床を生業とする臨床家五名、採集を生業とし山と都市をつなぐ現代的な山伏生活を営む一名、ドイツ在住のユング派分析家一名、コラムを寄稿した臨床家四名の計十一名によって執筆された。

一コラム執筆者である私が、「おわりに」を記すことになるまでは、何とも不思議な経緯があった。私は、臨床家といっても、影で細々と「心理面接がずっと続けられるといいな」と考えているような臨床家である。そんな私が、キノコ狩りに誘われ、山にしば刈りに行くような軽い気持ちで出かけたら、一冊の本が生まれる現場に立ち会うことになった。

これはいったい、どういうことだろう。本書で紹介された昔話にたとえるなら、おむすびを食べようとして、穴に落ちてしまったのだ。穴の中では、ネズミの宴会ならぬ、臨床家たちが切磋琢磨し、機を織っていた。臨床家自身の心を砕き、何かを生みだそうとしていたのだ。

狩猟、採集、農耕のフィールドワークから、心理臨床活動を見つめ直すことで、本書は紡がれた。自然や自然とともに生きる人々との対話から、都市生活を営む人々の心に思いを馳せると、自然の豊かさと厳しさが、都会の便利さと生きづらさを浮き彫りにする。

フィールドワークには、その体験を通してしかたどり着くことができない生の体験があった。第五章に「山から何かをいただいてくること全般を『しば刈り』と呼んでいる」とあるが、その点では、確かに、私はしば刈りに行ったのだ。山や自然やそこに暮らす人たちからたくさんのものをいただいた。そして、無性に何かをお返ししたい気持ちに駆り立てられた。その気持ちに従って、突き進んでいたら、いつの間にか、「おわりに」を書くことになった。自然の少ない都会では、お返しに渡せる自然の恵みが見つからず、自らの労働によって代わりにならないかと考えたのだ。このお返ししたい気持ちこそが、狩猟採集文化から現代にまで普遍的に見られる「贈与の霊」や「互恵性」であるのかもしれない。

地中や古木の奥深く、目には見えない菌糸を伸ばし、豊かな実りをもたらす。本とキノコは少し似ている。「おわりに」を書く今の気持ちは、読者がすでに読まれた豊かな実りを前にして、森に一番乗りで入ることを許された採集者の気持ちである。自然や自然と生きる人々は多くを語らない。臨床家も、普段は人の話を聞くばかりで、これまた多くを語らない。やはり、本書は、目に見えないところでひっそりと育ち、ある日ふとそこに佇んでいるキノコのようなものである。

今回の執筆に際して、執筆者たちの中では、とても深い体験が起きていたように思う。それは、あえてそうなることを目指したためである。日々、農耕や狩猟採集を営む方たちの生活のほんの一部を見せていただいただけで、それについて論じることは、不遜である。そのため、心理臨床を生業とする私たちにできることは、自身の深い部分で起きた体験を、言葉にすることだった。この内的な作業は、実は、心理療法にとてもよく似ている。私たちが、クライアントと呼ばれる人たちの語りをていねいに聞いても、それは、あくまでその方の体験の一部に過ぎない。語りにならない彼らの体験も理解したいと思う時、臨床家は自身の深層に潜り、手を伸ばす。自然に本気で触れようとすると、自身の無意識の領域、第二章にもあるこころの古層に触れざるをえないように。

私個人も、フィールドワークに参加し、自分の夢に現れた影と対話するはめになった。夢のイメージを追う内、先祖にいた山伏の人生を辿ることになった。そして、その体験は第七章の「第二様態の殺害」の意識にまでたどり着くことであった。どうやら自分の中の無意識を探索する内、集合的無意識の一端にも触れてしまったらしい。

私たち現代人は、人類の歴史の地層を踏みしめ、今という大地に立っている。地層に埋もれた過去の人類は、私たち自身でもある。そこに住む人々は、必要な時に光り、だからこそ影をたたえ、その存在を私たちに伝えてくる。

執筆者たちは、それぞれの足元の大地から、自身の歴史の道をたどって地層に潜り、光と影に触れ、再び地表に戻るため自己と対話し続けたのだろう。俳句、風景、修行、昔話、踊りの力を借りているが、その本質は、自分の心のそのまた先にある魂とも呼べるものとの邂逅である。それは、自分の感覚だけを頼りに、暗闇を一人で歩き続けるような体験だった。「自然との対話」は、時には現実の山で、時には自分のこころの地層で、遭難し帰って来られなくなる危険をはらんだ作業であったと思う。

ここからは、各章について、簡潔に紹介したい。

第一章、兼城による論考は、フィールドワーク全体を網羅する内容となっている。まず初めに読むことで、私たちがどんな体験をして、本書を執筆しているのか、全体像がつかみやすいだろう。自然と都会での生活、動物と人間の関係性について、考察がなされている。私たちの日常生活を思い浮かべながら読むと、理解しやすい。

第二章、宮澤による論考は、風景構成法を手がかりとして、現代人がイメージする田舎の風景から、自然や都市と心の関係について、考察される。第三章、第四章と読み比べることで、人の生活と心の姿について、多角的にとらえ直すことができるだろう。自然が加工され、都市が生まれる時、いったい何が起きたのか。風景を鏡にして心を覗きこむことで、私たちの生活の変化と私たちの心が、知らぬ間に大きな影響を与え合っていることに気づかされる。

第三章は、本書で唯一心理臨床家ではなく、山伏であり、実際に、自然とともに生きる成瀬による論考である。フィールドワークでも、本書においても、自然の中での活動と都会での臨床活動をつなぐ要として、重要な役割を担っている。成瀬自身の思想や活動から見えてくる自然の姿は、都会で生きる私たちが、外から訪問して感じた自然とは、また違った表情を見せる。私たちが「自然」と言う時に示すものが、その人自身の自然との距離、関係の持ち方によって、全く違うものを意味することに気づかされる。「心」と言う時にも、同じことが起きているのではないだろうか。

第四章、村田による論考は、修験道やフィールドワークを通して体験した「自然」が、心理面接の中にもあらわれる時、いったい何が起きているのか、考察がなされる。第三章と併せて読むことで、修験道の自然観を知る手がかりにもなるだろう。心理面接は、時に山登りに似た苦しさも伴う。心理面接の中にあらわれる自然は、第三章にもあったように、懸命に生きる私たちの生をそっと肯定するような優しさがある。

第五章、猪股による論考は、昔話のおむすびころりんについて、丁寧に読み解き、都市生活と現代人の意識について、考察される。都市の生活では、数少ない自然には敏感になるが、身の回りにある都市そのものについては、鈍感になっていることに気づかされる。私たちが住まう都市というものが、いったいどんなものであるのか、改めて考えるきっかけになるだろう。

第六章、西山の論考は、心理面接のクライアントが見た生肉の夢から、現代人の身体性について考察を深める。手がかりとして、フィールドワークでの言葉にならない体験を執筆者自身が踊り、クライアントの体験と重なっていく。第五章と併せて読むことで、身体だけでなく心の中の動きについて書かれていることがわかるだろう。本章では、第七章に登場する「第二様態の殺害」の鎮魂についても描かれている。私たちの身体と心のつながりの奥深さを感じていただけることと思う。

第七章は、ユング派分析家、ヴォルフガング・ギーゲリッヒ氏の論考を寄稿いただいた。「殺害　魂からの暴力について」は、一九九一年、湾岸戦争の最中に執筆された。『ホロコーストから届く声　非常事態と人のこころ』の論考では、アウシュビッツでの「暴力」について言及されたが、本書では、人類の歴史の中で繰り返される「殺害」について、その善悪を批評するのではなく、何故、そのようなことが起きるのか、また、平和について、深く掘り下げる重厚な内容となっている。

非常に難解で、読み進めるのにも覚悟を要する本章だが、私たちの中にある「殺害」や「暴力」に対する抵抗感の茂みをかきわけ、その体験に接近する道を示してくれている。あきらめずに読み進めれば、突然、視野が開けるような瞬間をもたらす。この体験の後、改めて本書を読み返していただけると、一層深い理解が得られるだろう。

西洋と日本の精神性の違いについても触れられているが、日本の精神性がこれから向かう方向性については、言及されていない。読み終えた私たちに浮かんでくるものが、私たちが取り組む課題のようにも思われ、ギーゲリッヒ氏からとても重く、大切な荷物を預かったような気持ちになる。

以上、大まかな紹介となってしまったが、各章に込められた執筆者の思いは、読後、心の中に残る感覚を通して、味わっていただきたい。

また、農耕、狩猟、採集の豊かな世界観を伝えるために、執筆されたコラムも参考にしていただければと思う。

私たち臨床家は、人の語りに耳を傾ける時、その言葉を生み出す日々の生活にも思いを馳せ、対話を始めてしまう。自然や自然と生きる人々との対話には、血の通った健やかさがあり、都市で生きる私たちも人間であり、自然の一部であったことを思い出させてくれた。都会に戻り、心理臨床活動に携わる間も、自分の中に、自然のかけらのようなものを感じ、それが薄まると、再び自然に触れたくなる。そして、ふと、今の自分の生活や生き方について考えざるを得ず、今度は、目の前の都会との対話が始まっていることに気づかされる。

本書は、自分の心を通して対話し続けることしかできない臨床家たちが紡いだ、あなたのための本でもある。一人では迷ってしまう森の中で、すでに誰かが歩いた道につながるように、必要とする人に届けば幸いである。私たちが、自然との対話の中で聞いた豊かな音色が、あなたの中にも響き始めたら、あなたと自然の対話が始まるだろう。

狩猟、採集、農耕のフィールドワークを通して、現代人の心性を描き出そうという本書の試みに対して、的確かつ、多くの意見をお寄せくださり、導いてくださった左右社の東辻浩太郎氏に深く感謝申し上げます。

また、お名前をすべて挙げることはできませんが、フィールドワークを支えて下さった方々に、この場を借りて感謝申し上げます。皆様お一人お一人が営む日々のかけがえのない生活、その一端を私たち訪問者に共有して下さり、ありがとうございました。

最後に、時に傍若無人な私たち人類の命を支えてくれる自然、ともに生きてくれている生きものたち、臨床家としての私たちと日々、対話し共生して下さる多くのクライアント、叱咤激励し、臨床活動を支えて下さる臨床家の皆様、本書を読み、自然との対話に耳を傾けて下さった読者の皆様に、心より感謝申し上げます。

猪股　剛（いのまた つよし）

一九六九年生まれ、ユング派分析家、臨床心理士／公認心理師。帝塚山学院大学准教授。精神科や学校臨床において実践に携わるとともに、アートやパフォーマンスの精神性や、現代の心理の深層を思索することを専門としている。著書に『心理学の時間』（単著、日本評論社）、『遠野物語、遭遇と鎮魂』（共著、岩波書店）、『ホロコーストから届く声』（編著、左右社）、訳書に『近代心理学の歴史』『パウリの夢』（いずれもC・G・ユング著、創元社）などがある。

兼城賢志（かねしろ けんじ）

一九八六年生まれ。臨床心理士／公認心理師、博士（心理学）。俳誌『鷹』同人、俳人協会会員。精神科や小児科、学校での臨床実践を経て、現在、上智大学総合人間科学部特別研究員。深層心理学の立場で心理療法の実践を行いながら、発達障害、言語、宗教などのテーマを研究している。訳書に『フロイト技法論集』（岩崎学術出版社、分担訳）、著書に『新興俳句アンソロジー　何が新しかったのか』（ふらんす堂、分担執筆）などがある。

宮澤淳滋（みやざわ じゅんじ）

一九七八年生まれ。臨床心理士／公認心理師。すずのきメンタルケアクリニック在籍、相模女子大学非常勤講師。主に精神科領域において夢を主体とした心理療法を実践し、心を通して開けてくる世界を探究している。著書に『ホロコーストから届く声』（左右社、分担執筆）、訳書にC・G・ユング『パウリの夢』『近代心理学の歴史』『分析心理学セミナー1925　ユング心理学のはじまり』（いずれも創元社、共訳）などがある。

成瀬正憲（なるせ まさのり）

一九八〇年生まれ。山伏、日知舎代表。東北公益文科大学非常勤講師（文化人類学）。土地の採食文化や手仕事を体得し、再構成して制作・流通させることで、そこに培われた知と営みをあらたに展開するしくみをつくっている。著書に『森ではたらく！　27人の27の仕事』（共著、学芸出版社）、『自分の学びの見つけ方』（共著、フィルムアート社）がある。

村田知久（むらた ともひさ）

一九七六年生まれ。臨床心理士／公認心理師。長谷川病院心理療法科在籍。心が持つ可能性や深層を探求し、臨床活動を実践している。専門は、夢や描画、箱庭や色彩などの様々なイメージや表現。

西山葉子（にしやま ようこ）

一九七一年生まれ。臨床心理士／公認心理師。現在、長谷川病院心理療法科にて心理臨床に携わる。夢や箱庭、描画、遊び、身体を通して現れるイメージと心の変容について探求している。著書に神田久男編『心理援助アプローチのエッセンス』（樹村房、分担執筆）、猪股剛編著『ホロコーストから届く声』（左右社、分担執筆）など。

ヴォルフガング・ギーゲリッヒ（Wolfgang Giegerich）

一九四二年生まれ。ドイツ連邦共和国ベルリン市在住。米国ニュージャージー州立大学ドイツ文学の教授職を辞して心理学へ転じ、一九七六年よりユング派分析家。二十世紀の東西思想の結節点となったエラノス会議にて繰り返し演者を務めるところから始まり、現在までユング思想を牽引し続けている。既刊邦訳に『魂と歴史性』『神話と意識』（いずれも日本評論社）、『魂の論理的生命』『ユングの神経症概念』『仏教的心理学と西洋的心理学』（いずれも創元社）、「抑圧された忘却　アウシュビッツといわゆる〈記憶の文化〉」（『ホロコーストから届く声』所収、左右社）などがある。また夢分析論の決定版とも言える『夢と共に作業する』（日本評論社）が近刊予定。

長堀　加奈子（ながほり　かなこ）

一九八三年生まれ。臨床心理士／公認心理師。博士（心理学）。上智大学総合人間科学部心理学科特任助教。主に精神科領域と私設心理相談機関において心理臨床に携わっている。集団や他者のなかで個として生きることに関わる心理療法に関心がある。著書に『復職支援の心理療法　グループにおける異質性との出会い』（創元社）、訳書にC・G・ユング『パウリの夢』（共訳、創元社）がある。

河西　直歩（かわにし　なほ）

一九七九年生まれ。臨床心理士／公認心理師。精神科クリニック、精神科病院等の勤務を経て、現在、都内学生相談室にて勤務。心理面接場面にあらわれるイメージや、セラピストの変性意識状態が治療にもたらす影響に関心がある。著書に神田久男編『心理援助アプローチのエッセンス』（樹村房、分担執筆）。

鹿野友章（かの　ともあき）

一九八五年生まれ。臨床心理士／公認心理師。横浜西口カウンセリングルーム在籍、東京都公立学校スクールカウンセラー、文京学院大学非常勤講師。日々、子どもや大人のクライアントとかかわりながら、心の複雑さと奥深さに驚きつつ、その探求・研究をしている。著書に『ホロコーストから届く声』（左右社、共著）、訳書にC・G・ユング『パウリの夢』（共訳、創元社）などがある。

植田　静（うえだ　しずか）

一九七一年生まれ。臨床心理士／公認心理師。獨協医科大学病院小児科・とちぎ子ども医療センター在。山王教育研究所スタッフ。難病サバイバーの心理療法をはじめ、さまざまな小児臨床に携わる。音楽家としても作詞・作曲を行い、現在ファースト・アルバム製作中。

私たちのなかの自然
ユング派心理療法から見た心の人類史

二〇二二年三月三十日　初　版

編著者　猪股　剛
著　者　兼城賢志、宮澤淳滋、成瀬正憲、村田知久、西山葉子、W・ギーゲリッヒ、長堀加奈子、河西直歩、鹿野友章、植田静

発行者　小柳　学
発行所　株式会社　左右社
〒一五一‐〇〇五一
東京都渋谷区千駄ヶ谷三‐五五‐一二‐B1
TEL　〇三‐五七八六‐六〇三〇
FAX　〇三‐五七八六‐六〇三二

装　丁　細野綾子
印刷所　創栄図書印刷株式会社

 ISBN 978-4-86528-070-8 Printed in Japan

http://www.sayusha.com

ホロコーストから届く声　非常事態と人のこころ

本体二八〇〇円＋税

猪股　剛　編著

植田　静、鹿野友章、小杉哲平、古川真由美、宮澤淳滋、W・ギーゲリッヒ、西山葉子、清水めぐみ、山本民惠　著

誰にも自分を晒したくない引きこもりの心性と、四六時中つながっていたい気持ち。引き裂かれている私たちの心の病理をコロナ禍はまざまざと示すことになった。そしてその心性は、先の見通せない息苦しさのなかで狂おしく未来を希求した末、強制収容所に行き着いた一九三〇年代と深く通底している——。

ザクセンハウゼン強制収容所を訪問し、記念碑や博物館のあり方に触れ、生還者プリーモ・レーヴィの見続けた夢を分析。スティーブ・ライヒやピナ・バウシュの作品に時代の心性を聴き取る臨床心理学者たちのホロコースト試論。